DEUX FLICS D'EUROFAUX FACE AU TRAFIC INTERNATIONAL DE LA CONTREFAÇON

JEAN-PAUL WILKIN

Je tiens à remercier mon ami Bernard, membre à part entière de notre famille, qui m'a apporté avec sympathie, une aide précieuse et, particulièrement ; délicate dans la correction de ce premier roman policier.

Mon prochain livre qui devrait paraître dans quelques mois, sera de la même veine.

J'espère vous retrouver à l'occasion des prochaines aventures de nos deux flics : Jérémy et Ronan.

À Ronan
À Guillaume
À ma patiente famille

Dépôt légal : 1er semestre 2017
D/2017/Jean-Paul Wilkin, éditeur
ISBN : 978-2-39017-229-1

Imprimé et relié à Strépy-Bracquegnies (Belgique) par le Livre en papier.
www.publier-un-livre.com

LE LIVRE EN PAPIER
www.publier-un-livre.com

FAUX

PRÉAMBULE

Il fait sombre, une légère pluie effleure les vitres de notre Alfa Mito. On en a marre, on est claqué, les jambes sont lourdes, les reins sont cassés. La banquette arrière est finalement totalement inconfortable. Cette surveillance devient de plus en plus pénible : certes l'arrière est recommandé pour ce type d'observation mais bon sang, si on pouvait un tant soit peu sortir. Six heures que nous sommes en place et rien ne bouge.

Ronan se remue de plus en plus, je sais qu'il est à son point de rupture. Neuf ans qu'on forme une équipe lui et moi, sans anicroche, aucun besoin de se concerter pendant l'action. Binôme parfait, on ne fume pas, on ne consomme pas d'alcool, même niveau intellectuel. Il est instinctif et un peu plus costaud que moi, qui suis technique et plus souple que lui.

Et ce clapotis de l'étang qui, à force, nous tape sur les nerfs. Quand, mais quand ces foutues poubelles seront-elles sorties ???

Enfin un contact

La sonnerie du Smartphone « contacts indicateurs » me tire de ma torpeur. Ronan conduit, moi, je suis trop épuisé. On regagne les bureaux, enfin ! Nous sommes dehors depuis le lever du soleil, en vain. Il ne s'est rien passé, le tuyau était crevé. C'est un numéro caché, j'hésite toujours à répondre à ce genre d'appel. Les informateurs connaissent la procédure : toujours afficher leur numéro. Je réponds par un « allo » contrarié. C'est le contact « contrefaçon ». Je reconnais sa voix et son accent légèrement *british*. Il ne s'est jamais identifié et nous ne l'avons jamais rencontré.

La tentative d'identification et de géo localisation de l'appareil d'appel s'est avérée négative. Je me pencherai plus tard sur la question qui m'a taraudé ! Comment connaît-il ce numéro ? Des mois sans aucune nouvelle. Nous avions totalement tiré un trait sur cette affaire. Grands signes à Ronan qui range le véhicule et tend l'oreille. Mon ton devient affable, pas question de perdre l'interlocuteur.

L'interlocuteur enchaîne immédiatement, d'une voix rauque cette fois mais toujours poliment et avec un langage qui nous fait penser à une personne cultivée. Par contre, son débit s'accélère comme si le temps lui était compté pour me parler.

- Bonjour Commissaire. Je suis persuadé que vous avez contrôlé les renseignements que je vous avais communiqués. Vous et votre collègue avez confirmation que mes informations sont fiables.

- Oui, mais….

Immédiatement il m'interrompt et rétorque d'un ton, semble-t-il, agacé.

- Ne m'interrompez pas, je vous prie. Jeudi à Amsterdam, place du Dam, entre 11 heures et 13 heures, il vous sera loisible de rencontrer un intermédiaire de vente. Je vous transmets une photo. Je vous laisse le soin de réfléchir aux moyens de l'aborder.

Il a raccroché, je reste quelques instants interloqué, mon portable toujours collé à l'oreille. Nous nous regardons Ronan et moi, j'espère ne pas avoir la même tête d'ahuri que lui.

- Jeudi, oui jeudi !! On est mardi, il est bientôt 18 heures, y a intérêt à se secouer.

- Je compte sur toi mon cher Ronan.

Il se renfrogne. C'est évidemment fort serré. Nous redémarrons et regagnons nos bureaux.

Trois ans déjà que nous avons été mutés du grand banditisme aux services spéciaux d'Eurofaux. Nous occupons un bâtiment sans signe distinctif particulier. De plus, le courrier est adressé au nom d'un occupant fantôme, personnage possédant une dizaine de véhicules. L'immeuble est très correct, vaguement inspiré par la maison urbaine médiévale étroite et ouverte sur la rue, mitoyenne d'un côté. L'immeuble bénéficie d'un passage latéral de l'autre côté, dont l'accès est condamné par une porte magistrale à commande à distance.

Cette entrée permet d'accéder à une vaste cour emmurée, invisible de l'extérieur, où ont été construits, il y a peu, des garages. Le rez-de-chaussée surélevé comporte trois pièces en enfilade, prolongées par une pièce qualifiée de "véranda", donnant sur la cour. La seule modernisation consentie est un ascenseur, aménagé derrière la cage d'escalier latérale. L'entièreté du rez-de-chaussée est occupée par le personnel technique et leur matériel plus que sophistiqué. Ronan et moi occupons un des quatre bureaux du premier étage, donnant sur la rue. Le bureau contigu est réservé à deux membres du personnel administratif. Le bureau en face du nôtre est celui du secrétaire du patron, lequel est installé à l'arrière avec vue sur la cour et surtout sur le parc voisin. Le vaste grenier accueille huit inspecteurs des services spéciaux. Une annexe abrite des espaces secondaires : cuisine, salle de réunion, toilettes et salle de repos.

On s'affale dans nos sièges, nos esprits chauffent. On frappe à la porte, c'est Jérôme Mansettup, le spécialiste informatique.

- Salut les gars. C'est la grande forme comme je vois. J'ai une bonne nouvelle. Tout le système est en panne. Durée prévue trois jours, comptez-en quatre. Donc pas de demandes d'info. Soyez sages. À plus.

Je réfléchis tout haut :

- Et pourquoi donc place du Dam, la place hyper fréquentée d'Amsterdam ? C'est un des endroits les plus connus et les plus importants de la ville, toujours noir de monde, repérer l'intermédiaire dans ces conditions ne sera pas chose aisée. Ronan sort lui aussi, finalement, de son introspection :

- Et comment mon grand ! Pas facile du tout !!

- Train ou voiture ?
Après réflexion, on opte pour la voiture. En effet, si contact il y a, peut-être devrons-nous quitter les lieux pour une autre destination.
Nous allons nous pencher sur la stratégie de contact à adopter. On traverse l'espace qui nous isole du secrétariat du patron.

Omer Sior, son secrétaire, veille au grain. On n'entre pas chez le boss sans qu'il se soit assuré de l'opportunité de la démarche.

- Vous êtes enfin rentrés Messieurs, on s'inquiétait.
Faux cul, nous savons que ce n'était absolument pas le cas. Il se fiche complètement de nous.

- Je suppose que vous voulez encore embêter le chef ? Il est occupé, je vais m'enquérir de ses disponibilités. Et aucune nécessité de me répéter votre sempiternelle ritournelle, à savoir que c'est urgent !
Il téléphone au patron, lui annonce la présence des fins limiers, c'est comme cela qu'on nous désigne depuis notre arrivée du grand banditisme.

- Il condescend à vous recevoir dans quelques instants.
C'est terminé, il ne nous adressera plus la parole. Il se replonge dans la lecture d'un document dont il ne manque pas de laisser apercevoir l'entête de l'expéditeur 'Cabinet du ministre de l'Intérieur'. Nous, on s'en fout, lui, ça lui procure un sentiment d'importance.

Le boss ouvre sa porte et nous invite à l'accompagner. Toujours cette même odeur de cigarillos qui nous brûle les narines. Étonnamment, il ne fume pas et son cendrier qui ressemble à un plat à salade est vide.

Il s'installe sur son siège, nous regarde successivement, ses yeux semblent pétiller de malice. On s'assied et on attend. Après un long moment, il s'adresse à nous :

- Que puis-je pour vous mes amis ?

Nous ne sommes pas amis mais depuis le premier jour, lorsque nous sommes deux, il s'adresse à nous de cette manière. Cette façon de nous aborder signifie qu'il est satisfait de notre enquête soit, au contraire, qu'il est contrarié par son déroulement.

- Patron, vous vous souvenez de cet indic de Jérémy, concernant un vaste trafic de faux ?

Il acquiesce d'un mouvement de tête. Il se souvient toujours de tout. C'est incroyable, cet homme possède une mémoire exceptionnelle. C'est vraisemblablement une des raisons pour lesquelles il occupe cette haute fonction.

- Les infos de l'époque ont été vérifiées et elles étaient parfaitement exactes. Puis, plus rien. Aucune nouvelle depuis des mois. Aujourd'hui il a recontacté Jérémy. Son message nous invite à rencontrer un intermédiaire de vente à Amsterdam, Place du Dam. C'est tout. Il nous restera à tenter d'entrer en contact avec une personne que nous ne connaissons pas et qui, nous l'espérons, ne nous connaît pas. Aiguille dans une botte de foin qui attend d'être approchée. Nous pensons que cela vaut le coup, étant donné la fiabilité de l'indic, qu'on n'a pas identifié jusqu'à présent.

Toujours ce petit hochement de tête. On le connaît, il évalue puis sollicitera mon avis. C'est clair. Il me fixe et s'adresse à moi.

- Et vous Commissaire, qu'en pensez-vous ?

Confier à Ronan la relation des faits me permet de me concentrer afin d'apporter éventuellement quelques précisions.

- Monsieur le Directeur Général, je ne me serais jamais permis de vous déranger pour une affaire que nous aurions estimée caduque. Je suis persuadé que l'info est très fiable. Question primordiale : aurons-nous la possibilité d'entrer en contact avec cet intermédiaire inconnu? Il nous attendra mais ne nous connaît pas. Je sens que nous démarrerons réellement l'enquête à Amsterdam.

Encore ce petit hochement de tête, je me demande si cela l'aide à réfléchir. Horreur ! Il ouvre un tiroir de son bureau et en extrait une boîte de cigarillos. Ça y est ! Il porte un cigarillo à la bouche et l'allume. Fumée âcre, ça pue. Ronan et moi, on se regarde et ne pouvons réprimer une moue qui ne peut échapper au patron. Il se redresse et, apparemment satisfait, nous donne le feu vert pour Amsterdam. Notre air rassuré ne peut lui échapper et paraît le ravir. Il tire encore quelques bouffées avant de nous donner congé. Tout en fermant la porte capitonnée, je ne peux m'empêcher de souffler.

- De l'air, de l'air, de grâce de l'air ! Je me suis laissé dire que le boss était d'origine péruvienne. J'ai tendance à le croire car son nom se termine en s Cellottes et son prénom est dans le top des prénoms péruviens Juan. Qu'en penses-tu Ronan ?

- Rien du tout et je m'en fiche éperdument. C'est notre patron, point !

Bon et bien, je n'ai plus rien à ajouter. Il a l'air contrarié notre Ronan, bizarre, bizarre.

Amsterdam

Nous prenons position sur la place à 10 heures 30. Bien nous en a pris de démarrer à 06 heures. Pratiquement 04 heures pour parcourir les 220 bornes, qu'est ce que c'était encombré. C'est Ronan qui sera chargé d'établir le contact, je resterai en retrait tout en observant et si possible je fixerai la scène. L'endroit est encore plus étendu que dans nos souvenirs. Par contre il y a moins de monde. Parfait ce sera moins difficile de repérer l'intermédiaire. Il nous semble raisonnable de supposer que notre contact se placera à proximité du Monument aux Morts, imposant monument blanc au centre de la place. Ronan s'engage dans un marathon autour du monument. En ce qui me concerne, je marche le long des bâtiments tout en gardant l'œil sur Ronan. Je ne manque pas d'observer les alentours de la statue du Lion, proche d'une route à trois bandes de circulation et de la rue du tram. C'est aussi un endroit qui me semble pouvoir être adéquat.

Il est 12 heures 20 et toujours aucun signe de la présence de notre contact. Je suis passé à trois reprises devant le Palais Royal en faisant mine d'observer la façade et en prenant quelques photos. Rien, toujours rien ! Ronan s'immobilise et s'adresse à un Monsieur coiffé d'un chapeau. Je force le pas, je m'approche. C'est notre homme…enfin ! Sacré Ronan, il est entré en contact. Mon pouls s'accélère, j'imagine que Ronan est lui aussi sous tension.

Nous avons l'habitude de ce genre de situation et elle ne nous contrarie pas, c'est l'instinct du chasseur qui prend le dessus. Nous sommes aux aguets. C'est intenable, voilà 40 minutes qu'ils discutent devant le monument, sans bouger d'un pas. Par contre, moi je ne tiens pas en place. J'ai déjà pris plus de vingt photos et ça dure, ça dure. L'entretien est terminé. L'homme au chapeau se dirige vers un arrêt de tram. Ronan et moi temporisons quelque peu. Ronan se met en route et se dirige, tel que nous l'avions prévu, vers le quartier Jordaan. De mon côté, je continue à jouer les touristes tout en surveillant l'arrêt où se trouve le contact. Un tram s'immobilise à l'arrêt et démarre. Je ne vois plus notre homme. J'ai l'étrange sentiment qu'il n'est pas monté dans le tram. Je traverse rapidement la place et scrute les alentours de la route.

Il est là, il marche en direction du quartier Jordaan, véritable ville dans la ville. Je traverse le canal Bloemgracht et l'aperçois de nouveau. Il marche le long des immeubles. Trop préoccupé, je ne prends pas la peine de jeter un œil sur les petites boutiques originales, les magasins *vintages*, les épiceries bio, les ateliers d'artistes, dont je sais que ce quartier regorge. Il pénètre à l'intérieur d'un café faisant face à la statue Leo Thijssen. Je le suis à l'intérieur à l'instant même où il referme une porte derrière lui. Je temporise et me dirige vers cette porte. Un garçon de l'établissement m'interpelle en signifiant qu'il s'agit de la porte des locataires de l'étage. Je m'en excuse et demande où se trouvent les toilettes. Après avoir feint de m'y rendre, je retourne à la porte « locataires », je m'assure que je ne suis pas observé et je m'engage.

Un escalier mène à deux étages dont un en sous toiture. Au premier, je relève quatre portes et au second trois portes. Aucun bruit particulier ne me parvient, or j'ai collé l'oreille à chaque porte. Je m'apprête à quitter le second lorsqu'une porte s'ouvre. Une dame, trente ans, blonde et bien en chair me salue et m'interroge quant à ma présence sur place. Je me lance dans mon néerlandais scolaire. Je lui explique que j'ai cru reconnaître un vieux copain, tandis que je prenais un café en terrasse, lequel est entré vers les appartements. Je précise qu'il porte toujours un chapeau. Elle semble réfléchir ce qui, apparemment, lui demande un certain effort. Finalement elle dit qu'il s'agit probablement de l'homme du dessus, porte 5 qui se nommerait Franz Vanhuizenout. Elle me quitte et descend les escaliers. Je remonte au second et frappe à la porte portant le n°5, sans réponse. Je n'insiste pas. Je quitte l'établissement et je tente de me repérer pour rejoindre Ronan qui m'attend dans un petit café près du pont. Je suis impatient de ce qui s'est dit durant ces interminables quarante minutes.

Ronan est installé devant un café, à une petite table en chêne. Il est songeur et à ma vue son regard ne reflète aucun sentiment de satisfaction. Aie !Aie ! Je commande mon café et m'installe à la table. Je ne questionne pas Ronan, j'attends qu'il prenne l'initiative. Je suis persuadé qu'il met de l'ordre dans ses pensées. Il sort de sa prostration et se redresse :

- Je pense qu'on nous mène en bateau. Normal à Amsterdam non ?

Je prends garde de ne pas l'interrompre par les questions qui m'encombrent.

Après une courte pause, il enchaîne :
- Le gars au chapeau est bien l'intermédiaire. Comme nous en avions convenu, je l'ai abordé sous le prétexte de lui demander un renseignement touristique. J'ai ensuite enchaîné en disant rechercher un quartier comme il en existe à Anvers. Finalement, je me suis lancé et lui ai expliqué comment et pourquoi je me suis adressé à lui. Il n'a montré aucune surprise. Il m'a simplement demandé mon nom et mon adresse. Pour ensuite connaître mes fonds. A quoi, j'ai répondu que j'étais un intermédiaire et que mon client possédait, apparemment, des ressources. À sa demande j'ai précisé que mon client était à Amsterdam et qu'il était prêt à négocier. Il m'a demandé le nom du supposé acheteur, que je lui ai communiqué. Je passe les différents propos échangés que j'estime sans objet. Finalement à mon grand désappointement il m'a signalé que lui aussi était un intermédiaire. La gifle essuyée, j'ai repris mes esprits et me suis montré un peu plus vindicatif. Pas là pour jouer à perdre mon temps et celui de mon client !! Bref, il a été surpris de ma réaction dès lors que j'étais, jusque là, resté très calme. Il est entré dans des explications qui ne m'ont qu'à moitié convaincu. En fin de compte, le vendeur nous contactera personnellement et nous fixera une rencontre à Cologne. Les voyages forment la jeunesse, c'est reparti pour un tour et le dernier j'espère.
Quant à moi, je lui communique les résultats de ma filature totalement imprévue. Je m'inquiéterai de l'identité de l'intermédiaire néerlandais auprès des autorités amstellodamoises. Nous échangeons encore quelques propos, et réglons nos cafés.

Nous regagnons pédestrement, par le bord du canal, le parking où se trouve notre voiture. Nous sommes l'un et l'autre perdus dans nos pensées. Je lance cependant :

- Cette petite marche est une véritable détente.

Je ne pouvais mieux dire. Nous sommes suivis. Je bouscule Ronan.

- Sois sur tes gardes, nous sommes suivis. Ils sont trois. Attention, il faut se montrer discret dans notre réaction. Ne perdons pas de vue que nous ne sommes que de simples acheteurs dans une affaire d'achat et de vente de produits contrefaits, bien qu'il s'agisse d'un milieu hautement criminogène. Nonobstant, une certaine inquiétude nous gagne, en effet, les individus se sont séparés. L'un d'entre eux a accéléré le pas, il se rapproche. En voudraient-ils à notre argent ?? Aux escaliers accédant à la passerelle, proche du parking, nous nous retrouvons en face des deux autres individus. Le ciel étoilé reflète deux ombres qui nous paraissent immenses. Le troisième est, à présent, derrière nous. Les escaliers et le chemin du canal nous sont interdits. Ça va être chaud !

Les trois hommes nous entourent sans agressivité particulière, semble-t-il. Calme, calme, gardons notre calme. Ronan les interpelle :

- Hallo heren, is deze bijeenkomst ? (Bonjour Messieurs, que nous vaut cette rencontre ?)

En fait, ils réclament nos documents d'identité, ils sont faux bien évidemment. Ronan les interroge mais le ton monte. Finalement Ronan me traduit ce que j'ai feint de ne pas comprendre. Je fais un signe de la tête, marquant mon assentiment.

Celui qui se trouve devant moi me demande d'où je viens, si je suis marié et si j'ai des enfants. Ronan me traduit. Je réponds en français, seule langue que je suis censé connaître. Un des trois individus resté en retrait prend des notes. C'est terminé, ils nous saluent et rebroussent chemin.

- Tu as remarqué la bosse sous leurs vestes ?
- Tout comme toi, bien évidemment.

Les escaliers nous mènent, avec soulagement, vers notre salut. La bagnole et on rentre. En espérant moins de trafic, on sera rentrés vers 19 heures. Environ deux heures de compte rendu, une petite bouffe et puis au lit. Repos des « guerriers » amplement mérité.

Je suis en bateau sur un canal d'Amsterdam. Je suis un touriste. Je porte mon appareil photographique en bandoulière, il fait agréablement bon. Une splendide jeune dame est à mes côtés, elle est vêtue d'une robe chemisier dont le col légèrement échancré laisse apparaître la naissance des seins. Ses magnifiques cheveux noirs geai scintillent lorsque perce le soleil. Elle me tient la main. Je l'aime, elle m'aime. Une sonnerie, bizarre, il n'y a pas de téléphone sur ce bateau. C'est de plus en plus fort, des pompiers, le feu. Il y a le feu sur le bateau, je tente de sauver l'amour de ma vie. Je ne sais bouger, je suis coincé dans mon siège. Je me réveille, c'est le téléphone de la table de nuit. Il est 07 heures 20 au réveil. Que se passe-t-il ? Je suis en travers du lit. Le coussin est sur le sol. Les draps sont en boule entre mes jambes. Je décroche.

- Oui. Allo !
- T'es prêt ou quoi ? Je suis devant !

Bon sang, je n'ai pas entendu mon réveil. Quitter sans une douche m'est impossible. Tant pis, Ronan entrera et m'attendra. Me doucher, me brosser les dents, me raser et m'habiller ne prendront qu'un quart d'heure. Et puis…*alea jacta est !*

Ronan est dans la cuisine il s'est préparé un café. Au ton de sa voix au téléphone, j'aurais cru qu'il serait énervé. Pas du tout, il sourit et me salue comme d'habitude en me tapant l'épaule du plat de la main. Tout va bien. J'ai le temps, moi aussi, de prendre mon café et de croquer trois ou quatre biscottes. On reste debout, silencieux et détendus. Ronan brise le silence.

- Ce matin 06 heures, coup de fil du gus d'Amsterdam. Je ne te dis pas l'ambiance à la maison. Déjà que j'y suis rarement. Mon épouse a énormément de patience. Elle doit toujours s'occuper de tout, le ménage, les factures, les enfants et ma valise. J'arrête avec ça. Rendez-vous à Cologne avec le vendeur demain 12 heures 30. Hôtel Mondial am Dom, Kurt-Kackenberg Platz, numéro de téléphone +49.221.20630. Après demain départ de l'hôtel à 09 heures pour une destination inconnue. Il a raccroché immédiatement.

- C'était lui, t'es sûr ?

- Oui, certain.

- Et le gars de Cologne, rien sur lui ? Pas de signalement, pas de signe distinctif, pas de pseudo ?

- Non rien, rien du tout.

- On va encore à la pêche comme des aveugles et, qui plus est, sans cannes !

Sur le chemin du bureau, je lance à Ronan :

- C'est tout de même toujours précipité, jamais le temps de se retourner. Bon, toi tu réserves l'hôtel, moi je téléphone à la police d'Amsterdam pour tenter d'identifier notre entremetteur.

Cologne est déjà réservé. Je suis en attente d'un interlocuteur à la police d'Amsterdam. Ronan téléphone également à Aix-la-Chapelle pour la location d'un véhicule immatriculé en Allemagne que nous prendrons en charge demain. Pour nous rendre chez le loueur, c'est le chauffeur du boss qui nous y amènera. Enfin un interlocuteur habilité à me répondre. La conversation en néerlandais s'éternise quelque peu, mais *in fine*, j'obtiens mon renseignement. Je suis totalement satisfait, seules trois personnes sont renseignées à l'adresse, une dame célibataire, un vieux couple et pas de trace d'un Franz Vanhuizenout. Dans la mesure des possibilités et si cela s'avère être nécessaire, nous nous rendrons sur place et tenterons d'en savoir plus. Parfois paraître idiot permet d'obtenir de sacrés renseignements. En outre, faire l'idiot n'est pas très difficile pour nous.

La rédaction du rapport et l'élaboration du budget Cologne me permet une mise au point sur les éléments recueillis à ce jour. Un informateur anonyme resté muet depuis des mois relance l'enquête « contrefaçons ». Nous étions particulièrement intéressés. En effet, lors de son initialisation, avant sa mise en sommeil forcé, l'affaire s'avérait de portée internationale. Rendez-vous à Amsterdam est fixé avec un intermédiaire-vendeur ; celui qui m'a été désigné, par la suite, comme étant le nommé Franz Vanhuizenout. Il s'avère que c'est une petite main qui nous fera rencontrer, dès demain, un autre personnage à Cologne.

Nous serons tenus de loger car le lendemain une « excursion » est prévue. Tout ce protocole « administrativo-poussif » clôturé, je le confie aux mains « secrétariales » du patron tout en précisant que c'est urgent. J'aime contrarier Omer. Il pouffe tout en haussant les épaules. Il est imbuvable mais consciencieux et foncièrement honnête. Mon estomac me réclame. Je consulte ma Pontiac que m'a offerte ma grand-mère pour ma rentrée à l'Athénée. Il est 14 heures 15.

- Ronan t'as pas faim ?
- Que si, il est quelle heure ?

Je commande au snack du coin un sandwiche jambon-fromage et pour Ronan un sandwiche frites, boulets sauce chilienne. Bonjour la digestion ! Service rapide et tout à fait convenable. Pas le temps de finir, le chef, en personne, nous invite à le rejoindre dans son bureau. Mauvais signe. Tête des jours pas bons. Ronan, ne pipera pas mot cette fois. Il a rentré la tête dans les épaules.

- Jour, asseyez-vous. C'est quoi cette demande d'un hôtel 5 étoiles à Cologne. Vous vous prenez pour des stars ?
- Non, pas du tout Monsieur le Directeur Général, c'est le lieu fixé pour le rendez-vous. Comme c'est stipulé sur notre demande, on doit quitter l'endroit le lendemain à 09 heures en compagnie du contact vendeur. En plus j'ai justifié par le fait que je suis un acheteur potentiel, plein de fric, c'est une bonne couverture que de loger dans cet hôtel. En outre, je soupçonne que les contrefacteurs aient un contact *in situ* et qu'ils vérifient notre identité. Pareil pour la voiture de location.

Il se renfrogne, étonnamment il n'a pas lu tout le rapport. Il s'est accroché sur l'hôtel. 5 étoiles.

- D'abord, vous m'emmerdez avec votre latin, ensuite tout de même une Porsche Macan et blanche en plus c'est un peu fort. Bon allez, filez avant que je ne déchire votre papier. *Vade retro satanas…* Eh, eh ! Moi aussi je connais un peu le latin.

Ronan ayant repris son allure athlétique me glisse à l'oreille.

- Ouf ! On s'en est sorti sans trop de mal.

Cologne

Départ à 06 heures, la météo annonce du beau temps, ensoleillé, pas de pluie, pas de vent et 21 degrés. Patrick le chauffeur attitré de notre Directeur nous attend. On frissonne dans la voiture, il faut dire que le chauffage de la Jaguar du patron est un peu paresseux. Nous ne rencontrons aucun problème. Le changement de véhicule à Aix-la-Chapelle s'effectue normalement, sans histoire. C'est ainsi que bien avant 10 heures, nous rangeons la Porsche à l'intérieur du parking souterrain de notre hôtel. Accueil, bagages, prise en main de la clé, occupation de la chambre, nous sommes d'attaque. Cette arrivée avant l'heure nous permet de repérer préalablement les lieux, sans que nous soyons remarqués. Nous parcourons également les alentours immédiats. Le quartier est plaisant et commence à révéler une certaine activité humaine. Les divers commerces sont à présents accessibles. Il fait doux, la température a pris quelques degrés depuis notre départ. Certains se promènent déjà sans survêtement et en manches courtes. Je ne suis pas de ceux-là. Ronan regrette, quant à lui, de ne pas avoir emporté de chemises à manches courtes. Je lui signale que nous ne sommes pas des touristes mais des gens d'argent. Midi, il est temps que nous nous installions au bar. Mon Smartphone indic vibre ; il était sous silencieux.

- Allo. Oui, parfait, d'accord.
- Dis donc, c'était rapide ta communication.

- Et comment, c'était lui, l'homme d'Amsterdam. Tu lui avais donné mon numéro.
- Bien oui. C'est toi qui possèdes le Smart-indic.
- Oui, d'accord. Ses instructions : je dois poser devant moi le *« Bildzeitung »* du jour. Notre contact tiendra en main et bien en vue l'édition de *« Die Zeit »*.
Il ne nous reste plus qu'à attendre, c'est notre quotidien. Notons que nous adopterons la même technique de traduction qu'à Amsterdam. L'allemand m'est moins familier que le néerlandais, je le comprends mais j'ai du mal à le parler. Ronan est meilleur que moi, mais tout de même hésitant. Nous regagnons la chambre afin de décompresser avant la joute. Ronan en profite pour téléphoner à son épouse. Il semblerait qu'ils s'échangent des mots d'amour. Ce n'est pas mon problème, par discrétion j'entre dans la salle de bains.

L'horloge du hall d'entrée sonne les douze coups de midi. Le voila avec *« Die Zeit »* à la main. Sans hésitation il se présente à Ronan :
- Monsieur Dorian Piette, je présume. Je me présente, je suis le Docteur Priam Sach.
Le tout en parfait français teinté d'un léger accent germanique. Ronan hésite quelque peu, je crains que l'interlocuteur hésite à son tour. Ronan fronce les sourcils, et l'air choqué rétorque.
- Exactement. Je m'étonne que vous connaissiez mon nom, cher Monsieur. Nous ne nous sommes jamais rencontrés, du moins pour autant que ma mémoire ne me fasse pas défaut.
Toujours dans un français digne des plus éminents légataires de notre langue, il précise, sans se démonter aucunement :

- Du tout, mais les affaires m'obligent à quelques précautions. Tant d'usurpateurs courent par monts et par vaux. *« Über Berg und Tal »'* comme on dit chez nous. Vous parlez notre langue comme, du moins, j'ai cru le comprendre.
Nous ne nous montrons pas impressionnés, mais quelle performance. Nous devrons jouer serré car cet homme nous semble être brillant.
Ronan, modestement, lui répond :
- *Ja Herr, Herr, Herr... aber nur ein bischen, eine kleine bischen. Ich verstehe ganz alles, dan wenn Sie wollen Sie können Deutsch sprechen* (Oui, Monsieur, Monsieur Monsieur...mais seulement un peu, un tout petit peu. Je comprends tout, alors si vous voulez vous pouvez parler allemand).
Notre inconnu ne manque pas de persister dans ses civilités.
- Ne vous retranchez donc pas derrière une modestie qui n'a nulle raison d'exister. Vous vous exprimez très correctement dans la langue de Goethe.
Personnellement, ces échanges me gonflent. Il s'adresse à moi, mais je suis ailleurs :
- Monsieur Julian Wérys, permettez-moi de me présenter. Je suis le Docteur Priam Sach et le principal actionnaire de la société Textiler Borgson. Je suis ravi de vous rencontrer et j'espère que nous conclurons notre entretien par de cordiaux échanges commerciaux.
Ce type, comment s'appelle-t-il déjà ? Priam. Quelque chose, me saoule. Je ne vais pas pouvoir supporter très longtemps cette attitude aristocratique. Je le toise, oui, je le toise, or je sais que c'est totalement inopportun.

Il est petit, très mince, les yeux sont d'un bleu transparent, ses lèvres sont pincées et ses mains trop soignées à mon goût. Docteur ? Docteur ? Je dois me calmer, mon silence commence à peser. Je me lance enfin après une longue inspiration :

- Docteur, je suis sincèrement satisfait que vous vous soyez présenté. Il eut été inconvenant que vous connaissiez nos identités et que nous ne connaissions pas la vôtre. Je pense que l'heure est indiquée pour déjeuner devant un Comtes de Champagne millésime 1990 de chez Taittinger. J'ai réservé une table qui me parait être suffisamment discrète pour que nous y discutions affaires. Je vous prie.

Confortablement installé, je précise mes attentes.

- Tous deux nous sommes belges et francophones, comme vous le constatez. Je dirige une association qui tient à diversifier ses activités. Notre important capital nous permet des achats *cash*. La marchandise est réglée dès réception, après un contrôle qualité bien évidemment. Nous souhaitons également traiter avec des consortiums dignes de nos prétentions. Vous vous imaginez qu'avant toute collaboration, il est nécessaire que nous contrôlions vos capacités.

- Demain, un chauffeur vous prendra à 09 heures. Vous serez amenés en notre *show room*. Ce qui vous permettra d'apprécier la diversité de nos produits.

Ne pas réagir, un *show room*, c'est effarant. Ronan ferme la bouche précipitamment.

- Certes, je ne doutais pas un instant de votre approche. Le contraire m'eut d'ailleurs déçu. Bien, venons-en aux choses concrètes. Quelles sont vos attentes Monsieur Wérys, si tel est votre nom.

- Avant toute contestation, permettez-moi de vous signifier que dans le genre d'affaires que nous traitons, seul compte l'argent. Je vous prie.
Cela a le mérite d'être clair. Je décide de ne pas relever cette insidieuse remarque.
- Poursuivons. Pour les textiles : 10.000 polos et 2 x 5.000 chemises. Assortiments de teintes et de modèles. Le tout remis à l'endroit qui sera désigné et réglé *cash* après contrôles par mon équipe spécialisée. Notez que nous travaillons déjà des produits de qualité entrée de gamme et que mon personnel est rodé. Enfin et ne me faites pas l'affront de paraître étonné : 50 pistolets Glock 17, 3ème génération, 5.000 9 m/m, 10 Kalachnikov RPK-AK-74 et 1.000 5,45. Votre prix et vos délais.
Priam Sach termine de mâcher lentement son dernier morceau de côte d'agneau. Il s'empare de son verre de vin, mais ne le porte pas à ses lèvres.
- À votre santé Monsieur Wérys. Nous sommes faits pour nous entendre.
Il boit une gorgée, dépose son verre. Je fais mine de rétorquer. Son signe de la main m'interrompt sur ma lancée.
- Je vous contacterai personnellement dans 48 heures. Je pense que cette affaire pourrait être conclue, disons d'ici une quinzaine. Profitons à présent de ce délicieux vin qui n'a rien à envier au Taittinger et discutons comme de vieilles connaissances qui se sont perdues de vue depuis des années. A votre santé, à vous aussi Monsieur Piette, dont j'admire l'exceptionnelle discrétion.
La conversation s'étend sur un ton badin et quelques anecdotes. Je m'étonne de la tournure des évènements.

Je m'attendais à une entrée en matière beaucoup plus serrée et à un questionnement plus incisif. Sommes-nous dévoilés, avons-nous été dénoncés ? Y a-t-il eu des fuites ? Avons-nous commis des erreurs ? Je suis saoul de toutes ces interrogations, de ce carrousel qui me tourne dans la tête. Le café sonne la fin du contact. Priam Sach, toujours avec autant de civilités nous quitte. Il se rend au bar et, après quelques instants, quitte les lieux. Ronan, très discrètement le suit et revient presqu'immédiatement.

- C'est complètement insensé, je l'ai perdu.

- On le retrouvera demain ou alors jamais. Nous sommes peut-être déjà découverts. Ce Monsieur était très bien informé.

Il est 14 heures 30, Nous quittons la table et demandons l'addition.

- C'est déjà réglé par votre compagnon de table Monsieur. Le petit déjeuner est de 07 heures à 10 heures. Au revoir Messieurs et bonne journée à Cologne.

Le français de ce garçon est plus que correct. Décidément ces Allemands !

Le bar mériterait une petite visite de courtoisie. Non pas pour consommer de l'alcool mais plutôt pour converser avec le barman. C'est un grand type aux cheveux longs. Sa mise, à dominante rouge, est impeccable. Nous nous installons et commandons, en français, deux thés verts au gingembre et au citron. Il a compris et semble ravi de notre choix. Nous sommes seuls au comptoir. Il engage la conversation en français en précisant qu'il a servi au Dirty Dick à Paris durant trois ans. On lui précise que nous sommes belges.

Il ouvre grand les yeux et s'exclame qu'il a travaillé quasi 7 ans au Spirito à Ixelles. Bien que nous connaissions l'endroit, nous faisons mine d'ignorer tout de ce lieu. Il précise que c'est original car c'est une église désacralisée, lieu bien fréquenté et branché. Ce qui est tout à fait exact. Ce gars est très sympathique et il a la langue bien pendue. Il se lie rapidement avec nous. Je suppose que c'est grâce à notre origine, car, dit-il, la Belgique est super accueillante. Le temps de servir une bière et il revient vers nous. Nous recommandons deux thés verts. Il accepte que nous lui offrions un café. On parle de banalités en s'intéressant à son parcours, pour qu'il se détende et se sente entre amis. Nous glissons tout naturellement sur le sujet qui nous intéresse, Priam Sach. Oui, il le connaît de l'avoir vu à trois ou quatre reprises au restaurant. Non, il ne connaît pas son nom. Oui, il est toujours accompagné de Messieurs pendant le repas. Non, il ne l'a jamais vu avec une dame. Nous n'obtiendrons rien de plus. Nous poursuivons les échanges tout en lui demandant de nous conseiller des endroits à ne pas manquer dans sa ville. Au revoir et à demain, non il sera en repos. Nous quittons notre hôtel.

- Que fait-on jusqu'à demain ? Interroge Ronan.

Il a raison, il est 16 heures. L'attente sera longue. On visite. Nous visitons l'immanquable cathédrale de Cologne, nous déambulons sur la Heumarkt, jolie place piétonne entourée de cafés et de restaurants. Nous nous installons dans un établissement faisant face à une estrade où doit se dérouler un concert. La place est animée et c'est finalement très sympa. Nous discutons de la visite du lendemain matin.

C'est bizarre, tout est identique à un magasin ayant pignon sur rue, difficile à comprendre. La facilité avec laquelle nous nous sommes introduits devient inquiétante. Nous avons la confirmation d'Eurofaux que ce Priam Sach n'existe pas. La photo que j'ai prise de l'intéressé, à son insu, et transmise immédiatement est revenue avec la mention « inconnu ». On se perd en conjectures. Nous décidons de regagner l'hôtel, de prendre un léger repas sur place et de regagner notre suite. Une douche, on branche la TV. Un hôtel de cette catégorie distribue une certaine quantité de chaînes, dont des françaises. Il est temps de transmettre un compte rendu au boss. La relation des faits semble le satisfaire. Il transmet, en effet, un « OK » assorti d'un conseil de prudence. Demain est un autre jour.

Petit-déjeuner européen, buffet gargantuesque, on a mangé un peu de tout. La gourmandise nous perdra. La digestion sera pénible. Nous devrons cependant gérer la suite qui est à plusieurs inconnues, dont une primordiale : serons-nous mis en danger ? Pas le temps de me prêter à un soliloque, un homme en livrée de chauffeur s'adresse à nous :

- *Herren Piette und Wérys. Ich bin ihr Chauffeur. Wurden Sie mit mir kommen bitte.*(Messieurs Piette et Wérys. Je suis votre chauffeur. Pourriez-vous m'accompagner s'il vous plaît).

Aucun besoin d'être agrégé en langue germanique pour comprendre. Nous nous redressons et l'accompagnons. Sans surprise, c'est une Mercedes modèle GLC 250 qui nous attend. On s'installe à l'arrière, non sans avoir préalablement relevé la marque d'immatriculation.

On démarre. Il fait très sombre à l'arrière, les vitres sont surteintées. Le chauffeur nous tend deux cagoules.

- *Vielen Dank, dass Sie diese Hauben passieren und wird an meinem Signal zu entfernen. Fehler zwingen mich Sie zurück zum Hotel zu nehmen.*

Ronan veut me traduire :

- Ça va, j'ai compris, faut mettre la cagoule !

- Je suis certain que tu n'as pas tout compris. Il a dit : « Merci de passer ces cagoules et de ne les enlever qu'à mon signal. Tout manquement m'obligera à vous ramener à l'hôtel ».

Il s'agit de « sacrées » cagoules. La partie au niveau des yeux est totalement opacifiée. On ne voit rien, la lumière ne passe pas. La voiture s'arrête, nous ne percevons aucun bruit de fond. On nous invite à sortir. Une fouille, nous nous étions étonnés de ce manquement. Ce sont des pros, sans aucun doute. Nos portefeuilles, nos Smartphones, nos mouchoirs, nos chaussures, on se retrouve à poils. Nous entendons le bruit caractéristique du débranchement de nos Smartphones, que nous ne récupérons pas. Heureusement tout le système est crypté et je suppose qu'ils ne possèdent pas le matériel technique permettant de décrypter. On nous invite à regagner le siège arrière et le véhicule se met en route. On roule encore environ une demi-heure. Le véhicule s'immobilise, un bruit de porte automatique qui s'ouvre, on avance lentement. Le véhicule s'arrête, le moteur est coupé. La portière de la Mercedes s'ouvre, nous sortons du véhicule. La station debout provoque chez moi, un léger étourdissement. Notre chauffeur s'adresse de nouveau à nous :

- *Wir kamen, können Sie Ihre Hauben entfernen. Vor einiger Zeit.*
- Là, Ronan, j'ai rien compris, il a parlé trop vite.
- Il a dit : nous sommes arrivés, vous pouvez enlever vos cagoules. À tout à l'heure.

Nous quittons le véhicule en titubant légèrement. Simultanément nous nous frottons les yeux. Un petit moment d'adaptation et nous découvrons notre environnement. Nous sommes dans un vaste garage, très haut de plafond. La lumière crue de l'endroit nous paraît d'autant plus violente que nous avons été plongés très longtemps dans le noir. Quelques mouvements de jambes et nous sommes d'aplomb, tel le danseur prêt à effectuer une cabriole. Une porte s'ouvre au niveau du pignon latéral droit. C'est notre hôte en question.

- Bonjours Messieurs Wérys et Piette. Je vous prie d'excuser les désagréments liés à cette rencontre. La sécurité est essentielle dans mon business. Vous l'avez d'ailleurs bien compris car je suppose que vous-mêmes êtes aussi rigoureux.

Il n'attend aucune réponse et nous invite à l'accompagner. J'imagine que les lieux sont aussi raffinés que Herr machin qui se fait appeler Sach. Quelques marches au carrelage ordinaire et nous pénétrons dans un vaste entrepôt. Je qualifierais l'endroit de « caverne d'Ali Baba ». Des rayonnages, des mètres de rayonnages. La pièce est parfaitement éclairée, la propreté y règne en maître. Je serai tenté de dire que les lieux sont stérilisés. Deux élévateurs sont rangés soigneusement à proximité de palettes en bois quatre entrées et de rouleaux de films étirables opaques.

D'où nous nous trouvons, nous n'apercevons pas ce que cachent les rayonnages. Herr machin, nous invite à déambuler entre les rayons. Tous sont fermés par des volets métalliques. Volets sur lesquels sont apposés des signes énigmatiques. Une allée transversale nous permet de visualiser plus exactement les lieux. J'estime la longueur de chaque rayon à 18 mètres, soit une longueur totale de 36 mètres, rapidement je compte 7 rangées à gauche et j'estime qu'il y en a autant à droite. Il y aurait donc dans ce hangar plus de 500 mètres de rangement en longueur. J'ignore le nombre d'étagères mais j'estime, étant donné la hauteur au sol, qu'il devrait y en avoir 5. Ce qui nous fait le métrage total à plus de 2.500 mètres. C'est hallucinant ! C'est à ce moment qu'arrive un élévateur, la palette qu'il transporte est chargée de quatre coffres métalliques. Herr machin Sach nous invite à le suivre, une porte au fond du hall s'ouvre.

Une dame nous laisse le passage tout en retenant l'huis. Nous suivons notre hôte dans une pièce, avec en son centre une vaste table ronde en marbre entourée de 6 fauteuils en véritable cuir, sans aucun doute. Dans un coin, un meuble bar *design* dont la vitrine laisse apparaître des bouteilles. Herr Sach, d'un geste plein de solennité, nous prie de prendre place. La dame, jolie en outre, nous sert d'office une coupe de champagne et nous présente la bouteille. C'est un Gosset Celebris Vintage 1998. J'en ai entendu beaucoup de bien sans pour autant en avoir jamais goûté. Notre « hôte » ne voulait certes pas être en reste. Nous ne consommons pas d'alcool Ronan et moi « en service », cependant un champagne d'exception devient parfois notre ami durant un repas gastronomique. Un véritable nectar.

Je tiens à féliciter Herr Sach, ça y est, j'ai bien retenu le nom qu'il a choisi de se donner, afin de montrer que je sais, moi aussi, faire preuve de civilité. Je tiens également à exprimer mon ressenti vis-à-vis du champagne.

- Je perçois de beaux arômes de poire, me tromperais-je Herr Sach ?

- Absolument pas, cher ami, reprenez donc une gorgée et tentez d'apprécier également ces arômes de fruits à chair blanche et d'ananas confits.

- Je m'incline, vous avez raison, je n'aurais jamais pu apprécier ces subtilités sans votre remarque.

Heureusement que les coffres arrivent et nous délivrent de toutes ces considérations futiles. Ce n'est pas l'individu qui transportait la palette qui dépose, ce que je suppose être, la marchandise. L'homme est apparemment à l'aise. Il est plutôt grand et quelque peu ventripotent. Sa démarche chaloupée me fait penser à un marin, ses yeux sont particulièrement remarquables. Ils sont gris, d'un gris fort pâle, son regard fixe ajoute à la froideur du personnage. Sa mise soignée contraste avec le fait qu'il se ronge les ongles. Herr Sach, je vais dorénavant me satisfaire de ce patronyme, nous présente son employé comme étant un fidèle serviteur. Il précise que l'intéressé est slave qu'il ne parle ni ne comprend le français, mais, parle allemand, italien et anglais. Le propriétaire des lieux s'adresse à l'homme.

- Ja Mitchel.

Le prénommé Mitchel, donc, ouvre les coffres. Du premier il sort cinq chemises à manches longues, qu'il pend à l'aide de cintres à des crochets fixés au mur.

Je n'avais par remarqué cette particularité, d'ailleurs bien camouflée ; murs blanc cassé et crochets de même. Je scrute plus attentivement les murs et je remarque qu'ils sont tous pourvus de ce genre de support. Il s'attaque aux coffres suivants, desquels il sort successivement cinq chemises manches courtes, dix polos qui prennent la même suspension. Ces vêtements présentent des coloris et des motifs différents. Pourquoi des coffres dès lors que ces vêtements auraient pu aisément être transportés à la main ? Mitchel nous invite à regarder l'intérieur des coffres. Ils sont pleins jusqu'à la gueule. Herr Sach nous pose une question :

- Messieurs, pouvez-vous évaluer la contenance en vêtements de ces coffres ?

Ronan et moi, on se regarde d'un œil interrogateur.

- Très difficilement Herr Sach. Allez, comme ça 1500 pièces. Tu crois aussi Jérémy ?

- Pas mal, vous en ajoutez 3500 de plus et le compte est bon.

Ronan et moi sommes complètement abasourdis. 5000 pièces dans un coffre, nous sommes obligés de croire Herr Sach. Nous nous regardons et tous les deux, c'est certain, nous sommes en train d'imaginer ce que peut contenir le hangar. Sach vient de deviner notre réaction car il enchaîne :

- Imaginez-vous Messieurs ce qui se trouve entreposé ici. Je tiens à vous faire remarquer que votre commande ne représente finalement pas grand-chose pour moi. Alors qu'en dites-vous ?

Je reprends mes esprits et je rétorque d'un ton assuré :

- Je suis effectivement impressionné. Je désirerais cependant que vous m'impressionniez d'avantage avec d'autres produits.

- J'y arrive cher Monsieur Wérys, j'y arrive. Mais je manque à tous mes devoirs. Permettez.

Il se redresse, s'approche du meuble bar et décroche un portable.

- Magda, je pense que vous avez oublié les toasts pour nos invités. Merci à vous.

Magda entre dans la pièce. C'est encore une autre jeune dame, très jeune cette fois. Je lui donne 20 ans au plus. Une pure aryenne, c'est facile de le prétendre : nous sommes en Allemagne. En ce qui me concerne, à aucun instant, je n'ai envisagé une connotation nazie en employant cette expression. Bien plus que cela, cette jeune fille porte en elle, avec un naturel discret, la noblesse de cet ancien peuple de langue indo-européenne qu'étaient les Aryens. Ronan ne peut s'empêcher de me donner un coup de coude. Je me tourne dans sa direction. Cette entrée imprévue nous a laissés tout ahuris. Herr Sach a certainement remarqué notre étonnement stupide, c'est la raison pour laquelle il tente de nous « ramener ».

- Magda est ma petite-fille. Elle termine des études de sciences appliquées en notre superbe et renommée université. Vous savez que pratiquement 50.000 étudiants fréquentent notre prestigieuse faculté.

Et ce mec est un grand truand, un grand trafiquant et certainement un dangereux criminel à la tête d'une organisation mondiale. Comment peut-il s'intéresser à de petits acheteurs comme nous et les recevoir ? Nous sommes dans la gueule du loup. Qu'attend-il de nous ? Pourquoi sommes-nous ici ?

Champagne, petits fours, conversation cordiale, pourquoi ? Comment n'est-il pas connu des services généraux ? Comment son site immobilier n'a-t-il pas déjà éveillé la curiosité ? Ce mec n'est tout de même pas invisible ? Il sort, il mange, il boit, il fréquente du monde, il a, apparemment, de la famille. Que de questions sans réponses. Ronan et moi sommes en danger. Je prends conscience, un peu tard, que nous ne sommes que des amateurs. Ronan est toujours en extase devant cette superbe jeune fille qui dégage un fluide de sensualité grisant. Elle dépose quatre magnifiques plateaux en porcelaine d'Esornthal, me semble-t-il. Je connais cette porcelaine par ma grand-mère, elle qui m'avait offert ma montre Pontiac. Je me souviens qu'elle possédait un magnifique vase et elle m'avait expliqué que la production avait rencontré un grand succès spécialement à la période Art nouveau. Je suis étonné de voir des plateaux de vaisselle, je vérifierai discrètement lorsque l'un d'entre eux sera vidé. Je me surprends à avoir ces réflexions puériles dans une situation qui ne manquera pourtant pas d'être tendue. C'est Herr Sach qui me tire de mes « expertises vaisselières » :

- Ces petits fours sont délicieux, n'est-il pas ?

Ronan est tellement distrait par la démarche de la petite-fille de Sach qu'il n'a même pas entendu la question. Il est vrai qu'elle est fascinante, j'imagine Aphrodite en l'observant, cette fille est une déesse grecque revenue parmi nous pour nous enchanter. Je me surprends à répondre :

- Absolument divin Herr Sach.

Aussitôt je me reprends :

- Il nous reste à examiner le contenu des deux derniers coffres, me semble-t-il.

- Parfaitement. Mitchel bitte schön !

Mitchel s'exécute et nous tend un Glock 17, effectivement de 3ème génération et une Kalachnikov. Ici Ronan et moi sommes dans notre spécialisation, contrairement aux 'chiffons'. Manipulations, démontage, montage, examen des pièces mobiles, tout y passe. Mitchel nous regarde et semble apprécier.

- Ce coffre contient 500 pistolets, l'autre 150 mitraillettes auxquelles s'ajoutent 2500 9mm et 2000 5,45. À présent Monsieur Wérys ou autre, si nous discutions sérieusement. Votre demande ne saurait être qu'une approche. Ces misérables quantités ne seraient destinées qu'à du banditisme. Je travaille avec des pays en guerre, bien évidemment pas tous. Vous n'avez porté aucun intérêt aux vêtements. Votre approche visait uniquement les armes et les munitions, je présume. Qu'en est-il ?

Nous y sommes. Ronan est à présent concentré sur le sujet. Je dois répondre vite et bien. Je décide de prendre la parole en prononçant certaines syllabes avec plus d'énergie. Cette augmentation de mon intensité vocale permettra de détourner, je l'espère, l'attention sur les manquements éventuels de mon discours. De plus le 'ou autre' prononcé déjà à deux reprises m'inquiète sérieusement.

- Comme je l'ai préalablement stipulé, je fais partie d'une association de personnes fortunées. Nous travaillons déjà dans certains secteurs et désirons progresser dans d'autres domaines.

- Je suis moi-même ingénieur civil en commerce et Monsieur Piette est mon secrétaire et non moins excellent ami. Il est lui-même ingénieur en ingénierie médicale. Notre association désire s'étendre dans le secteur de la contrefaçon sous toutes ses formes et aussi dans la vente d'armes aux pays sous développés. Nous avons les moyens financiers, techniques et logistiques. En aucun cas les vendeurs « à la sauvette » ne nous intéressent. Nous avons dès à présent une clientèle intéressée par nos autres activités et qui ne manque pas de nous solliciter pour diversifier les siennes. Des professionnels ont été engagés, ce qui nous a permis de vous rencontrer tout en feignant de vous atteindre par une voie simpliste. Nous sommes des professionnels Herr Sach, nous avons anticipé tout ce que nous venons de vivre. Hormis ce fabuleux champagne, dont j'espère que vous me communiquerez l'identité du fournisseur, ces non moins fabuleux toasts et enfin cette divine apparition de votre petite-fille. Nous avons feint la surprise, l'ignorance en commettant volontairement quelques petites maladresses. Sachez cependant que nous sommes conscients du risque toujours présent. Notre seule consolation c'est que cet endroit a été géo localisé. À professionnels, professionnels et demi, n'est-ce pas ? La fouille était minutieuse, mais le talon de nos chaussures contient un émetteur GPS. Sans nouvelle d'ici peu de notre part, une véritable armée envahira les lieux. Jamais, j'en suis certain, cette issue ne verra le jour. Nous avons besoin de vous beaucoup plus que vous de nous, je l'avoue. Par contre si nous ne quittons pas cet endroit, vous n'aurez plus besoin de rien. Continuons nos transactions et cette fois dans les sphères qui sont les nôtres.

Il ne m'a pas interrompu. Il a écouté avec une telle concentration que ses yeux paraissaient être aussi bridés qu'un ressortissant de l'Asie du Sud Est. Ai-je été brillant ? Ai-je été, avant tout, convaincant ?
Ronan, d'un ton détendu ajoute.
- Je me permets de préciser…
- N'ajoutez rien Monsieur Piette. J'ai très bien compris. Je vous prie tous deux de retirer vos chaussures.
Nous nous montrons quelque peu contrariés, mais, ce scénario étant prévu, le contraire nous aurait paru suspect. Nous nous exécutons et remettons nos chaussures à Mitchel. Il examine les talons avec attention et ne semble rien remarquer. D'un signe de la tête il fait part à son patron qu'il n'y a rien. Ronan prend la parole et cette fois il n'est pas interrompu.
- Herr Sach, comme Monsieur Wérys vous l'a dit, nous ne sommes pas des amateurs. Par conséquent les aménagements des talons ont été soigneusement effectués par un atelier spécialisé. Permettez que je vous montre.
Ronan ne bluffe pas, c'est totalement exact. De plus nous possédons deux paires de chaussures maquillées depuis le début de la mission. Ronan s'exécute et les émetteurs sont extraits de leur logement. Mitchel s'en empare et quitte la pièce. L'atmosphère est tendue. Il semble que Herr Sach a perdu de sa superbe, une inquiétude se lit sur son visage désormais crispé. Prend-il conscience que nous ne sommes pas des amateurs et que jusqu'alors nous avons joué les benêts ? Magda, la douce et belle Magda entre à nouveau dans la pièce. Elle s'adresse à son grand-père.

- Deux émetteurs satellite, haute technologie. C'est confirmé. De plus un cryptage qui nous est inconnu empêche tout repérage du récepteur.
C'est dit, c'est tout, elle quitte la pièce à notre grand regret. La balle est dans le camp de notre hôte. Nous restons stoïques et inébranlables tout en fixant Herr Sach. Ses pensées doivent se bousculer telles les quilles lors d'une compétition de bowling. Il se redresse sur son siège et sort de son mutisme. Un être aussi brillant ne pouvait rester sans réaction. Il me regarde droit dans les yeux, joint les mains, pose les coudes sur les accoudoirs du siège et prend la parole :
- Bravo Monsieur Piette, vous avez parfaitement bien joué votre rôle. Rôle que vous répétiez, j'en suis sûr, depuis longue date. À présent, je vous invite à ce que nous quittions l'ombre et que nous nous exposions en pleine lumière. Je suis à la tête d'un vaste consortium dont le but commun est l'enrichissement. Notre activité est multiple et mondiale. Nous ne nous embarrassons pas de ce que nous appelons des petites mains. Nous vendons et livrons, la distribution ne nous importe pas. En ce qui vous concerne, sachez que votre commande ne nous intéressait absolument pas. Ce n'est pas le genre d'affaire minable que nous traitons. Cependant, il m'appartenait de prolonger le test afin de vous cerner plus précisément. Vous venez de faire preuve d'un réel discernement et de démontrer le professionnalisme de votre 'structure' et de votre réseau. J'avoue avoir été réellement surpris. Que voulez-vous exactement ?
Je réfléchis à la vitesse de la lumière, ce qui provoque l'explosion de mon cerveau. Ronan n'intervient pas, il est formidable.

Il joue son rôle de secrétaire à la perfection, la parole n'appartient qu'à son 'patron'. L'heure est grave, il est nécessaire de s'en sortir. L'armée annoncée n'existe pas, il s'agit tout au plus d'un groupe de combat de six hommes. Après une longue inspiration, je me sens pousser des ailes :

- Nous y sommes Herr Sach. C'est très simple, nous nous associons. Vous fournissez, nous vendons et pas en porte à porte. Peu vous chaut de connaître notre filière et ça m'est égal de connaître vos fournisseurs. Avec nous vous éviterez énormément de manutention. Si votre capacité le permet, les livraisons seront faites en conteneurs à marchandise identique. Soit, chiffons, armes, munitions, médicaments et/ou toute autre marchandise que vous nous proposeriez. Je vous le répète nous possédons des moyens exceptionnels. Chacun reste dans sa sphère d'activité sans jamais empiéter sur celle de l'autre. Ce sera la garantie d'une bonne et saine collaboration. Je reconnais que nous allons « tuer » un certain nombre de vendeurs, par contre les revendeurs y trouveront leur compte. Ainsi, nous serons les seul référents et vous, notre seul contact.

Je ne peux m'empêcher de me remémorer cette citation de Boileau « *Ce qui se conçoit bien s'énonce clairement et les mots pour le dire arrivent aisément* ». Point ! Herr Sach se lève, se dirige vers la porte et tout en se retournant précise :

- Je vous contacterai ultérieurement. Au revoir Messieurs. Mitchel s'occupe de vous reconduire à l'hôtel.

Sur le pas de la porte, il se retourne. Il affiche un petit sourire aux lèvres et perfidement il ajoute :

- J'oubliais de vous préciser que la Mercedes est équipée d'un brouillage et que le bunker dans lequel vous vous trouvez est complètement isolé. Aucun radar, à l'heure actuelle, ne possède la technicité suffisante pour détecter un quelconque signal. Mitchel va d'ailleurs vous rendre vos jouets.

Cette fois il a quitté la pièce. Nous sommes stupéfaits. Nous n'aurions jamais imaginé une semblable organisation. C'est le sommet, un court instant je me surprends à penser que la suite n'est plus pour nous. Mitchel nous invite à le suivre. Retour à l'hôtel, tout comme à l'aller, cagoule. Enfin, nous retrouvons un certain sentiment de sécurité et de sérénité. J'en fais part à Ronan :

- D'accord avec toi Jérémy, mais tes impressions ne sauraient être qu'éphémères. Je me sens dépassé par l'ampleur de l'organisation. Je crains que nous ne soyons pas suivis financièrement. Bien ! On se prend un petit café au bar de l'hôtel avant de regagner nos bases ?

- Excellente idée, ensuite *go home.*

Dans la Porsche notre conversation est purement anodine, telle que nous en avions convenu à la table du bar, en buvant notre café. Méfiance, ce monstre d'organisation a peut-être placé un mouchard et un radar dans la voiture. Ahurissants tous ces enchaînements. Ronan « mon secrétaire » a pris le volant. Par pure précaution, nous rangeons le véhicule sur le bas côté et feignons de satisfaire un besoin pressant. Nous étions surveillés, c'est certain. Dehors, je contacte le service pour qu'on vienne nous rechercher à Aix-la-Chapelle. Ronan, quant à lui, contacte Jérôme, notre pro en informatique. Il m'invite à tendre l'oreille.

- Je suis rassuré d'enfin vous entendre les gars. On vous a perdus à l'hôtel pour vous récupérer bien plus tard au même endroit. Qu'est-ce que vous avez foutu ?
Ronan lui rapporte les évènements. Conclusion Herr Sach ne nous a pas bluffés. À l'intérieur de la Mercedes nous étions dans un « bunker » où nous étions indétectables. Un vide, Jérôme est vraisemblablement aussi stupéfait que nous-mêmes l'avons été.
- Là, les amis, c'est fort. Vous avez vérifié vos chaussures, vos valises, vos vêtements restés à l'hôtel ?
À présent, « le vide » est pour notre pomme. On n'y a pas pensé. Ronan lui communique notre manquement.
- Où êtes-vous ? Ok, vous vous rangez immédiatement. J'arrive, ne bougez plus.
On est bien, on a été négligent, vraisemblablement encore abasourdi par la journée, mais aucune excuse. On ne bouge plus du véhicule, on attend. La circulation est dense sur cette Aachenerstrasse. On n'est pas loin de chez le loueur. Ça devient long, il fait soif et la faim commence à se faire sentir. On est vraiment cons ! Jérôme arrive alors qu'il commence à pleuvoir. Il est au volant de la camionnette technique bien évidemment. Il quitte le véhicule, s'approche de la Porsche. Ronan ouvre la vitre, Jérôme se penche vers nous et nous salue. Je n'aime vraiment pas son air narquois. D'un geste, il nous invite à quitter la Porsche et d'un signe de la main nous engage à nous éloigner du véhicule.
- Ça va les cracs ? Allez sortez que je vous ausculte.
L'enfoiré, il jubile. Ronan me regarde, lui aussi est très contrarié par la superbe qu'affiche Jérôme en s'adressant à nous. Nous qui avons risqué notre vie.

On doit se taire, il le faut. Il sort de son atelier roulant un tas de détecteurs qui pour nous se ressemblent tous. On est passés au peigne fin. Triomphant, il parodie nos manières d'une voix jubilatoire.

- Vos chaussures Messieurs, je vous prie.

- Pas trop loin tout de même mon ami. On est crevés, inquiets, on a faim et on a soif.

Cette remarque semble avoir touché notre Jérôme. Il reprend cette fois d'un ton qui est le sien.

- Vous étiez branchés au niveau des chaussures uniquement, j'ai désactivé. On ferme tout, je vous offre un café et je reprendrai la suite. Je vous conseille de rentrer. Ce sera long, voiture, valises, vêtements. Ce n'est pas rien !

Il regagne notre estime. Nous prenons soin de tout verrouiller. Nous montons dans sa camionnette qui, pour le reste, est impeccablement entretenue. On se serre tous les trois à l'avant et direction un resto. Ouf ! On va boire et manger. On ne dit pas un mot, on boit et on dévore. Ce n'est qu'au café et à ses mignardises que nous relatons nos périples à Jérôme. Il écoute attentivement sans jamais nous interrompre. Il nous a énervés mais reconnaissons que c'est un véritable pro.

La nuit tombe lorsque Patrick, le chauffeur du boss, vient nous prendre. Jérôme va travailler dans l'obscurité, pas facile du tout. C'est lui qui sait. On le salue chaudement et on embarque. Le chauffeur, nous signale que le patron attend notre arrivée avec impatience. Il est toujours là ! Quand dort-il ? Le chauffage fonctionne, merci Patrick, le doux roulis du carrosse du boss, tout contribue à notre endormissement.

Plombés par la fatigue et aussi par un stress permanent depuis deux jours nous sommes tombés comme des masses. J'entends Patrick qui m'appelle d'une voix de plus en plus forte. Que fait-il dans ma chambre ?

- Commissaire, commissaire, nous sommes arrivés. Réveillez-vous.

J'émerge peu à peu des vapes, je regarde autour de moi et, je vois Patrick. Il me faut quelques secondes avant de réaliser que nous sommes dans le garage. Ronan revient à lui également. On sort, on se déplie. Chez le patron, lui relater Cologne et puis au lit le plus rapidement possible. Pas les escaliers pour cette fois, l'ascenseur nous prendrons l'ascenseur. Ronan me suit toujours un peu « zombie ». On approche de notre bureau, l'odeur de la fumée de cigarillos ne peut nous tromper. La porte du boss est ouverte. Nous frappons délicatement le chambranle pour annoncer notre arrivée.

- Entrez, entrez, mes amis. Je vous attendais impatiemment.

Un bruit de pas derrière nous, on se retourne. Malheur ! C'est Omer, le secrétaire du boss. Que fait-il toujours là, à cette heure ? C'est un pot de colle ce mec. J'espère qu'il va quitter le bureau. Et non ! Il nous salue et s'installe sur « mon » siège. Ronan s'assied, moi je tiens à rester debout.

- Assieds-toi, Jérémy, tu es aussi fatigué que moi, souligne insidieusement Ronan tout en se tournant vers Omer. Je reste debout. L'autre là, ne bouge pas et ajoute sournoisement :

- Prenez la chaise qui se trouve contre le mur, cher Commissaire.

Je le transperce du regard, ne bronche pas et attends le patron. Enfin il s'adresse à Ronan et l'invite à raconter « notre excursion » à Cologne. Il n'est pas dupe et sait pertinemment bien que je laisse systématiquement Ronan prendre la parole pour, au besoin apporter quelques précisions par la suite. Comme d'habitude, il se concentre et n'interrompt pas Ronan. Le « gratte papier » ne cligne pas d'un cil, je ne l'entends même pas respirer. En fait, jamais il n'oserait se manifester quand nous sommes chez son « Dieu ». Ronan a été clair et précis. Cependant la mine renfrognée du patron montre qu'il est manifestement contrarié. Un silence absolu règne à présent, il devient pesant car tous, nous attendons que le boss prenne la parole. Il s'empare de sa drogue asphyxiante et, contre toute attente, ne prend pas son briquet. Il tient le cigarillo entre les doigts et semble l'inspecter. Enfin il s'adresse à moi :

- Jérémy.

Je suis pétrifié, jamais il ne m'a appelé par mon prénom !!!

- Jérémy, je crois que nous sommes arrivés à un point de non retour.

D'un ton plus grave encore, il ajoute :

- Cette affaire ne saurait aboutir sans que vous la continuiez et ce malgré lds dangers bien avérés.

Il marque une pause, porte son cigarillo à la bouche et ne l'allume toujours pas. Signe d'une concentration extrême et d'une inquiétude non feinte. Et voici la question habituelle :

- Qu'en pensez-vous ?

Je prends le temps de répondre, ma voix est claire :

- Temporisons Monsieur le Directeur Général. Je propose en outre que Ronan et moi réactivions nos informateurs et indicateurs. Nous nous pencherons également sur l'enquête périphérique, sur les informations dont dispose encore Eurofaux. Dès demain, nous nous attacherons à la rédaction, qui sera fastidieuse mais dont l'avantage consistera à ce que nous nous remémorions tous les détails importants. En ce qui concerne l'enquête, il m'apparaît essentiel que nous la poursuivions tout comme vous l'avez souligné. Une fois n'est pas coutume, je vous serais reconnaissant de nous laisser prendre congé et d'excuser déjà notre arrivée tardive de demain. Nous avons un grand besoin de repos. J'ai fini. Le boss nous salue, nous rentrons.

J'ai dormi du sommeil du juste. Je m'éveille parfaitement reposé. Il est 10 heures 06 à ma Pontiac. Une bonne douche chaude suivie d'un rinçage à l'eau froide et je serai l'homme de la situation. Je petit déjeune en peignoir, repas frugal composé de biscottes - j'avais oublié d'acheter du pain lors du retour. Je m'étonne du silence de Ronan, habituellement c'est un sacré lève tôt. Sonnerie de téléphone au moment précis où je lace mes chaussures.

- Jérémy, t'es prêt ?

Décidément Ronan ne se renouvelle pas. Toujours la même rengaine.

- Fin prêt, même que je m'apprête à sortir.
- Tu vas te rendre au bureau à pied ?
- Je n'ai pas dit ça, je m'apprête à aller acheter du pain et le journal. T'arrives quand ?

- Quand tu veux. Je suis au bureau en pleine rédaction du rapport 'Cologne'. Je suis là depuis ce matin 07 heures 30.

Quand, il y a un instant, je m'étonnais…

- Ne viens pas, une petite promenade me sera salutaire.

Je raccroche afin d'éviter toute contestation.

Une inquiétante filature

Après avoir rapporté le pain, je quitte, de nouveau, mon petit paradis, mon journal sous le bras, pour me rendre au central de commandement qui est devenu ma base après ma mutation. Tout à l'heure, j'ai mal évalué la température extérieure. Je frissonne, simplement vêtu d'une veste en coton mélangé, d'une chemise à manches courtes sur un jeans d'été. J'accélère le pas pour me réchauffer. C'est à ce moment précis que je remarque un homme, assez petit d'ailleurs, qui marche sur le trottoir opposé au mien et qui vient d'accélérer subitement le pas. Je suis suivi ! Principe élémentaire, faire diversion et m'assurer d'une filature à un seul individu. Sur une place toute proche, deux établissements : un snack et un café. J'opte pour le café, j'espère qu'ils servent, à tout le moins, des croissants. Mes biscottes étaient, en effet, un peu légères. Je m'installe à une table face à la porte d'entrée. Je suis satisfait, il y a un service petit déjeuner ; pain fromage ou jambon, croissant ou pain au chocolat, café et jus d'orange…extra ! Je commande et je parcours mon journal. Une dame, la quarantaine, cheveux longs, jeans collant, bottillons bruns et veste matelassée bleue *Peter Hahn*, Iphone5s à la main, s'installe à la table derrière moi. Elle commande un café. Je profite bien de mon petit repas. Je règle mes consommations et quitte l'établissement. La dame ne bouge pas. Dehors, je ne relève pas immédiatement la présence du petit homme.

Ils sont cependant bien là tous les deux, l'homme derrière moi, la dame sur le trottoir opposé. Ils jouent à « saute-mouton ». Ils possèdent des notions de filature, mais n'ont apparemment pas beaucoup d'expérience. Je décide d'entrer à l'Innovation, magasin qui bénéficie de trois accès différents outre celui que j'emprunte. J'entre et j'accélère le pas, à la limite du trot. Je louvoie entre les rayons, j'emprunte un escalator vers le premier étage car une autre paire d'escalators existe plus avant à cet étage. Je manœuvre de nouveau entre les différents rayons et emprunte l'escalator vers le rez-de-chaussée. Encore quelques mètres et je quitte le magasin, pour entrer dans le commerce suivant « vêtements hommes ». Je happe une veste et me réfugie immédiatement dans une cabine d'essayage. J'attends. Par l'interstice du rideau que j'ai volontairement écarté, j'inspecte les alentours. Rien, je quitte le magasin par une sortie arrière et me retrouve sur la place. Un bus est immobilisé à son arrêt, je monte, règle le parcours et m'installe sur un siège latéral avec vue sur les portes avant et arrière du bus, qui démarre. Je ne connais pas la direction de ce transport, peu importe. Après dix minutes de trajet, je descends à un arrêt.

Je sonne à Ronan et lui communique l'endroit où je me trouve. Après 20 minutes d'attente, il arrive et me prend en charge. Direction bureau.

- Bon sang, qu'est-ce que tu foutais ?

Je lui relate les évènements et mes interrogations. Qui sont ces gens ? D'où viennent-ils ? Comment et par qui suis-je ou sommes-nous 'identifiés' ? Tout ça n'est pas possible, tout m'échappe. On a pourtant été extrêmement prudent. Quelle erreur a pu se glisser dans notre préparation ?

Ronan me jette des regards teintés d'étonnements, voire d'effarement. Il réalise l'absurdité de la situation. Nous sommes dans le garage de notre immeuble. Tandis que nous escaladons les escaliers Ronan se livre à des supputations :

- Tout bien réfléchi, il ne s'agit pas d'une équipe de chez Herr Sach. Il ne se serait pas encombré de tels ringards. De plus il nous a « perdus » à Aachen. C'est un tant soit peu rassurant, non ?

- J'admire ton optimisme, je te fais remarquer que j'ai été 'pris' peu après chez moi. Ça ne me rassure pas du tout.

Nous gagnons notre bureau et sommes immédiatement interpellés pas Omer.

- Le patron veut vous voir tout de suite.

Le ton employé ne me dit rien qui vaille, Ronan réagit tout comme moi.

- Ça ne m'inspire pas.

- Bonjour patron.

- Asseyez-vous les amis, j'ai des nouvelles pour vous.

D'un seul coup on se sent mieux, beaucoup mieux.

- Jérôme est fier de lui, il a tout découvert. Neuf mouchards, vos chaussures, les valises et deux vestes. À Cologne, vous avez mis les pieds dans un champ de mines. Ronan m'a tout déballé et vous Jérémy *quid* de cette matinée ?

J'expose en détail la filature et le sentiment de Ronan à ce sujet que je partage en partie. Je précise que je reste encore et toujours perplexe. Je n'aime pas ça, alors pas du tout. Je veux savoir. Le Directeur se penche vers moi, les mains à plat sur son bureau :

- Mon petit.

Je suis devenu son petit à présent.

- Mon petit, je suis totalement de l'avis de Ronan. Des amateurs, oui des amateurs et par conséquent rien à voir avec Herr Sach. J'en suis convaincu.

Entendu, j'adhère à regret. Je ne peux cependant m'empêcher de penser que ces conclusions sont un peu hâtives. Enfin, soit !

- D'accord, du moins pour le moment. Mais, alors, qui sont-ils et que cherchent-ils ?

Quasi simultanément, ils répondent en me fixant d'un regard intense.

- On le découvrira !

J'admire leur optimisme que j'interprète, malgré tout comme assez forcé. En fait, je pense, qu'ils essaient de s'en convaincre eux-mêmes. Passons à un autre sujet.

- Lors du prochain contact avec Herr Sach, qui ne saurait tarder, il sera nécessaire de présenter du liquide. Une rubrique à ce sujet vous permettra de « sentir » les intentions du ministre des Finances. Nous comptons sur vous, qui nous avez si souvent répété une citation de Marie-Geneviève-Charlotte Darlus que je me suis efforcé de retenir tant elle me paraît judicieuse :

'Il faut souvent, pour persuader les hommes, commencer par les séduire'. Jamais nous n'avons douté de votre pouvoir de séduction en toutes circonstances.

- N'en jetez plus Commissaire, j'attendrai la clôture du rapport qui doit encore mentionner les contacts et renseignements qui vous attendent.

RIEN, RIEN, il n'oublie jamais rien !!! Le patron sous-entend que l'entretien est terminé. Ronan se dresse avant moi, il comprend toujours tout également.

Je l'imite, nous saluons le boss qui, par « hasard », allume un cigarillo.

La nuque, les yeux, le dos deviennent douloureux. C'est un signe, position trop longtemps consacrée à la rédaction. Ronan se tient la tête entre les mains, autre signe. On n'a échangé aucun mot. Je consulte ma Pontiac, 19 heures 20, même la faim ne nous a pas avertis du temps écoulé. Je ne pleure pas sa perte, trop tard : il est mort.

- Ronan, Ronan. Hé ! Ronan ?

Il soulève la tête, s'étire. Je crois percevoir certains craquements.

- Ouais, ouais, j'arrive. T'as fini, moi pas !
- Du tout, j'ai faim, et toi ?
- Maintenant que tu viens de le dire, mon estomac se manifeste.
- On va bouffer du sérieux et boire, car je suis déshydraté. Que penses-tu de cet endroit de perdition à l'enseigne « Chez Manuello » ?
- Parfait pour moi, nourriture saine, bien servie et pas chère. Qui plus est le service est rapide. Extra, après on revient pour terminer. J'irai jusqu'au finish. T'as sonné à tous ?
- Oui, c'est consigné, je t'expliquerai en mangeant. Moi aussi je tiens à terminer. Nul ne sait ce que demain nous réserve.

Je ne croyais pas si bien dire. On est parti, dix minutes en voiture et nous sommes sur place.

Manuello et son éternel Tshirt rouge quitte sa cuisine et nous accueille chaleureusement, comme à son habitude. Il ne change pas, son enthousiasme nous réchauffe le cœur.

On en oublie les courbatures, les questions qui nous tourmentent et la rédaction qui nous attend. On choisit le plat du jour, pain de viande, légumes variés, 'Cornes de Gatte' légèrement huilées et sauce aux tomates fraîches comme tout ce que Manuello sert dans son antre. Nous commandons deux grandes bouteilles d'eau, un verre de vin nous serait fatal. Lucidité, il nous faut garder pour le restant de la nuit. Quel régal, quelle félicité, notre courage se montrera désormais discret, on le sent. Manuello quitte, apparemment définitivement, sa cuisine et nous rejoint. Désastre annoncé, il porte une planche garnie de divers fromages et de tranches de pain à moutures diverses.

- Non ! Non ! De grâce pas ça !

Ronan renchérit.

- Tu veux définitivement nous assommer ?

Je suis résolu à ne pas céder, c'est trop. Arrive Charlena avec deux tasses de café et un verre de vin rouge. Ca y est, Manuello va s'installer à notre table, manger et boire son vin. Charlena est la fille de notre ami Manuello. Elle est jolie, discrète et agréable à côtoyer, ce qui ne gâche rien. On discute, on refait le monde et, oui, on se sert. L'homme est faible. Ces « suppléments » gracieusement offerts par la maison, l'agréable compagnie de Manuello et de sa fille nous valent un sacré bon moment de détente. *« Tempus fugit »* hélas ! Il serait grand temps que nous nous secouions. On se fait violence, on réclame l'addition, salue nos amis en refusant le dernier café encore offert par la maison. On y va !

- Toujours aussi bien, rien à dire. À tout le moins en ce qui me concerne. Et toi Jérémy ?

- Comme d'hab. Toujours pareil à lui-même ce Manuello. Je suis complètement détendu mais là, ça va être difficile de me remettre à la rédaction.

- Et toi ?

- Ne m'en parle pas. Lorsque je ferme les yeux je me vois dans mon lit. Dur, dur, ça va être affreux !

Nous sommes à la voiture, je m'installe au volant. Curieusement, Ronan ne rechigne pas. Il est réellement fatigué. Concomitamment au démarrage, la sonnerie du Smartphone « contacts indicateurs » retentit. Perdu dans mes pensées, j'ai sursauté. J'immobilise le véhicule et décroche. Ronan s'est subitement redressé sur son siège.

- Allo !

C'est la voix rauque de l'indicateur qui a « donné » Amsterdam. Ronan s'approche du combiné.

- Bonjour Commissaire. La petite filature vous a éveillé ce matin, n'est-il pas ?

Que veut-il exactement ?

- Ne vous inquiétez pas. J'en suis le commanditaire. Je m'assure que vous êtes suffisamment aguerris pour affronter les évènements.

Je reste silencieux, j'attends qu'il reprenne la parole. Ne pas me montrer impatient cette fois. Il poursuit, après quelques instants :

- Pour traiter avec Herr Sach.

J'avale péniblement ma salive. C'est complètement fou.

- Je disais, pour traiter avec Herr Sach, il faut les reins solides. J'ai pu constater que vous et votre collègue vous êtes de véritables professionnels, si je puis m'exprimer de la sorte.

Ronan s'empresse de sonner au service afin d'identifier la provenance de l'appel.

On ne sait jamais. Ce service fonctionne sans interruption. L'interlocuteur poursuit

- Démanteler son business est une chose, démanteler l'organisation en est une autre. Il faut détruire toutes les sources d'approvisionnement. Leur reconstruction prendra énormément de temps et coutera énormément d'argent.

Il se dévoile, il veut porter un coup fatal à l'organisation. Nous ignorons ses motivations, nous prendrons ce qu'il apportera. Pour la suite : on verra.

- Cette fois, je vous lance sur une adresse en Italie, à Milan plus précisément. Il s'agit du point de départ de votre enquête qui vous permettra, je l'espère, de porter un sérieux coup à ces criminels.

C'est étonnant, il n'a plus la voix rauque et monocorde. Serait-ce une affaire purement personnelle ?

- Rendez-vous à Milan, au Zoning Industriel Ivoa Rameo. Sur place est installée une usine au nom de la Société Sempre False. Elle est située à proximité immédiate d'un étang. Cette usine fabriquera des faux produits textiles de diverses marques connues. Pour l'instant, ils sont en période d'essai. Je suis persuadé que c'est l'endroit idéal pour débuter. En outre, hormis le problème de la contrefaçon de vêtements je pense que vous aurez également l'opportunité de mettre en évidence la contrefaçon d'huile d'olive et de médicaments. Bonne chance Commissaire et à vous aussi Monsieur Ronan qui n'avez raté, j'en suis certain, aucun mot de cette conversation.

Fin de communication. La nuit sera encore plus longue que prévue.En fait, nous serons encore au bureau lorsque le boss arrivera.

On va, sans aucun doute, le contrarier par notre demande d'octroi de budget supplémentaire pour nos « vacances » à Milan. Ronan s'empresse de sonner au service technique. Rien, absolument aucune possibilité d'identifier l'appel. Bref, comme la dernière fois. Ce mec, je l'admire et il m'énerve à la fois. Pourquoi a-t-il démarré cette « affaire » avec nous ? Il aurait très bien pu contacter les douanes. Ils ont des services d'enquête très performants, un personnel motivé et des moyens supérieurs aux nôtres, du moins j'imagine.

- Franchement, Jérémy, dans quelle pièce sommes-nous en train de jouer ? Et surtout quels rôles ? Le gars, il se sert de nous pour se venger ou quoi ? D'accord c'est une formidable affaire à traiter, mais tout de même, ça va loin !

Je ne puis qu'être d'accord avec Ronan. J'ai espoir dans l'analyse du boss. Nous, nous ne sommes plus objectifs. On a le nez dans le guidon. De la fenêtre ouverte on commence à entendre la circulation. Ronan s'empresse de la fermer alors que nous venions de l'ouvrir pour que la fraîcheur matinale nous tienne éveillés.

Il est bientôt 07 heures, des pas nous parviennent de l'escalier. Pas d'odeur, ce n'est pas le patron.

- Salut les gars, déjà là, en forme ?

C'est Jérôme qui vient déposer les conclusions de son expertise.

- Je dépose l'enveloppe sur le bureau du boss et j'arrive.

Nous sommes impatients d'entendre de sa voix ses découvertes et ses impressions avant tout. Vite trois cafés, il adore notre café et déteste le boire seul.

Il revient, s'installe à notre petite table ronde entourée de quatre chaises.

Ronan le rejoint tandis que je m'occupe du café. En attendant, Jérôme discute de la finale d'hier à Roland Garros. Nous, on ne l'a pas regardée…raison d'état. Je sers le café et les quelques biscuits qui restent. Jérôme hume son café, souffle pour le refroidir et boit une gorgée qui, c'est certain, lui brûle la gorge. Rien n'y paraît. Ce type n'a pas d'œsophage, c'est une canalisation en béton. Il soupire, croque un biscuit et d'un ton badin s'adresse, enfin, à nous :

- Gros boulot les amis. Les gens chez qui vous avez mis les pieds ne plaisantent pas. Le matériel que nous avons découvert vaut un « pont ». Les mouchards ont été désactivés sur place et sont actuellement en nos laboratoires pour examen approfondi. C'est Jérôme qui s'est occupé de tout. J'ai consigné dans mon rapport qu'il était nécessaire que vous soyez équipés, dorénavant, d'un matériel plus performant dans le cas où vous seriez amenés à vous rendre de nouveau à Cologne. Le patron décidera de la suite, comme de bien entendu. Excellent café et délicieux biscuits, quoi que un peu écœurants à la fin.

Il n'était pas nécessaire qu'il le précise, c'est sa troisième tasse de café et il a terminé les biscuits. Il nous quitte. C'est malgré tout un parfait professionnel, travailler avec lui nous donne pleine confiance. Il nous faut terminer, la venue de Jérôme nous a rendu courage.

Une tête apparaît à l'encoignure de la porte. Un bonjour enjoué, c'est Omer, l'éminent secrétaire.

- Vous avez des têtes de déterrés. Vous avez fait ripaille cette nuit ? Dévergondés que vous êtes !

Un agenda de bureau s'envole et s'écrase contre le mur, la tête disparaît.

Ronan s'apprêtait à lancer un coupe-papier. Heureusement que son agenda a provoqué la fuite d'Omer.

- Quel con celui-là. Un jour il va lui arriver malheur.

Ronan marmonne encore quelques instants, se lève et ramasse son agenda. Il regagne sa place et me fixe. On se comprend. Des pas, de la fumée, une odeur, c'est le Grand Chef qui arrive. La porte de son bureau claque. Nous, on s'affaire.

Téléphone intérieur chez Ronan. Il me passe le combiné.

- C'est l'autre con-là, d'à côté.

Sciemment, je réponds par des glapissements aigus. Mon interlocuteur reste dans l'expectative.

- Ronan, c'est toi ?

- Non c'est le Commissaire, Monsieur Omer.

- Ah ! Oh ! Euh ! Jérémy ?

- Vous en avez encore en réserve. Je peux vous en fournir d'autres, par exemple des interjections qui vous conviendraient mieux pour l'instant : Aie ! Fichtre ! Bigre ! Dès que j'en aurai le temps, je vous en enverrai un wagon.

- Le directeur vous attend. Il raccroche vite fait.

- Ronan, le patron nous attend dans son bureau, on terminera après.

Nous y sommes, Omer est installé sur la chaise contre le mur. Il a bien enregistré la dernière fois. Il va se tenir coi ce coup-ci. Ronan lui lance un regard assassin. Moi, je l'ignore. Nous prenons soin de lui tourner le dos. Ça n'a pas échappé au patron qui rit sous cape. Il lâche une pleine bouffée de fumée et s'adresse à moi.

- Commissaire, Ronan, vous me semblez être particulièrement fatigués. Ripaille cette nuit ?

Il sourit. RIEN, rien ne lui échappe. Il possède des radars, ce n'est pas possible. Omer nous a interpellés bien avant qu'il ne monte les escaliers. On esquisse un sourire et on se tourne vers le secrétaire. Il est hermétique.

- Milan est une ville magnifique, particulièrement à cette époque. Ce n'est pas qu'une des capitales de la mode. Il y a la Scala, le grand Dôme, la Galleria Vittorio Emanuele et, de plus, le moment que vous choisissez pour y passer vos vacances, bénéficie de températures oscillant entre 20 et 25 degrés. Je vous envie. Malheureusement moi, je dois travailler.

Sarcasmes auxquels nous prêtons peu attention, trop heureux que nous sommes d'apprendre que nous poursuivons la mission. Après avoir marqué quelque satisfaction à l'humour de son discours. Il redevient sérieux.

- Vous êtes budgétisés. Un compte sera créé à la Banca Popolare di Milano qui a ouvert un service bancaire en ligne. Le compte sera alimenté en ligne via la Western Union par mon secrétaire. Le compte créditeur restera indécelable. Ce sera Jérôme qui s'occupera de tout l'aspect technique. C'est d'ailleurs lui qui vous briefera et vous confiera les cartes bancaires libellées, s'entend, à vos identités d'emprunt.

Le regard de Ronan ne fait aucun doute. Ses yeux le trahissent. Mon vieux complice est, tel que moi, littéralement interloqué. Comment avoir réglé toutes ces difficultés administratives en si peu de temps ? Le boss lit notre stupéfaction, il enchaîne :

- Dites merci à Monsieur le secrétaire qui, hormis le contact avec le service du ministre des Finances, a tout orchestré et de main de maître n'est-ce-pas ?

C'est un sacré manipulateur qui, cependant, à mon avis, n'accuse aucune tendance narcissique. Manipulateur comme, après tout, nous le sommes tous un peu ou beaucoup. Nous opinons à ce qu'il vient de dire. En ce qui me concerne, je reconnais, sans l'admirer, l'efficacité de ce prétentieux Omer.

- Il vous appartient de réserver un hôtel. Mon cher Commissaire, j'attire votre attention sur le fait que vous n'êtes plus le riche représentant d'un consortium désireux d'investir dans une affaire « mafieuse ».

Le message est bien compris, plus question d'un palace. Il poursuit.

- D'autant plus que vous ne pouvez pas valablement estimer la durée de vos vacances à Milan.

Il revient avec « vos vacances », ça va comme ça ! On ira dans un palace, ne vous déplaise. J'ai déjà décidé de le contrarier. Mon argument : on ne sait pas qui on pourrait rencontrer à Milan. Retour ordi pour compléter le rapport et le terminer par les modalités de la suite. Il s'agit, en effet, de réserver l'avion et l'hôtel, de louer un véhicule dont nous prendrons possession à l'aéroport.

- Jérémy, regarde les photos. Que penses-tu de cet établissement 5 étoiles qui se trouve près de la gare centrale ?

- L'Hôtel Principe Di Savoia que tu me montres est vraiment superbe, il est proche de la gare et par conséquent cela doit être aisé de sortir de la ville. L'hôtel bénéficie d'un parking, c'est essentiel.

- On embarquera demain pour atterrir à l'aéroport de Malpensa, en principe, à 18 heures 10. J'ai loué, via notre site sécurisé, une Alfa Roméo Mito. Petit véhicule nerveux et très maniable.

Enfin, tout est apparemment complet. Ronan, lui aussi, sait se montrer redoutable. Mon esprit est trop embrumé pour encore me pencher sur les aspects pratiques. On rentre se reposer. Bien que…

Milan - Marco

Le patron avait bien estimé la température. À notre descente d'avion à Milan, le thermomètre affiche 21 degrés. Les formalités terminées, nous prenons possession de la Mito. Parfait pour Ronan, il a choisi le modèle MultiAir 1.4 développant 170 chevaux et une couleur grise 'passe partout'. Direction notre hôtel. La Piazza Della Republica est effectivement proche de la gare Centrale. Cet Hôtel Principe Di Savoia est sublime, bien plus encore que ne le présentaient les photographies. L'entrée au parking est sécurisée et de plus l'accès à la cage d'escalier et à l'ascenseur est à ouverture à code personnalisé. La chambre est luxueuse et la literie me semble être d'un confort merveilleux. Très bien. Je préviens notre contact, ici à Milan, d'Eurofaux. Il a préalablement été avisé de notre mission par son patron. C'est notre boss en personne qui a prévenu son pendant italien de notre venue. Ils se sont déjà rencontrés plusieurs fois lors des colloques internationaux réservés aux « huiles ». Mon interlocuteur, le Premier Capitaine Marco Magisce, s'exprime très correctement en français. Je lui propose que nous conversion en anglais s'il préfère.

- Aucunement, il m'est agréable de parler français car je n'en ai pas souvent l'occasion.

- Permettez-moi de vous féliciter, votre français est digne d'un académicien.

- Cher Commissaire, pas d'exagération, je vous prie. J'ai toujours aimé lire et analyser la littérature.

- Après des études de droit, j'ai enchaîné avec des études en langues et lettres françaises et romanes. Je n'ai plus beaucoup de pratique et le langage vulgaire m'échappe bien malheureusement.
Ce type me plait. J'ai bien compris qu'il employait ce terme non pas dans le sens du langage grossier mais plutôt dans le sens du langage commun. Ronan et moi on se chargera, bien volontiers, de vulgariser son français. On se fixe rendez-vous dans un restaurant de la Via Largo Augusto à 21 heures.

Marco nous attend au petit comptoir du salon du restaurant. Je ne l'imaginais pas du tout comme cela. Cheveux châtain moyen, barbe tondue, il mesure facilement son mètre quatre-vingt-cinq et je comprends le rendez-vous au resto. Manifestement il aime la bonne chère, en atteste sa masse corporelle imposante, du moins à ce que j'aperçois de sa silhouette. Magnifique restaurant et véritable cuisine italienne : superbe « Bruschetta al pomodoro » en *antipasto*, suivi d'un fameux « Filetto di manzo alla griglia o al pepe verde ». Ronan avait assez d'appétit pour commander le dessert de la maison qui porte bien son nom « Dolci della Casa ». Marco et moi, on s'est contentés d'un petit café. Repas d'autant plus excellent que c'est Marco Magisce qui a insisté pour régler l'addition. À titre de revanche ! Nous avons apprécié la compagnie de ce Premier Capitaine, il connaît son affaire. Il nous a assurés de sa complète et sincère collaboration. Nous aurons impérativement besoin de son aide pour faire face à tout ce qui nous attend. Après un chaleureux au revoir, on rentre à l'hôtel. Une bonne nuit de sommeil, on l'espère, et dès demain début d'après-midi, on se rendra à l'usine textile.

Nous rangeons la Mito sur un parking d'une entreprise proche de la Société Sempre False. Il est 13 heures. On marche jusqu'à l'étang jouxtant la pelouse arrière des halls de l'usine. Marco Magisce nous avait signalé que des adeptes de bateaux télécommandés « s'exerçaient » à l'endroit. Raison pour laquelle Ronan transporte notre dernier achat dans sa mallette, nous allons aussi 'jouer'. On a acheté un catamaran qui nous a été conseillé par le vendeur. C'est le dernier bateau radio commandé de la gamme Proboat, le Miss Geico 17 RTR. Super, on n'y connaît rien. Quant à moi, je porte deux chaises de plage et un panier à pique-nique garni, accessoires indispensables pour 'naviguer'. Les installations de la société sont grandioses. Plusieurs halls en charpentes métalliques sont construits en enfilade, nous en comptons sept. La surface au sol, ainsi occupée, est impressionnante. Des bruits sourds parviennent de l'intérieur. Il nous est impossible de déterminer l'endroit exact. Nous devrons nous approcher plus près pour déterminer la provenance du bruit et pour tenter de visualiser l'intérieur. Visuel peut-être rendu possible par un des volets métalliques qui serait resté partiellement ouvert. À creuser ! Tour à tour, nous naviguons et nous observons. Il commence à pleuvoir, nous allons rentrer car le ciel s'obscurcit dangereusement. On va avoir de l'orage. Demain, nous nous équiperons d'un parapluie de pêcheur. De fait sur le retour c'est le déluge, dehors, la masse volumineuse qui s'abat fait tomber les plus petites branches des arbres. Même heure, même endroit. Le soleil frappe fort, notre parapluie de pêcheur nous sera bien nécessaire.

Cette fois, nous sommes accompagnés d'un petit chien de race inconnue, tout comme ses « parents » l'étaient vraisemblablement. Il est sympathique, poil semi ras de couleur fauve, un museau arrondi à la truffe dominante, une queue en panache à reflets blancs. C'est le Premier Capitaine qui, à notre demande, s'est démerdé pour trouver notre nouveau compagnon. On s'installe. Nous sommes, tels des habitués, salués par certains « bateliers ». Leur intérêt semble davantage s'expliquer par la présence de Monsieur le chien que par la nôtre. Notre « toutou » a été baptisé « Ciro' » à prononcer « Tchiro » ! Je commence par le bateau. Ronan joue avec le chien et, tel que prévu, lance une balle de tennis pour que Ciro la ramène. De la sorte Ronan s'approchera plus « anonymement » des installations. Il tentera de viser l'intérieur d'un hall et *« nos videre »*. Ronan s'approche très près, d'un signe convenu, il m'apprend qu'il visionne l'activité d'un des halls. Il lance la balle vers l'étang, vers une pelouse, vers un chemin. Il fait diversion. Moi, je suis installé et je « navigue » distraitement, trop en fait. J'échoue le catamaran le long d'une berge opposée. Ce n'est qu'à ce moment-là que je constate que l'endroit n'est occupé par aucun « marin d'eau douce ». Je pose la commande et m'apprête à aller récupérer mon « bâtiment ». Un Monsieur me signale :
« Attenzione ci sono conteni per i rifiuti sul fondo ». (Attention il y a des conteneurs pour les déchets au fond). Je n'ai rien compris. Je m'y rends et il me dit encore quelque chose de tout aussi incompréhensible
« Come si vuole è per voi! ». (Comme vous voulez, c'est pour vous !)

Dès que je me rapproche, je comprends et surtout, je sens. Il y a des conteneurs d'où émanent des odeurs pestilentielles et, malheur, l'endroit est infesté de rats. Je récupère mon bateau et j'aperçois que des mètres de tissus dépassent d'un conteneur. Je remarque que certains d'entre eux portent l'effigie de marques connues. C'est une réelle avancée dans notre affaire : on tente de copier, des marques prestigieuses. Je regagne ma place, satisfait, tout en faisant un geste à l'intention du Monsieur pour lui signifier que, effectivement, ça pue. Il me répond par un signe de la main et un hochement de tête. Ronan vient me rejoindre et m'invite à aller voir. Il prend la place tandis que je vais jouer avec le chien qui commence à tirer la langue. Un peu d'eau, un biscuit et « Ciro » est de nouveau prêt. Il remue la queue et pousse quelques glapissements d'impatience. On y va mon chien. Grâce à toi, je relève des éléments intéressants que nous recouperons Ronan, Marco et moi ce soir derrière une pizza de chez « Tony ». C'est déjà décidé. Sur le chemin du retour, nous échangeons nos constatations et réserverons à Marco nos intentions pour le lendemain.

La chambre, la clim, un peu de repos, une douche et découverte de la pizza de chez « Tony ». Marco nous attend dans le hall de l'hôtel. Il est de mise détendue mais très chic. Sa chemise italienne me fait rêver, c'est du 100% coton. Chemise à manches longues avec petit dessin *all-over* brodé. Elle donne de la fluidité à sa silhouette et contribue à créer un look *casual* soigné dans les moindres détails. Toujours aussi souriant, il nous invite à marcher jusqu'à la pizzeria. Nous embrayons bien volontiers, la température se prête à la marche et chemin faisant, nous échangerons nos informations.

Cet établissement bénéficie d'une terrasse arrière recouverte d'un toit en tiges de bambou du plus bel effet. Un membre du personnel, très souriant, fait des efforts pour discuter dans un mélange d'anglais et de français. Il nous installe à une table avec une vue surprenante sur un pont magnifiquement fleuri et de vieilles bâtisses en arrière plan. La température extérieure, cependant agréable, n'a pas attiré grand monde en terrasse. Reconnaissons que cela nous arrange, nous pourrons discuter en toute tranquillité. La *mozarella di buffala*, commandée en entrée, suivie de spaghettis *alle vongole* parfaits, *al dente*, goûteux et assez copieux n'ont plus laissé de place pour un dessert. C'est après un expresso à l'italienne, parfumé comme on ne sait pas le servir ailleurs, que nous clôturons ce moment bien agréable. On se salue et chacun regagne ses « pénates ».

Ronan s'inquiète, le jour se lève et nous sommes toujours prostrés à l'arrière de la Mito. La ventilation présente, depuis notre arrivée sur les lieux, quelques faiblesses. Demain on change de voiture. Dans très peu de temps, nous allons nous faire remarquer. C'est certain ! Un volet métallique du hangar central se lève, le flot lumineux qui perce par en-dessous risque de nous soyons faire repérér. Heureusement l'ouverture s'interrompt. Un homme, sur un petit engin à moteur, sort du hangar. Il tracte deux poubelles puis deux autres et encore deux autres, finalement douze poubelles sont ainsi acheminées sur la voie d'accès à l'entreprise. L'opération semble terminée, l'homme regagne le hangar au volant de son tracteur. Le volet se ferme. Je me précipite vers les poubelles tandis que Ronan fait le guet afin de m'avertir d'un quelconque mouvement.

Je ne quitte d'ailleurs pas des yeux notre véhicule. Je fouille et trifouille le contenu essentiellement composé de tissus, tel que nous l'avions prévu. Seul le faible éclairage public à l'endroit me permet de vérifier ce que je tiens en main. Je termine ma deuxième poubelle sans résultat probant. J'entends le bruit d'un moteur, des phares percent au loin. Ils se rapprochent de l'entreprise. Avec un peu de chance, il ne s'agit pas d'un véhicule qui se rend dans un hangar, du moins j'essaie de m'en persuader. Aucun endroit où me dissimuler et pas le temps de regagner notre véhicule. Nerveusement, je vide sur le sol une partie de la deuxième poubelle. Le bruit se rapproche dans quelques secondes les phares vont m'ajuster. Je saute à l'intérieur de la poubelle qui, sous mon poids, bascule latéralement. Trop tard ! Le véhicule est là. Je m'apprête à réagir, je garde mon souffle, tous mes sens sont en alerte. J'imagine l'inquiétude de Ronan d'autant plus que, d'où il se trouve, il est totalement impuissant. Je sais qu'il ne réagira pas, je le connais. Il compromettrait nos semaines d'investigations. Mieux vaut que je sois repéré. Je trouverai toujours une excuse, même si elle paraît farfelue. De toute manière, je n'ai rien commis de particulièrement répréhensible. La voiture poursuit son chemin, un volet métallique d'un des hangars se soulève. Le véhicule disparaît à l'intérieur. J'éponge la sueur qui perle de mon front et qui me brûle les yeux. Je respire. J'attaque la troisième poubelle, des tissus, des tissus et encore des tissus. En y regardant de plus près, je remarque que plusieurs tissus présentent des esquisses à l'effigie d'une marque bien connue. Il s'agit en fait de représentations grossières. Je range quelques échantillons dans une de mes poches.

Je poursuis ma fouille systématiquement. Encore des esquisses d'autres marques prestigieuses, la pêche devient intéressante. Je note également que les esquisses, de grossières, deviennent de plus en plus précises. Bingo ! Apparemment les essais sont terminés, les fabrications vont débuter incessamment. Chargé des nombreux tissus, je regagne la Mito. Ronan est déjà installé au volant, on démarre. Comme pour venir, nous empruntons le chemin de terre qui rejoint la route principale. Cette voie, à la limite carrossable, présente l'avantage certain de ne pas passer devant l'entreprise. La route principale est en visuel, enfin !

Soudain, quatre énormes phares nous éblouissent, un immense véhicule nous fait face. Je ne peux m'empêcher de lâcher un juron.

- Merde ! merde ! Et remerde !

Aucune échappatoire !! Le chauffeur quitte son camion. Nous sommes coincés. De plus il porte une arme, fusil ou autre. Je me surprends à hurler :

- On saute et on court.

À cet instant précis, un coup de feu. La détonation me fait penser à un fusil à pompe. Tous les sens sont en alerte, je ne ressens aucune appréhension, je travaille. Les gestes sont automatiques : portière, basculement à plat sur le ventre, reptation arrière, protection à l'abri d'un pneu, redressement, pieds en attaque et course en zigzag pour escalader le talus. Ronan est aussi entraîné que moi, il adoptera exactement la même attitude. Ma supposition semble se confirmer. Le second coup de feu tarde à venir, manque d'habitude du tireur dans l'utilisation d'un fusil à pompe. Cela me réconforte pour l'instant, ce n'est pas un professionnel.

Nous sommes, Ronan et moi, au sommet de notre talus, lui à droite, moi à gauche. Deux ombres qui se dessinent à la levée du jour. Je ne suis plus aveuglé par les phares de ce que je supposais être un camion. En fait, il s'agit d'un énorme tracteur avec remorque. Les phares me permettent d'apercevoir le tireur, il s'esquinte sur son arme. C'est cela, d'accord, c'est enrayé ! Ronan et moi, on se précipite en direction du tracteur. On se connaît tellement bien, aucun besoin de se concerter dans ce genre de situation. Lui et moi, on pense la même chose. Nous supposons que le chauffeur estime que nous nous éloignons. Je suis tout proche du tireur, je sais que Ronan fera le tour de l'engin. L'homme, la tête penchée vers la chambre de son arme, n'aura pas le temps de me voir venir. Trois mètres au plus et je suis sur lui. Un bruit à l'arrière, c'est Ronan, l'homme se tourne légèrement, le canon de son arme pointé vers le sol. Souplesse, détente, je suis dessus ! Fichtre il est plus costaud que prévu. Nous roulons sur le sol, je m'accroche. Il est sur moi, qu'est-ce qu'il est lourd, très lourd…il ne bouge cependant pas. Je comprends, je vois les pieds de Ronan. Je bascule, l'homme face contre terre est complètement immobile. Je souffle et crache mes poumons, le nez coule, les yeux emplis de larmes, j'aperçois cependant qu'un filet de sang perle de la tempe gauche du tireur, son cœur bat, il respire. Ouf !

- Ronan tu m'aides à l'embarquer dans le coffre de la Mito et on avisera.

Il est lourd, ce tireur d'élite. Enfin on referme le coffre. Ronan s'installe au volant du tracteur, je le suis avec la voiture et mon colis.

Le tracteur et sa remorque sont abandonnés le long d'un chemin de campagne. Ronan me rejoint dans la voiture, on regagne notre hôtel.

- Bon et on fait quoi maintenant ? On nous a tirés dessus, on a un blessé dans le coffre. Des gens vont chercher où se trouve le type et son tracteur. On est complètement brûlé dans un pays qui n'est pas le nôtre, qui plus est…

Que répondre ? J'en sais encore rien, alors attendre.

- Ecoute Ronan, pour l'instant on installe le chauffeur dans notre chambre et, si faire se peut, on l'interrogera. Il ne lui est pas possible de nous identifier. On lui bandera les yeux pour l'entendre et puis on l'abandonnera dans un hôpital ou à proximité, en fonction de son état. On l'attache à un lit avec nos menottes et on se repose à tour de rôle. Ok ?

Il est d'accord, quoi d'autre. Demain est un autre jour.

La nuit a été difficile, l'homme s'est réveillé et pris de panique, il a hurlé. Je l'ai calmé et rassuré par des gestes. Ronan a téléphoné à Marco, qui est arrivé peu après. Sa blessure était superficielle, nonobstant, suite à sa perte de connaissance, Marco lui a conseillé de consulter. L'interrogatoire a, somme toute, été facile. C'était du donnant-donnant, on tait le coup de feu et il oublie notre intervention. En substance, il nous apprend qu'il travaille à l'usine textile et qu'il est également agriculteur. Cette activité lui sert de couverture pour le transport de ballots qu'il charge au sein de l'entreprise. Il les dissimule sous de la paille provenant de ses champs et les dépose dans le hangar de son exploitation d'où ils sont acheminés en camion au port de Gênes.

Parfois, ils sont dirigés en Espagne par route et parfois en Afrique du Nord par bateau. L'heure est aux arrangements. Marco lui expose les risques qu'il court, tant au niveau pénal que civil. Il n'a pas l'air d'avoir mesuré dans quelle pièce il jouait. L'attrait de l'argent facile prenant le dessus, attrait qui pourrait d'ailleurs l'inciter à persister. Second coup et coup de massue évident cette fois, lorsque lui a été décrit, avec force détails, le milieu criminel dans lequel il évoluait. Ces détails évoqués, Marco lui signifie que nous « planquerons » dans le hangar de sa ferme lorsqu'il nous avisera du chargement. Cette opération est d'ailleurs pour bientôt, car il s'apprêtait à transporter des ballots dès la nuit dernière. Il expliquera son retard par une panne de tracteur. Finalement, nous le ramenons à son engin et attendrons son coup de fil. La confiance ne règne pas, mais cela vaut le coup de tenter le repérage du hangar de Gênes. Deux jours qu'on attend le coup de fil de Jürgen, l'agriculteur. Il nous a dribblés avec ses airs de brave type « honteusement trompés ». Deux jours de plus sans rien faire à Milan, le chef va râler pour ses petits sous. Curieusement, il n'a fait aucun commentaire lors de notre rapport verbal. Si pas de nouvelles à midi, nous irons lui dire un petit bonjour à notre 'agriculteur'. Nous aurions dû en parler plus tôt.

L'Iphone personnel et indétectable, enfin il le croit, de Ronan retentit de sa sonnerie enfantine. C'est Jürgen, pourquoi lui avoir communiqué ce numéro ? Donc, c'est l'agriculteur. Propos clairs et nets, le camion chargera à 20 heures 30. Pas de bonjour, par de formule particulière de politesse. Méfiance est mère de la sûreté, il nous attire peut-être dans un piège.

Stratégiquement nous décidons de la location de deux véhicules différents de la Mito. Ronan se rendra sur place vers 19 heures afin de s'assurer d'un poste d'observation discret avant d'entamer la filature. Filature qu'il va feindre de perdre afin que je prenne la suite et qu'il rejoigne le « cortège » au volant du second véhicule en location. Nous optons pour une Alfa Roméo Giulia Quadrifoglio bleue et une Fiat 500 Sport grise, véhicules turinois largement répandus. Ronan sera en Alfa après « l'abandon » de la Mito, notre première voiture de location. Tout est préparé. On va se prendre un petit café à une terrasse tout en récapitulant les derniers détails de l'opération. Ensuite, nous nous restaurerons dans un endroit qui nous a été recommandé, le Da Vi – Ristorante Guerrini, Via Gaetano Previati. C'est un peu loin de notre hôtel, mais il en vaut la peine, paraît-il. Quel festin, c'est toute l'Italie, nous avons commandé le même plat. Nous nous sommes régalés. Super pâtes aux artichauts et crevettes. Un véritable délice, suivi d'un dessert royal aux fraises fraîches. Pas d'alcool, pas de vin ; de l'eau. Nous quittons quelque peu engourdis, une petite sieste sera bénéfique avant la mission. On rentre à l'hôtel à pied pour faciliter la digestion le cas échéant et peut être une petite sieste.

17 heures 30, nous n'avons pas fermé l'œil mais c'est complètement décontractés que nous nous préparons. Douche, friction, tenue sportive et c'est le départ. Dans un premier temps, nous allons ranger l'Alfa sur le parking de l'autoroute direction Gênes. Nous revenons à l'hôtel afin que je prenne le volant de la Fiat. Ronan, au volant de la Mito se rend à la ferme.

Quant à moi, je me range sur la route qui rejoint l'autoroute en attendant le passage du « convoi ». Ronan donnera le « top » départ. 19 heures 15, Ronan me sonne afin de m'aviser que Jürgen était bizarre, affaire à suivre, et qu'il occupait un poste d'observation optimal. Parfait, on attend, nous ne maîtrisons pas les évènements tout au plus pourrons-nous peut-être les canaliser. L'attente sera longue, les quelques 140 kilomètres jusqu'au port demanderont une concentration extrême, en particulier avant et après le réseau autoroutier. Je serai tenté de dire, en bon Gaulois que je suis : *« Vae victis »*. Enfin Ronan donne le top et précise qu'il s'agit d'un camion remorque de marque Scania avec rideaux coulissants bordeaux. C'est parti. La circulation est dense mais ça roule. La route est fréquentée par de nombreux camions, c'est normal puisque c'est la direction de l'autoroute. J'ai intérêt à ne pas louper le mien et à tenter de m'insérer rapidement dans le flot de la circulation. Il arrive, je me tiens prêt. En fait aucun problème c'est Ronan qui se trouve juste derrière. Il m'a laissé suffisamment d'espace. Après 3 kilomètres, il bifurque à droite, comme prévu, il va changer de véhicule. Au niveau du rond point Piazza Gian Antonio Maggi, l'Alfa est derrière moi. J'effectue un tour supplémentaire afin que Ronan me relaye. Il prend la seconde sortie pour s'engager sur l'A7. Nous allons jouer à saut-de-mouton sur l'autoroute, une fois moi en visuel rapproché sur le camion, une fois lui et ainsi de suite. Tout en laissant un ou deux véhicules s'intercaler entre nous, c'est une filature aisée. L'Alfa quitte l'autoroute, je suis à courte distance car nous allons entrer dans Gènes.

Dès que nous arriverons Piazza Raffaele De Ferrari, nous serons à environ 1 kilomètre du port. C'est le moment où redoubler de concentration. *In fine*, tout continue à rouler de manière fluide. Le ciel est encore bleu, la Méditerranée est un véritable lac, il fait beau. Le camionneur engage son lourd véhicule, en marche arrière, à l'intérieur du hangar B15. Nous observons, chacun de notre côté, la manœuvre. Nous attendons l'éventuel départ du Scania, en effet nous ignorons si le déchargement s'effectuera immédiatement. Le véhicule articulé quitte l'endroit, Ronan le prend en filature. On ne sait jamais. Moi, je planque sur place.

Un Clark, chargé de ballots reconnaissables, quitte le hangar. Il me faut connaître sa destination. C'est certain qu'il est impossible de suivre en véhicule, c'est le repérage assuré. Je quitte ma petite et rapide Fiat et décide de me faufiler entre les conteneurs afin de tenter de repérer l'endroit de dépôt des ballots. Le Clark déchargé revient dans ma direction. Ce fut rapide et donc tout proche. Entre les conteneurs je scrute le quai, les ballots sont posés dans un filet de chargement en face d'un cargo. Le cariste revient avec d'autres ballots, l'opération nécessitera encore quelques heures. Je relève le nom du navire de chargement et je regagne mon véhicule. C'est à ce moment où Ronan me contacte :

- Le camionneur rentre sur Milan, je continue la filature, si tu pouvais me rejoindre, ce serait nettement mieux.

Je démarre immédiatement et je réponds que je fonce pour le rejoindre. En chemin, je ne peux m'empêcher de penser que c'est dommage. En effet, si le transport s'effectuait par conteneur, nous aurions eu la possibilité de connaître le suivi des conteneurs et du navire.

Je rejoins l'Alfa au kilomètre 74, retour Milan, le camion regagne le siège de sa société.

On rentre à l'hôtel, nous rapatrions ensuite la Mito. Les deux autres véhicules de location seront restitués dès demain matin. Ce soir, nous aviserons de la suite à donner à cette partie de la mission. Impossible de m'endormir, il a fait chaud aujourd'hui. Dans le lit voisin Ronan dort profondément. Grand bien lui fasse. Je récapitule. Nous avons des éléments nous permettant de mettre en évidence que des essais afin de reproduire des marques ont abouti. Des ballots ont été acheminés au port de Gênes et chargés dans le 'Mare Nostrum' dont nous ignorons la/les destination(s). Ce point sera éclairci demain dans la matinée. Marco s'en assurera auprès des autorités portuaires et aussi à la direction des douanes. Nous rencontrerons l'officier de liaison milanais à 15 heures, hormis un imprévu. Prévoir l'imprévisible est un maître mot faisant partie intégrante de nos activités.

Un incendie suspect

Le bateau tangue dangereusement. Je m'accroche au bastingage, une vague m'emporte, je touche le fond. Je m'éveille en sursaut, Ronan me secoue l'épaule. Je n'ai aucune conscience de m'être endormi. Le soleil filtre à travers les rideaux de la chambre. Tel un chien sortant de son bain, je m'ébroue. Ronan en pyjama se tient debout à côté de mon lit. Manifestement, il faut que je me lève, en effet il est bientôt 07 heures. Nous avons encore une multitude de vérifications à effectuer. Debout ! Ronan gagne la salle de bains tandis que j'ouvre la porte de la chambre. Je me saisis du plateau petit-déjeuner qui est posé sur le sol et du journal *« Il Corriere della Sera »*. Ces deux derniers jours nous avons décidé de prendre le petit-déjeuner dans la chambre. Nous évitons, également, au maximum, les communs. Nous aviserons pour la suite. Je place le plateau sur la table et je déplie le journal.

- Horreur ! Ronan, Ronan, viens voir.

Ronan se précipite de la salle de bains, peu rassuré. J'enchaîne immédiatement.

- Ronan, en première page du journal, incendie ravageur dans les installations de l'entreprise textile Sempre False. Cette nuit, vers 03 heures 30, un violent incendie etc. Tout est détruit. Regarde les photos.

Ronan se penche sur l'article et lit son entièreté.

- Pas normal du tout, ils étaient en pleine activité. Je ne comprends pas. On se rend à l'usine ?

- Que penses-tu de ça. Toi tu te rends sur place, il doit y avoir du monde dont des curieux. Moi, je sonne à Marco Magisce et je vais au port. Je rencontrerai les services des douanes ; après m'être fait annoncer.
Ronan réfléchit profondément, ces moments de concentration sont d'ailleurs assez remarquables chez lui car son front se couvre de rides d'attitude.
- Excellent, je ne te fais pas l'affront de te renvoyer à tes allusions de tout à l'heure. On s'habille et on y va.

C'est parti. Ronan se rend à l'usine en taxi tandis que je gagne le port en Mito. Nous décidons que nous échangerons nos comptes rendus dans la chambre de l'hôtel. Je suis en compagnie d'un inspecteur des douanes. Il m'annonce que nous serons rejoints par un membre de la financière d'un instant à l'autre. De fait, non pas un mais deux membres de la financière se présentent à nous. L'échange d'informations peut débuter. C'est ainsi que l'inspecteur des douanes précise que 12 tonnes de ballots ont été chargés sur le « Mare Nostrum ». Je me fais la réflexion que d'autres transports ont dû avoir lieu durant la nuit. Les enquêteurs de la financière soupçonnent un incendie volontaire. D'une part afin de détruire les preuves et, d'autre part provoqué par l'enquête concernant le redressement fiscal. Nous échangeons les éléments de nos enquêtes respectives. Par recoupements, nous sommes convaincus que nous naviguons dans le milieu de la contrefaçon multidimensionnelle et aussi dans le trafic d'armes et de stupéfiants, le tout au niveau international. J'interroge Ronan, qui vient de me rejoindre à la terrasse d'un café, Viale Monte Nero.

- J'arrive, j'arrive. Laisse-moi le temps de commander un café tout de même.

Je suis trop impatient de connaître le détail de son enquête et de ses impressions. Il est fort en ce domaine, il sent les choses.

- Tu peux parler en attendant tout de même !

- Calme, calme mon ami. Y'a pas le feu ici.

Il fait grimper ma tension. Son café commandé, il touille et touille dans sa tasse avec sa cuiller pour faire fondre un morceau de sucre imaginaire. Je ne le regarde plus. Il m'énerve. Il porte la tasse aux lèvres boit un coup et, satisfait, claque la langue dans un soupir langoureux. Il est chiant parfois.

- Incendie volontaire, plusieurs foyers ont été repérés. C'est une chose, on s'en doutait. Par contre dans les gravas les services de la police scientifique ont mis à jour plusieurs éléments permettant de raisonnablement supposer qu'il y avait de l'huile d'olive ou a tout le moins de l'huile alimentaire.

Il s'interrompt et déguste une nouvelle gorgée de café. Café qui du reste est excellent. Je prends garde de ne pas l'interrompre. Il reprend :

- Aussi des morceaux de tissus, non consumés…ça aussi on s'en doutait. Parmi les nombreux curieux, j'ai relevé la présence d'une dame qui photographiait discrètement les lieux du sinistre. Manifestement pas une journaliste pour fixer l'endroit de la sorte. Je l'ai observée et j'ai remarqué qu'elle vérifiait si on ne l'épiait pas.

Il termine son café. Commande une eau pétillante, m'interroge du regard.

- Non, merci je ne prends plus rien. Continue.

- Lorsqu'elle a quitté, je l'ai suivie. Ne me demande pas pourquoi. Elle a regagné sa voiture, une superbe Alfa rouge décapotable mon ami.
- J'ai entamé une filature, tu vas être surpris, elle a regagné l'entreprise de transports de cette nuit. J'ai attendu quelque peu, finalement j'ai quitté pour venir te rejoindre.
Il suce le quartier de citron servi avec son verre d'eau pétillante, boit une large gorgée et s'étrangle. Il ahane, toussote tout en tentant de me parler.
- Arrête, attends et reprends une petite gorgée.
Il me tape sur la cuisse, son index pointé vers le trottoir. Je me retourne, rien, je ne comprends pas. D'une voix rauque, il parvient à prononcer
- La fille, là ! La fille avec la veste en cuir. C'est elle !

Je me lève sans précipitation et, d'un geste de la main, intime à Ronan de se calmer. Je dépose 15€ sous la tasse, fais signe au serveur que nous quittons. C'est parti pour une filature dont on ne connaît pas l'issue. Ronan traverse la route tandis que je file la jeune dame sur le même trottoir. Elle est, ma foi, plutôt bien proportionnée, je ne la vois que de derrière. Je relève que ses cheveux sont auburn, que sa coiffure au carré accentue la longueur de son cou et, ce qui ne gâche rien ; elle a de longues jambes. Elle pénètre à l'intérieur d'un magasin d'alimentation, s'empare d'un caddie et s'engage dans les allées. Ronan me rejoint, sans aucun échange, nous nous comprenons. Il pénètre à l'intérieur du magasin à la suite de la jeune dame. Je traverse la route et me positionne devant la vitrine d'un commerce de TV, Hifi et autres. Déjà 40 minutes que j'attends.

Je connais tous les produits exposés, toutes les enseignes qui bordent la route, les publicités qui défilent au niveau d'un kiosque. Cela devient long, très long, trop long. Je traverse et décide de me rendre également au magasin.
Je m'empare d'un panier et parcours toutes les allées. Aucune trace de Ronan et de la fille. Je suis tenté d'appeler Ronan et réfrène cette impulsion idiote. Si lui ne me sonne pas c'est qu'il est dans l'impossibilité de me parler. Je m'arme de patience mais ne peux m'empêcher de m'inquiéter. Si il ne me sonne pas c'est peut-être aussi parce qu'il est en danger, blessé voire mourant. Ce n'est pas la première fois que, lui ou moi, nous vivons ce genre de situation angoissante. Il faut gérer, je scrute ma montre et me donne encore un quart d'heure avant de le contacter. Un quart d'heure c'est intenable, les aiguilles de ma Pontiac sont devenues complètement statiques. Allez, je ne tiens plus, il ne reste que 6 minutes pour le quart d'heure, ça ne change rien. Sursaut, c'est ma sonnerie, je décroche si précipitamment que je manque de lâcher mon Smartphone. Ce n'est pas possible, ce n'est pas le mien. Finalement, je ne gère plus rien du tout. Je compose le numéro de Ronan, mon Smartphone vibre, j'ai failli le lâcher, c'est lui. Ouf ! Enfin.

- Ne m'interromps pas. J'étais coincé dans un réduit, impossible de te sonner. Je file notre demoiselle. Nous sommes Via Perugino. Pour me rejoindre, tu t'engages Viale Lazio, c'est la rue pratiquement en face de toi, tu arrives dans un parc, tu tournes à gauche c'est la Via Cadore si je me souviens bien. La Via Perugino c'est, je crois, la troisième à droite. Tu vas devoir courir mon ami. Restons en ligne ce sera plus aisé.

- Ok, je m'active, il était temps.

Je cours et je cours encore. Le parc à gauche, très bien, je n'aperçois pas de route à gauche. C'est un sentier en terre battue, ça doit être par là. De fait, je suis Via comme il a dit.

- Elle vient d'entrer dans un restaurant de la rue. Je passe en face c'est le restaurant « La Piola ». Elle est debout au comptoir. Elle discute avec un type. Je t'attends, je reste en ligne.

L'itinéraire est correct, mais il ne m'avait pas dit que c'était si loin. Je commence à m'essouffler dangereusement. La poitrine me brûle, mes poumons vont exploser, je suis en sueur, mon cœur ne bat pas, il tonne. J'aperçois Ronan. D'un grand signe, il m'invite à me placer au coin d'un immeuble débordant. Je ne vois plus Ronan. Que fait-il ? Là, il est à présent sur le trottoir d'en face. Personnellement, je n'ai aucun visuel sur le restaurant. Ronan me parle :

- La fille est toujours à l'intérieur. D'où je suis, je peux la voir sans qu'elle puisse m'apercevoir. Je te raconte. Dans le magasin, elle a abandonné son charriot vide devant un présentoir. Elle a poussé une porte latérale et a disparu. J'ai temporisé et je me suis aventuré à sa suite. J'ai poussé cette porte qui donnait accès à une réserve ouverte et à une cour extérieure. J'ai nettement perçu le claquement de talons dans des escaliers. En fait, maintenant, le bruit me fait penser à des marches métalliques, bon passons. Elle est toujours assise avec le mec. Je continue. Une porte derrière moi, j'ouvre, c'est un réduit avec des bouteilles. Je me dissimule à l'intérieur. Le bruit des talons se rapproche de plus en plus, je sens le souffle de la personne qui passe devant la porte du réduit. Des pas plus feutrés me parviennent.

C'est quelqu'un qui descendait les escaliers à la suite des 'talons'. Je ne les avais pas perçus à cause du bruit provoqué par les chaussures.

La voix d'un homme me parvient, il me semble qu'il parle une langue de l'Est, pas du russe, ça je connais. Une dame lui répond en italien, je n'ai pas compris tellement c'était à voix basse. Les pas s'éloignent sans que je perçoive l'ouverture ou la fermeture d'une porte. Je suppose que la jeune dame, pour autant que ce soit elle, traverse la cour extérieure. Les pas feutrés s'engagent dans l'escalier. Je ne te dis pas, j'étais trempé de la tête aux pieds.

Que croit-il ? Et moi alors après ma course, je ne suis pas trempé peut-être !

- Jérémy c'est parti, elle quitte le resto, le mec reste à l'intérieur. Du moins pour le moment, méfions-nous mon vieux cama.

On marche et on marche, on se suit, on traverse, on anticipe en se plaçant au coin d'une rue en aval, en attendant le passage de la demoiselle. Ce n'est pas pénible physiquement, c'est épuisant nerveusement. Stop, elle fouille son sac à main, en sort des clés et ouvre la porte d'un immeuble à appartements sans numéro. Trois sonnettes et trois noms Albertini L., Leiciata G. et Dana Y. Nous décidons que la jeune dame se nomme Dana et que son prénom commence par « y ». Avec le seul élément en notre possession à savoir : on lui a parlé dans une langue de l'est, elle a compris, bien que répondant en italien. L'immeuble devrait porter, en principe, le numéro 126, entouré qu'il est des numéros 124 et 128. Décidément, nous sommes réellement très forts !

Je propose à Ronan que nous sonnions aux trois noms, Ronan préfère que je m'en charge. D'accord ! Mon italien est très approximatif, je me lance.
Albertini, personne ne répond, Dana répond d'une voix de dame, je réclame Salvatore. La voix, plutôt agréable, me répond qu'elle ne connaît pas de Salvatore dans l'immeuble. Dernière sonnette Leiciata, une voix féminine me répond également qu'elle ne connaît aucun Salvatore dans l'immeuble. Plus volubile, elle explique que le seul homme dans l'immeuble est Monsieur Albertini Leonardo qui vit seul, sans enfant. Elle est veuve depuis bientôt six ans et Mademoiselle Dana Yadrinka vit seule. Elle a un petit ami qui se nomme Hugo et qui est ingénieur chez Sempre False. Poliment, je coupe la conversation. C'est incroyable ce que parfois les gens se laissent aller à dévoiler des choses à des inconnus. Nous retenons Madame Leiciata pour une éventuelle prochaine visite.
- Ronan, c'est fou, non ? Tu te rends compte, tu as tout entendu et comme moi, tu as compris l'essentiel. Dana Yadrinka est notre jeune dame et de plus elle est liée de par son petit copain à la société Sempre False. On avance, on avance mon vieux. Bien tentons de rejoindre notre hôtel. Après 200 mètres nous arrivons au coin de l'artère de l'immeuble. Nous sommes revenus Via Perugino !!! Elle habite Via Perugino, a emprunté un détour pour rentrer chez elle tout en quittant le magasin par une cour arrière. Méfiante la petite dame ! Ronan hèle un taxi et hop à l'hôtel. Comme d'habitude ça va chauffer dans nos têtes, la soirée risque d'être longue.

Le Premier Capitaine Marco Magisce nous attend à l'hôtel, nous lui avions fixé rendez-vous tandis que nous étions en taxi. D'un commun accord nous décidons de regagner la chambre. Nous lui relatons les faits marquants de la journée.
Ensuite Marco s'enquiert, par téléphone, de la situation de celle que nous supposons être la nommée Dana Yadrinka de la Via Perugino. Nous demeurons silencieux et pensifs tandis que notre collègue et ami Marco prend des notes. Il raccroche le combiné, semble être plongé dans la réflexion et finalement, après une longue inspiration, s'adresse à nous.

- Dana Yadrinka est âgée de 32 ans. D'origine serbe elle est arrivée en Italie il y a trois , en provenance d'Allemagne. Elle est régulièrement inscrite à l'adresse que vous avez relevée. Elle est célibataire et vit apparemment seule. Je n'ai, par contre, aucune information quant à un prénommé Hugo, ingénieur chez Sempre False. Le magasin de la Viale Montenero dans lequel la fille a failli échapper à Ronan, n'est pas particulièrement connu, les recherches se poursuivent. Quant au restaurant « La Piola », il semblerait que l'endroit soit totalement inconnu, sans plus.

Clair, net et précis. Nous avons une énorme chance de travailler avec un pareil enquêteur. Il est particulièrement précieux. Je n'attends pas ce soir pour rapporter les nouveaux éléments au patron.

- C'est parfait, si je comprends bien, vous allez vous attacher à une filature et une surveillance de la jeune fille. Mission agréable s'il en est. Omer vient de créditer votre compte de la somme que vous aviez réclamée.

- Il semblerait que vous êtes « fauchés ». Ça ne m'étonne pas vous êtes des dispendieux.
Je l'entends ricaner. C'est tout à fait lui. Je le salue et il raccroche sans autre commentaire. Étonnant !

- Ça va Ronan, on va avoir nos sous. Par conséquent Messieurs, les nouvelles étant bonnes, je vous offre le resto. C'est bien évidemment toi, cher Marco, qui choisis l'endroit.

- Aucun problème. Restaurant Da Puccini, près de la Scala. Ils ont un risotto fabuleux. Pas question de régler Jérémy, c'est moi qui vous invite. C'est sans appel !
Nous décidons de nous y rendre à pied. Instants de détente et de tourisme car Marco profite du moment pour se montrer sous un angle nouveau. Il est également un super guide touristique. Du moins à nos yeux de profanes. Comblés, repus, nous nous quittons et rentrons 'chez nous', un goût de rizotto toujours bien présent en bouche. Demain, filature de mademoiselle Dana, une partie de mission agréable pour les yeux.

Dana Yadrinka vient de pénétrer dans le septième magasin de mode. Trois heures que nous la filons. Elle ne s'arrêtera donc jamais, jamais soif, jamais de besoins naturels ? Ronan traduit mes pensées.

- Les femmes me rendent fou.
C'est à cet instant précis qu'elle quitte la boutique. Une Vespa à lisérés rouges sur les flancs s'immobilise en face du magasin. La jeune femme enfourche la moto qui quitte immédiatement l'endroit. Je ne peux m'empêcher un juron.

- Merde ! Merde ! Merde !
Ça va déjà nettement mieux, si l'on peut dire.

De fait, si je fais le bilan : une heure de position statique en face de l'immeuble en attendant qu'elle sorte plus trois heures de filature, tout ça pour rien. Ronan, l'air penaud, fixe l'horizon. Tout comme moi, il est anéanti. On marche sans échanger un mot à la recherche d'un taxi. De guerre, lasse Ronan téléphone à notre ami Marco afin qu'il nous envoie un taxi Via Rutilia. Nous restons en place. Je questionne Ronan.

- Tu te souviens de l'adresse et du nom du restaurant où se trouvait Dana Yadrinka lors de ta filature ?

Manifestement il se triture les méninges, il est tellement concentré qu'il ne voit même pas que notre taxi est arrivé.

- Viens Ronan, on monte, le taxi est arrivé.

Il sort de sa réflexion, s'installe à bord à mes côtés et demande au chauffeur de nous amener Via Perugino. Je suis soufflé, bien évidemment, le restaurant se trouve dans la rue de son immeuble. Nous n'échangeons aucune parole durant le trajet. Ronan replonge dans ses pensées profondes interrompues par notre taximan.

- Si tratta di Via Perugino.

Je l'invite à continuer dans cette artère, lorsque Ronan sursaute et demande de stopper.

- C'est là, le restaurant regarde l'enseigne : Restaurant « La Piola ».

En effet, je reconnais l'endroit. Je quitte le taxi, tandis que Ronan attend à l'intérieur. Je ne relève aucune présence de despa sur place. Je m'aventure devant le restaurant. Dana Yadrinka est au comptoir et discute avec le 'barman'. Ronan vient me rejoindre tout en invitant le chauffeur à rester sur place. On ne sait jamais.

Je sors une casquette de la poche intérieure de mon blouson, chausse des lunettes à montures noires dont les verres sont non correctifs et cours déposer mon survêtement dans le taxi. Je me positionne. Ronan, quant à lui, prend place en amont du restaurant, il m'a en visuel.

Le taximan nous regarde agir sans, semble-t-il, s'inquiéter de notre attitude qui, assurément, en contrarierait plus d'un. Il a coupé le moteur de son véhicule et lit un journal. Chance pour nous, c'est un type cool. Dana Yadrinka quitte le resto, je la suis tandis que Ronan reste en place. Elle rentre chez elle, j'avise Ronan qui vient me rejoindre en taxi. Apparemment, le chauffeur y prend du plaisir. Il se révèle même complice. En effet, après avoir déposé Ronan, il effectue une marche arrière stoppe son véhicule à trois immeubles de celui de la jeune dame et coupe son moteur. En outre, cette fois, il ne s'installe pas pour lire son journal, mais il reste attentif.

Ronan et moi prenons position. Une Giulia, ancien modèle, dont la teinte vert pomme est insensée pour une Alfa, s'immobilise en face de l'immeuble. Un jeune homme se trouve au volant. L'intéressé quitte le véhicule tandis que le moteur tourne toujours. Il sonne à un des parlophones et discute avec l'interlocuteur. Il regagne ensuite son Alfa mais ne démarre pas. Notre amie sort de l'immeuble, s'installe dans la voiture à côté du conducteur qu'elle embrasse et le véhicule quitte les lieux. Admirable taximan, il démarre le moteur de son véhicule et attend tout en me fixant. Je temporise avant de l'inviter à me charger et nous avançons pour que Ronan nous rejoigne.

Nous avons toujours l'Alfa en visuel. Notre chauffeur a effectué des filatures toute sa vie, ce n'est pas possible, il vaut largement un pro et tout cela : sans un mot ! La circulation à Milan est infernale, notre chauffeur passe, dépasse, change de voie, louvoie sans jamais perdre l'Alfa. Je me décide à lui demander son nom, le n° de son taxi et les numéros auxquels on peut le joindre. C'est ainsi qu'Alberto, c'est son prénom, nous explique avec moult efforts qu'il est indépendant et qu'il travaille de temps à autres pour la police. Tout s'explique, à présent ! L'Alfa s'engage à l'intérieur du parking de l'Excelsior Hôtel Gallia - Luxury Collection. Nous sommes Piazza Duca D'Aosta, nous révèle notre ami Alberto et cet établissement est un hôtel cinq étoiles particulièrement magnifique. On peut s'en douter rien qu'en découvrant sa magnifique architecture extérieure. Cet hôtel est énorme, il s'étend sur tout le coin de la place et semble posséder autant d'étages que d'étoiles. Alberto précise qu'il existe plusieurs salons, salles à manger, salons particuliers, aussi un énorme bar, spa, centre de bien être, centre de remise en forme et que l'établissement bénéficie d'une navette pour l'aéroport. Bref, c'est la grande classe. Que vont faire Dana Yadrinka et son ami dans ce sublime hôtel ? Une seule façon de le savoir : nous y rendre. Nous laissons notre chauffeur vaquer à d'autres occupations tout en lui signifiant que nous ferons certainement appel à lui lors de la sortie des deux jeunes gens. Nous réglons la course et, sans le réclamer, il nous donne le récépissé. Chaleureuses poignées de mains et *« addio amico »*.

Nous sommes devant l'entrée magistrale à colonnes grecques de ce véritable palace.

Ronan et moi nous regardons : sommes-nous suffisamment présentables pour ce genre d'endroit ? Ronan en jeans *Reyem* ocre, chaussures sneaker surf bleue, chemise à carreaux avec broderie estampillée *Rogerg*, veste *Costa Ferre* de chez *Rogerg*. Classe le mec et voilà seulement que je le constate…mince alors !
En ce qui me concerne, je fais grise mine : chemise *Royal Sea Oxford* de chez *Gaastra*, jeans même marque que Ronan, bleu moyen et un blazer *Midshipsman Pique* également de chez *Gaastra*, bottines à lacets *Capsize*. Je me regarde dans l'énorme miroir du hall d'accueil et finalement, je ne suis pas si mal que ça ! Je tape l'épaule de Ronan car dans le miroir je viens de voir passer la jeune dame. On se sépare immédiatement. Je la perds de vue. Ronan vient à mon secours, d'un signe il me montre qu'elle se dirige à gauche de l'escalier magistral. De fait, je l'aperçois en face de l'un des ascenseurs. Elle est seule. Les portes d'un ascenseur s'ouvrent. Un groom en livrée invite les personnes présentes à sortir et les autres à entrer. Je reste dans mon coin tandis que Ronan s'engage dans l'ascenseur, lequel semble être, à présent, quasi complet. Je quitte mon emplacement et attends des nouvelles tout en feuilletant les prospectus, véritables œuvres d'art, de l'hôtel. Message de Ronan ; 7ème et moi qui estimais le nombre d'étages à 5. Un ascenseur.

- Septième s'il vous plait.

Des gens en costume-cravate, en jeans et chemise et même en bermuda. Très éclectique somme toute ! Je sors et découvre qu'il s'agit d'un restaurant panoramique installé sur les toits à l'enseigne Restaurant Terrazza Gallia. Un véritable enchantement que cet endroit qui offre une vue magnifique sur la ville.

Ronan me pousse précipitamment vers les escaliers. Il est manifestement inquiet, essoufflé et a du mal à parler :

- Le Docteur Priam Sach est avec eux et une autre personne à une table ronde près de la verrière.

Stupéfaction absolue, nous empruntons les escaliers jusqu'au 6ème et attendons l'ascenseur qui nous conduit au rez-de-chaussée. Ronan me précise :

- Je l'ai suivie du regard et elle s'est présentée à une table occupée par trois hommes, dont son ami présumé. Les deux autres se sont levés, l'un lui a baisé la main, l'autre la lui a serré. C'est à ce moment que j'ai reconnu Herr Sach car il a tourné la tête vers l'entrée du restaurant. C'est lui qui a baisé la main de la fille. Personnellement je n'étais heureusement pas dans son champ de vision. Je me suis précipité vers les ascenseurs en espérant que tu ne sois pas encore arrivé. Je t'ai, apparemment, retenu à temps. Je n'ai pas vu le visage de l'autre homme.

- Ok, on l'a échappé belle. Cependant, il faut approfondir. Quelles sont les relations entre les protagonistes présents à Milan ? Quel rôle joue cette petite Serbe et son copain dans un milieu criminel de cette importance ? Pourquoi le Docteur ne nous a-t-il pas encore téléphoné ?

Nous quittons l'hôtel et, chemin faisant, nous décidons de contacter notre premier capitaine préféré Marco afin de lui relater les derniers événements.

- C'est bien intéressant car nous pouvons, apparemment, relier le nommé Sach à l'entreprise textile Sempre False. Par conséquent, et sans empiéter sur votre affaire, je peux charger une équipe de la suite de la surveillance et d'une éventuelle filature de Monsieur Priam Sach.

- Ainsi que de l'autre personnage. Vous continueriez du côté de la fille et de son ami. Qu'en pensez-vous ?
- Excellent, eux ne nous connaissent pas et Sach ne te connait pas. On fait comme ça.

Une synthèse pleine de surprises

Je suis satisfait de la proposition de Marco. Je sonne ensuite au patron. L'éternel Omer décroche. Comme toujours il doit s'assurer que je ne dérange pas son Dieu. Un déclic !

- Allo, patron ! Bonjour c'est Jérémy.
- Je vous ai reconnu et suis heureux de vous entendre…depuis le temps.

Reproche, toujours le même, ça commence bien. Il n'ajoute rien. Je reprends.

- Beaucoup de choses se sont passées depuis notre dernier entretien.

Je m'attends à une nouvelle pique. Nada, je continue et je relate tous les faits que nous avons vécus jusqu'à présent. Paradoxalement sans aucune interruption de la part du boss ni une de ses quelconques remarques désobligeantes. J'espère ne rien avoir oublié.

- Bravo !

J'ai failli m'étrangler. Le chef qui exprime une telle reconnaissance mérite une mention dans les annales de l'histoire du service.

- Bravo ! Vous avez bien dirigé votre enquête. J'en réfère immédiatement au ministre. Cependant il me serait agréable que vous m'honoriez, enfin, d'un rapport circonstancié.

C'était trop beau. Paf ! Une pierre dans notre jardin. Trop enthousiaste que j'étais de ses propos dithyrambiques.

- Sans oublier le relevé de vos notes de frais. À très bientôt, j'espère et remettez mon bonjour à Ronan.

Clac ! Il a raccroché. Le Smartphone me reste collé à l'oreille, j'ai l'impression de humer la fumée âcre d'un de ses cigarillos. Je débranche. Ronan me regarde tout en écartant les bras et en haussant les épaules. Compris. Je téléphone au chauffeur Alberto afin qu'il vienne nous prendre sur la place. Il a reconnu ma voix et a tout compris. Je me sens subitement mieux. On va reprendre de l'activité après ce douloureux intermède.

Planqués dans le taxi, à proximité de la sortie du parking de l'hôtel, nous attendons patiemment tout en conversant avec Alberto. Converser est prétentieux, ce serait plutôt en tentant de s'expliquer. Nous nous efforçons tous les trois à mixer le français et l'italien de base. Notre ami est âgé de 47 ans, marié et père de vrais jumeaux âgés de 25 ans qui sont tous deux médecins. Son épouse est infirmière à l'Hôpital Général Niguarda. Il est taximan indépendant depuis sa sortie du lycée et ce, tout comme l'était son père jusqu'à sa retraite, il y a deux ans alors qu'il avait 75 ans. Son frère et sa sœur font partie de la Polizia Municipale ici à Milan. Curriculum intéressant qui démontre encore, si nécessaire, que nous sommes en présence d'un homme bien. Action ! La pomme verte quitte le parking avec difficulté tant la circulation est dense. Alberto, le grand pilote éprouve, lui aussi, quelques embarras. Finalement on se retrouve au niveau du domicile de Dana Yadrinka. L'Alfa est rangée en stationnement le long du trottoir. Les intéressés quittent la voiture et regagnent l'immeuble. Alberto nous ramène à notre hôtel. On se dit à demain…peut-être.

Ronan et moi, nous convenons d'attaquer la rédaction du rapport. Lui la première partie et moi la partie finale de même que le relevé des notes de frais.

Ce sera au *finish* tellement cela nous pèse mais il le faut ! Finalement on avance plus vite que prévu. Il est 21 heures et seules manquent la dernière filature et les notes de frais. Mon Smartphone vibre, c'est Marco qui nous contacte. Je décroche et active le haut parleur.

- Voila les amis, rien de spécial. Les deux individus ont pris la navette de l'hôtel pour se rendre à l'aéroport Porta Garibaldi Station. Ils ont embarqué dans l'avion Milan - Cologne de 20 heures 25. On se fait un resto ?

Ronan accepte d'un signe de tête.

- Ok, mais pas trop tard. On a un rapport à terminer.

C'est toujours un réel plaisir de discuter avec Marco et, qui plus est, devant un plat typique de la gastronomie sicilienne, qu'il nous a conseillé. Découverte à retenir que ces Arancini de riz littéralement savoureux. On a terminé par une glace Creola et un petit café. On va en avoir besoin pour se tenir éveillés car il est déjà 23 heures. On se quitte après avoir fixé rendez-vous à Marco pour demain 09 heures au petit-déjeuner de l'hôtel et on rentre. Comme chaque fois, la digestion nous rend somnolents. Qu'il serait bon de dormir. Rapport en vue, achevons-le.

07 heures, la sonnerie-réveil de mon Smartphone me tire de ma torpeur. J'avais programmé l'heure afin de posséder suffisamment de temps pour relire le rapport avant de le transmettre à 'Dieu'. C'est ainsi qu'après une demi-heure passée à ma toilette et à m'habiller, je suis prêt devant l'ordi. Ronan se dresse du lit, s'étire, soupire et s'étonne de me voir déjà à la tâche.

- Bon je m'y mets aussi. Après ma douche, je rassemblerai tous les documents et les classerai. J'aurais terminé avant de descendre au petit déjeuner.

Notre évaluation du timing était correcte. Nous gagnons le restaurant de l'hôtel à 08 heures 50 précises. Surprise, Marco est installé à une table devant un café et parcourt un quotidien. Nous le saluons et tous les trois nous nous servons au buffet puis regagnons notre place. La discussion s'anime. Notre rapport aidant et, à la demande de Ronan, je lui expose une synthèse globale. Nous sommes seuls dans le vaste restaurant et éloignés de la cuisine. Il règne un silence qui apporte les meilleures conditions pour l'activité psychique. *« Celle-là même qui irrite le diable »* (proverbe bulgare).

- Un de mes indicateurs m'invite à rencontrer un intermédiaire dans le cadre de la contrefaçon. Un jeudi, le contact s'établit au lieu précisé à savoir à Amsterdam, place du Dam. Ce personnage me recontactera. Il s'agissait en fait d'une évaluation car Ronan et moi, sommes fouillés peu après. Ce type d'Amsterdam nous fixe rendez-vous à Cologne, Hôtel Mondial Am Dom, avec le « grossiste » en contrefaçons. Nous déjeunons sur place avec un individu qui prétend se nommer : Docteur Priam Sach, principal actionnaire de la société Textiler Borgson. Ce dernier fixe rendez-vous pour le lendemain afin que nous visitions ses installations...

Un petit break pour soulager ma gorge, l'eau fraîche, rien de tel. Je continue.

- Nous obtenons l'information d'Eurofaux que ce Priam Sach n'existe pas. Sa photo transmise immédiatement est revenue avec la mention « inconnu ». Nous sommes pris en charge à neuf heures et sommes amenés, préalablement cagoulés, sur les lieux en Mercedes. Sur place nous visitons un énorme hall garni d'une multitude de rayons fermés par des volets métalliques.

- Nous sommes reçus par la suite dans un confortable salon de l'entreprise, où un prénommé Mitchel, amène des coffres dont le contenu est stupéfiant : vêtements de marque, pistolets, mitraillettes, balles 9 mm, balles de 5,45. Le Docteur Sach ne peut s'empêcher de présenter sa petite fille Magda qui porte en elle, avec un naturel discret, la noblesse des Aryens. Nous sommes fouillés sur place de même que tous nos vêtements. Les mouchards découverts nous sont rendus en précisant que la Mercédès est équipée d'un brouillage et que le bunker dans lequel nous nous trouvons est complètement isolé. Retour à l'hôtel. Sur le chemin du retour, surprise : Jérôme, des services techniques, nous intercepte et nous sommes obligés de lui confier tous nos bagages, les vêtements, sous vêtements et chaussures que nous portons. Neuf mouchards seront découverts dans nos chaussures, dans les valises et dans deux vestes. Par la suite, mon indicateur me conseille de me rendre à Milan dans le Zoning Industriel Ivoa Rameo où est installée une usine au nom de la Société Sempre False. À Milan nous te rencontrons et tu nous assures ton concours, collaboration on ne peut plus précieuse. Durant nos surveillances de l'entreprise, je découvre dans les poubelles des tissus présentant des esquisses à l'effigie de marques bien connues Finalement des ballots sont acheminés de l'entreprise au port de Gênes et chargés sur le « Mare Nostrum ». Le lendemain matin, les halls de Sempre False sont détruits par les flammes. Il s'agit d'un incendie volontaire. Dans les gravas il est découvert des traces d'huile alimentaire voire d'huile d'olive. Resté sur place Ronan relève la présence d'une dame qui, par la suite, s'avérera être la nommée Dana Yadrinka.

- Lors de notre dernière filature, l'intéressée et son petit copain présumé rencontrent le Docteur Sach qui est en compagnie d'un autre individu au restaurant du 7ème étage de l'Excelsior Hôtel Gallia - Luxury Collection. Après le déjeuner, Herr Sach regagne Cologne en avion avec son accompagnant.
Je respire et je m'adresse à Marco et à Ronan :
- C'est bon, c'est correct, je n'ai rien oublié d'essentiel ?
Tous deux acquiescent d'un mouvement de tête. Ils sont silencieux, je les entends réfléchir ! Après quelques instants, je les tire de leur méditation.
- C'est à toi Marco.
- Bon. À mon tour. Avant tout, une précision importante. L'accompagnateur était en fait une accompagnatrice, vêtue d'un complet veston et coiffée en chignon bas. Voici sa photo.
- C'est Magda, la petite-fille de Sach.
S'écrie Ronan. J'abonde dans son sens. Cela ne fait, en effet, aucun doute.
Après cette interruption, Marco suggère que nous regagnions la chambre car du personnel commence à s'activer dans la salle. Dans l'ascenseur, il nous déclare qu'il est très satisfait de cette rapide identification qui lui permettra de démontrer, encore une fois, notre franche et constructive collaboration. Il ne désespère d'arriver à confondre le Docteur Sach. Confortablement installés, Ronan et moi attendons avec impatience les derniers rebondissements de l'affaire. Marco, après s'être réhydraté, se lance :

- La scientifique a relevé des traces d'accélérateurs de combustion à plusieurs endroits des huit halls de l'entreprise. Nous avons, à présent, les preuves matérielles de ce dont nous étions fermement persuadés : il s'agit d'un incendie volontaire. D'autres analyses ont également permis de mettre en évidence des éléments importants. D'abord, la confirmation que les machines des halls 1, 2 et 3 étaient exclusivement utilisées dans l'industrie textile mais aussi qu'elles ont servi à fabriquer des vêtements, de piètre qualité d'après les traces textiles retrouvées quasi intactes. J'ouvre une parenthèse, vous savez que tout ne se consume pas nécessairement entièrement. Des écussons et étiquettes de marque ont également été retrouvés dans un état suffisamment bon pour qu'ils puissent être identifiés. Dans les halls 4 et 5 une surprenante découverte attendait les services techniques. En effet, les résidus ont permis de mettre en évidence la présence d'un système continu d'extraction d'huile d'olive. Dans les halls 6 et 7, stupéfaction, il existait une complète infrastructure permettant la fabrication par des procédés chimiques de médicaments. Bref, de véritables laboratoires avec des systèmes de pesage, de mélange, de séchage, de conditionnements primaire et secondaire et enfin des palettes. Les services labo ont mis les bouchées doubles afin de conclure toutes les analyses des résidus calcinés. Enfin, le hall 1 était vraisemblablement réservé au stockage avant expédition, seuls quelques résidus calcinés de palettes jonchaient encore le sol.

J'interromps Marco d'un geste de la main car je tiens à soumettre mes remarques à la réflexion de mes amis.

- Mon indicateur anonyme est une véritable mine d'or. En effet, il m'avait signalé la contrefaçon de vêtements mais aussi la possibilité de celle de médicaments et d'huile d'olive. Or, jusqu'à ce jour il ne m'a rien réclamé, ni argent, ni faveur, rien. Ses dénonciations seraient-elles l'assouvissement d'une vengeance ?
Marco, cn fin analyste, évalue. Ronan sourit.
- Jérémy, je t'assure que je viens de tirer la même conclusion. Ce type, totalement inconnu, a toujours pris soin de ne laisser aucune possibilité de l'identifier ni par le numéro d'appel ni par géo localisation et de plus il n'a jamais réclamé une quelconque faveur. Il est totalement anachronique, il est d'un autre âge. De plus, il nous a appâtés par diverses petites affaires qui se sont avérées parfaitement exactes. Il n'a jamais rien demandé, ni argent, ni un quelconque « passe droit ».
Marco nous examine, nous scrute, pénètre notre cerveau. Ses yeux « noirs » sont pareils à la technique d'imagerie de transmission par rayons X. Il se racle la gorge et tout en nous regardant tour à tour, poursuit :
- Je suis d'accord avec vos suppositions. Il sera nécessaire de les prendre en considération et le cas échéant, d'en apporter la preuve. Ce que je vais vous apprendre pourrait apporter une nouvelle pièce à l'édifice. C'est particulièrement édifiant, mais je risque d'être encore long.
Il fait une nouvelle pause et rassemble, semble-t-il, ses esprits. Il ne s'agit nullement d'effets de scène. Ce type est extraordinaire de simplicité, c'est un véritable professionnel.

Marco reprend calmement ce qu'un autre n'aurait certainement pas manqué de jouer d'un air théâtral. Il est simple, il reste simple. Cet homme est remarquable.

- Herr Sach est identifié.

Bien que stupéfaits nous évitons d'interrompre Marco par des exclamations d'étonnements cependant difficilement réfrénées.

- Il s'agit du nommé Dov Bachstein, Juif allemand, dont les parents ont fui Berlin à la montée du nazisme. Ils se sont installés en Inde à New Dehli, munis de faux documents. C'est ainsi que le petit Dov, âgé de trois ans, sera désormais Leahcim Snawad. Ses parents décèdent alors qu'il n'a que huit ans. Il se retrouve seul et à la rue. De petits travaux en rapines, il grandit et à quatorze ans il travaille chez un encadreur. Il s'intéresse de plus en plus aux peintures qui l'entourent. C'est ainsi, semblerait-il, qu'il découvre son don pour la peinture. Tant bien que mal, il survit de la vente de ses propres « toiles » mais, bien évidemment, aussi de ses divers larcins. Dès ses dix-sept ans il s'essaie à la copie de certains travaux de peintres connus. Il trouve là sa réelle « vocation » : il sera faussaire. Faussaire tellement doué qu'il s'attache à copier puis à vendre, via une filière mafieuse, des œuvres d'un artiste contemporain indien Luta Ayidod mondialement connu et dont les œuvres ont connu une reconnaissance internationale au lendemain de sa mort. Dov/Leahcim, âgé alors de vingt-six ans, s'enrichit considérablement. On s'arrache littéralement ses faux tableaux. Peu après 1968 la justice indienne s'intéresse à lui. Il est arrêté puis relâché, faute de preuves. Ensuite, il disparaît complètement. C'est grâce à cette interpellation qu'il vient d'être identifié.

- Notre Docteur Priam Sach n'est autre que Dov Bachstein, alias Leahcim Snawad. Sach a toujours navigué dans la contrefaçon, étant lui-même un faussaire exceptionnel. Il aurait ainsi 'écoulé' plus de 27 faux Luta Ayidod. On estime le montant total que Leahcim Snawad aurait ainsi récolté, à l'époque, à plus de 7.500.000$. Pour preuve certains tableaux de sa main, signés Luta Ayidod, se sont vendus chez Christie's Hong-Kong 195.753$ et chez Sotheby's Paris à 214.356$. Il aurait organisé des expositions à New Dehli évidemment, à Lille, à San José, à New York, à Moscou. Reconnaissons qu'il s'agit d'un personnage exceptionnel, à l'intelligence nettement au dessus de la moyenne. C'est un génie du trafic. Un mandat international a été lancé à l'encontre de Leahcim Snawad en 1970. Il est recherché dans le monde entier.

Il s'interrompt. Nous supposons qu'il a terminé et nous nous apprêtons à nous lever de notre siège. D'un geste, il nous prie d'attendre tandis qu'il termine son verre d'eau pétillante devenue plate. Il s'ébroue se lève de son fauteuil et reprend son récit tout en restant debout :

- Excusez-moi, j'avais trop soif. Autre élément très important, l'ADN relevé sur les verres des 4 intéressés a révélé que le prénommé Hugo, pour autant qu'il s'agisse de son véritable prénom, n'est autre que le fils ou le petit-fils de Priam Sach ou si vous préférez Dov Bachstein. À ce sujet, il me paraît utile que nous nous accordions. Je propose que nous continuions à utiliser le nom de Sach et ce, afin de ne pas commettre un irréparable impair dans le cas d'une rencontre ou d'une communication téléphonique.

- Enfin en ce qui concerne Dana Yadrinka, tant ses empreintes que son ADN se sont révélés négatifs. Elle est inconnue des services. N'oublions pas qu'elle est, semble-t-il, d'origine serbe et arrivée en Italie il y a trois ans. Elle venait d'Allemagne et, qui plus est, de Berlin comme l'attestent les documents du service des étrangers. Sach est lui aussi allemand et il s'agit également d'un *« Berliner »*. Notre travail assidu a porté ses fruits. Nous venons de progresser de manière exponentielle. Nonobstant, ne nous gargarisons pas de vaines satisfactions, le chemin vers l'aboutissement sera encore long.

Ronan et moi voudrions applaudir ce brillant exposé. Nous nous retenons et félicitons notre ami Marco pour son exceptionnel esprit de synthèse ainsi que pour sa fabuleuse enquête. *In fine*, tout ce petit monde se tient. Sach est berlinois tout comme Dana Yadrinka, laquelle est la petite amie du fils ou petit-fils de Sach, le prénommé Hugo. Hugo serait plus que vraisemblablement, en considérant son âge apparent, le frère de Magda ou son cousin germain. Belle famille s'il en est. Il est 14 heures, mon estomac se réveille. Je propose à Marco de nous emmener dans un restaurant de cuisine française. Après deux coups de fil, il décide de nous emmener au « Droit de Bouchon » Via Giuseppe Mercalli. Il appelle un taxi et nous embarquons. L'endroit est superbe, la réception de qualité et le service, impeccable. Une dizaine de personnes sont attablées et terminent apparemment leur repas. Tous nous avons commandé le même plat, côtes d'agneau en croûte d'herbes aromatiques avec des légumes grillés, pommes de terre Anna et le même dessert : la tarte Tatin.

Pas de vin mais de l'eau et un petit café serré à la fin du repas, lequel mérite une cote de 9/10. Durant ces agapes, nous avons échangé des banalités. Magnifique intermède après les émotions que nous venons de vivre. Marco regagne ses locaux, nous regagnons notre chambre afin de rendre compte au boss et de l'assurer que ce rapport sera transmis dès ce soir. Ces devoirs terminés, dont enfin le rapport, nous commandons des sandwiches que nous mangeons dans la chambre. Un peu de TV et « *basta* » au lit.

Milan - Mitchel

Je m'endors avant Ronan, je suis épuisé. Ronan me secoue, je sursaute. Mon corps, mon crâne, mes jambes pèsent une tonne. Il me semble qu'on m'appelle. C'est Ronan, je l'entends qui me susurre au creux de l'oreille :

- Téléphone, téléphone !

De fait, c'est mon Smartphone 'indicateur'.

- Allo !

C'est lui, quelle heure est-il ? Fichtre ! déjà 7 heures, j'ai dormi 9 heures sans jamais me réveiller.

- Commissaire, je ne connais ni la date, ni l'heure des livraisons mais je connais les endroits. Je tiens à vous rencontrer vous et votre ami ce jour à 10 heures 15, à l'endroit que je vous désignerai vers 09 heures 30.

Hier, de sacrées d'émotions et aujourd'hui une autre journée pleine de rebondissements. Cet indicateur toujours secret, toujours discret décide de se dévoiler au grand jour. J'ai peine à le croire. Je préviens Ronan qui est dans la plus complète expectative. Nous demandons à voir. Petit-déjeuner serein durant lequel nous échangeons nos impressions qui, tout naturellement, se rejoignent. Ronan avise Marco de ce nouvel événement. Il est également surpris et étonnamment excité, m'apprend Ronan. Étonnant, en effet. Arrivée de Marco qui semble être pareil à lui-même, jovial et attentionné. Nous lui servons un café et il ne peut s'empêcher de s'emparer d'un croissant tout en nous précisant qu'il a cependant déjeuné.

Gourmandise bien légitime : ces croissants sont tellement délicieux, une véritable perdition. Tous les matins, Ronan et moi quittons le restaurant avec ce sentiment de culpabilité d'avoir, une fois encore, cédé à ces viennoiseries particulièrement agréables. Gourmandise quand tu nous tiens. Certains moralistes et certaines doctrines religieuses peuvent la considérer comme un défaut ou une faute. Il me plait d'établir une distinction entre gourmandise et goinfrerie, considérant la première comme une qualité, la seconde comme un défaut. C'est en fait cela la tolérance car demain nous nous perdons à nouveau. Mon Smartphone vibre, il est précisément 09 heures 30.

- Bonjour Commissaire, rendez-vous à 10 heures 15 précises Sempione Park, Piazza Sempione votre ami de la police italienne peut également vous accompagner.

Encore un étourdissement, je le signale à mes deux amis qui restent pantois. Manifestement nous sommes surveillés. Il est trop tard à présent pour envisager une « contre attaque »,. Rendons-nous, tous les trois, au parc désigné et…on verra ! Au point où nous en sommes dans les coups de théâtre, qu'est-ce qui pourrait encore nous surprendre ? Evidemment Marco diligente une occupation du parc par des membres de son service tout en précisant qu'une intervention ne pourra être envisagée sans un ordre formel de sa part. Notre interlocuteur a même prévu que nous ne serions au parc qu'à 10 heures 14, soit une seule minute avant l'heure précisée. Nous sommes à sa merci. Lui, il nous connaît ce qui n'est pas notre cas le concernant. Ma sonnerie, je temporise et décroche. C'est lui.

- Parfait, vous vous êtes déplacés tous les trois. Dirigez-vous vers la statue de Napoléon III et attendez mes instructions.
Marco nous guide jusqu'à l'endroit. On attend. En fait, nous comprenons pourquoi il a choisi ce lieu, il est très dégagé et il est possible de nous surveiller de loin. Notre indicateur ne nous rencontrera pas. Il veut s'assurer que nous sommes inféodés à ses révélations. Encore raté et comme aurait certainement hurlé le capitaine Haddock à cet instant ! « *Caramba encore raté !* ».

Nouvelle énorme surprise, un individu s'approche de nous surgissant de nulle part. C'est Mitchel, le personnage au regard fixe et froid qui nous a fait découvrir le contenu de certains coffres dans le bunker du Docteur Sach. Nous dissimulons, Ronan et moi, autant que possible, notre étonnement. Il nous salue tous trois. Curieusement ses yeux me paraissent moins pâles, son regard est plus doux, son visage moins figé. À force, il me deviendrait plutôt sympathique.

- Bonjour Commissaire, bonjour Inspecteur Spécial, bonjour Premier Capitaine. Ne vous méprenez pas, je suis seul et ne représente aucun danger pour vous.
Non ! C'est réellement trop, beaucoup trop. Je m'entends persifler.

- C'en est terminé à présent. Cessez de faire le matamore. Nous sommes là et nous attendons vos révélations. N'oubliez pas que vous êtes le complice d'un vaste trafic et que le Premier Capitaine, ici présent, peut vous arrêter sur-le-champ. Alors, nous vous écoutons.

- Aucun souci. Je vous prie d'accepter mes excuses. Il ne s'agissait nullement d'une quelconque fanfaronnade de ma part.

- Je vous assure que c'était une formule de politesse propre aux us et coutumes de mon pays. Je suis natif du Enêhcsorg, petite entité de la région de Kaliningrad en Russie. Je suis fils unique d'ingénieurs, mon père en génie civil, ma mère en chimie. Nous avons émigré aux USA, pour des raisons politiques, et avons pris le nom de Manney, j'avais 3 ans. J'ai effectué toutes mes études aux States pour finalement obtenir un Doctorat en sciences politiques et économiques. J'ai ensuite été recruté par le FBI en qualité d'analyste pour finalement me retrouver agent de terrain. Actuellement je travaille en « under-cover »' chez Sach ou Bachstein, comme vous l'entendez. Merci de ne pas me rappeler notre rôle dans la guerre en Tchétchénie et nos regrettables recrutements pendant la guerre entre l'URSS et l'Afghanistan. Ce serait indigne de votre intelligence. Voici mes véritables documents et mes accréditations. Monsieur Magisce, ici présent, va les vérifier via ses services.

- D'accord, mais pourquoi tant de mystères et de manipulations ? Il vous était possible de vous adresser à des services secrets amis.

- Tergiversations des décideurs bien installés dans leurs royaux bureaux, Commissaire. Et votre réputation qui a traversé mers et océans.

- N'en jetez plus, je ne crois pas un mot de cette dernière réflexion. Qu'attendez-vous de nous, tout en vous rappelant que nous avons des comptes à rendre, le Premier Capitaine et nous, à notre hiérarchie.

- Bien entendu. Mais votre hiérarchie dépend d'un ministère et donc d'un ministre qui lui et lui-seul, du moins je l'espère, est au courant et averti de la progression de la mission.
Marco s'active. Son Smartphone à l'oreille, il baragouine dans sa langue natale.

- Ok les amis, je confirme les allégations de Monsieur Manney.
Alors là ! Échec et mat ! Pour garder quelque peu le contrôle j'ajoute :

- C'est donc cela. Je me posais quelques questions quant à l'acceptation du budget qui subit de plus en plus de rallonges. Nos patrons, quand seront-ils avertis personnellement ?

- Ils le sont depuis ce matin 09 heures 30. Chacun par son ministre et par le président de mon pays car je suis, tel mes parents, citoyen américain.
On arrête tout. Je regarde Ronan et Marco. Ils ne laissent apparaître aucun sentiment sur leurs visages. Ils semblent attendre la suite. Marco prend la parole. Merci mon ami, tu as compris. Ronan et moi avons grand besoin de souffler quelque peu.

- Tout paraît en ordre à présent. N'estimez-vous pas que nous sommes restés suffisamment longtemps à cet endroit au vu de tout observateur éventuel qui se trouverait n'importe où, voire à 500 mètres d'ici ?
Judicieuse remarque. Marco propose de faire appel à Alberto, le super taximan, afin qu'il nous conduise en dehors de la ville dans un endroit discret. C'est parfait.

Dans la demi-heure nous atteignons un quartier bourgeois à l'ouest de la ville.

Apparemment il y règne calme et tranquillité, Alberto précise que ce quartier est plébiscité par les familles. Il est précieux ce mec, il connaît tout. Il nous dépose devant un établissement chic à l'enseigne « Dolce Vita ». Il signale qu'il attend notre appel pour le retour. J'examine plus attentivement Mitchel. Il est effectivement grand, 1 mètre 90 au moins, svelte, toujours aussi soigné. Sa veste et son pantalon présentent une coupe impeccable, j'ai cru voir qu'il s'agissait d'un Boty Miguel d'Abidjan. Par contre, je connais les chaussures ce sont des Crockett and Jones - Gerard 5. Ses yeux gris pâle me paraissent de moins en moins sévères que lors de notre première rencontre à Cologne. Nous prenons place à la terrasse arrière de l'établissement, à l'écart des trois couples qui sont installés à cette même terrasse. Je décompresse et ne peux m'empêcher de laisser mon esprit divaguer jusqu'à me rappeler un passage d'un poème de Baudelaire, *« L'invitation au voyage »* qui correspond à ce que je ressens : *« Là, tout n'est qu'ordre et beauté. Luxe, calme et volupté ».*

Normal nous sommes au « Dolce Vita ». Une ravissante jeune dame interrompt mes rêveries baudelairiennes. Nous passons commande, pour tout le monde une coupe de Prosecco millésimé et, pour suivre, glace et café. C'est Marco qui a commandé et a remercié la jolie demoiselle avec son italien qui est certainement de haute noblesse.

- *Questo è tutto bene grazie*. (Tout cela est bien, merci).

La coupe servie, santé et on déguste. Excellent ce Prosecco, il vaut un très bon champagne. D'ailleurs, il fait l'unanimité.

- Mitchel, tu devais nous indiquer des lieux de livraison si je ne me trompe. C'est bien ; mais quel est ton véritable nom car, je suis certain que tu connais les nôtres.

- Mon prénom d'origine est Mitchel, lequel prononcé à l'américaine ne parait pas être étranger, quant à mon nom d'origine c'est Burian, m'ont appris mes parents. J'habite à Tampa en Floride et mes parents à Thallahassee en Floride également. Je suis célibataire et je vis avec une cardiologue : elle m'a donné une fille qui termine ses études de psychiatrie à l'Université de Floride du Sud à Tampa. À présent, vous me connaissez un peu mieux, même beaucoup mieux. En ce qui vous concerne tous les trois, rassurez-vous, je n'ai pas eu accès à vos CV. Vous Commissaire et vous Inspecteur je connais vos noms et les différentes enquêtes auxquelles vous avez participé dont quelques unes en under-cover également. Quant à vous Premier Capitaine, je connais une retentissante affaire menée à bien, la découverte de l'usine de fabrication de fausses batteries de GSM et de voitures.

Ronan, Marco et moi sommes à l'aise. De nombreuses questions tourbillonnent évidemment dans nos cerveaux déjà trop sollicités. Une pause bénéfique se profile. La jeune serveuse sert les énormes coupes de glace. L'Italie et sa glace. Je préfère croire à son origine légendaire selon laquelle elle aurait été inventée par accident alors qu'un Florentin, voulant conserver des fruits frais, les aurait mis dans de la glace. C'est tellement plus romantique que l'origine retenue par les historiens, pour qui Marco Polo aurait découvert ce dessert à l'occasion d'un voyage en Orient et plus précisément en Chine et, l'aurait importé en Italie.

Je déguste, on ne dit mot. Tellement bonne cette glace et tellement trop vite terminée que le retour à la réalité est comme un choc.

- Je me souviens que le Docteur Sach avait précisé que vous ne parliez ni ne compreniez le français et que par contre vous maîtrisiez l'allemand, l'italien et l'anglais. C'était voulu ?

- Pas du tout, j'ai toujours prétendu que je n'appréhendais pas bien le français et que j'avais abandonné tout apprentissage de la langue de Molière. Que ça ne m'intéressait pas. Que j'avais tout oublié tant j'en avais la nausée. Ce qui me permettait de connaître les intentions qu'il désirait me cacher en utilisant le français. Soit dit en passant, c'est une langue qu'il apprécie par-dessus tout. Vous avez certainement remarqué sa parfaite maitrise du français ?

- Votre français est aussi particulièrement recherché.

- Vous n'avez rien à m'envier Premier Capitaine.

Que de civilités, heureusement l'arrivée du café interrompt ce brossage de cuir. Ronan avale une gorgée. Il pose sa tasse. Je sens qu'il va entrer dans la conversation et, le connaissant, ce sera droit au but.

- Monsieur Mitchel, vous nous annonciez connaître les lieux de livraisons. J'entends bien mais quels seront les types de marchandises et quels seront les endroits. En plus, quand « entrerons-nous dans la danse », qui arrêterons-nous?

C'était prévu, clair, net et précis. Ronan ne s'embarrasse pas de qui est qui, qui fait quoi. Ici seuls l'intéresse les interceptions des arrivages et les interpellations qui s'en suivront.

Marco et moi sourions devant cette détermination. Ronan veut en finir et veut de l'action. Il ajoute visiblement contrarié :

- Je déteste être le dindon de la farce. D'autant plus lorsqu'il s'agit d'une farce qui comporte des risques et un danger auxquels je m'expose.

Il l'a dit, l'a exprimé et, à bon entendeur : salut !

Silence de mort. Nous plongeons le nez dans la petite tasse de café italien. Elle est vide de tout breuvage et cependant nous gardons la tasse entre les lèvres, un certain temps pour ne pas dire un temps certain. Marco se dévoue et rompt ce moment de tension extrême.

- Question Monsieur Mitchel. Que vient faire le FBI dans cette affaire de contrefaçons et de trafic ? Certes il s'agit dans le cas présent d'un trafic mondial mais dans quelle mesure cette affaire compromet-elle la sécurité des USA ?

- J'ai été chargé de m'introduire au plus proche de Sach, parce qu'il était important de contrôler les informations de nos sources. Les divers renseignements récoltés semblaient confirmer les bruits selon lesquels les activités de ce criminel représentaient un danger réel pour la sécurité des USA. Or, actuellement nous avons la confirmation qu'il est sur le point de livrer des têtes nucléaires. Nous ignorons l'identité des acheteurs potentiels et si ces livraisons sont imminentes. Cependant de sources, actuellement non encore contrôlées, il appert que ce serait pour bientôt et que les commanditaires ne seraient pas étrangers à l'EI. Notre sécurité nationale et la sécurité internationale seraient dès lors en grand danger. D'autres acteurs de différents services seront activés si les informations venaient à être confirmées.

Pour l'instant vous effectuez un travail remarquable et qui, jusqu'à présent, bénéficie d'une exceptionnelle confidentialité. Nos évaluateurs n'ont pas relevé, à ce jour, un seul signal d'alarme et ce depuis votre premier contact. Je vous livre mes informations telles que je les ai récoltées. Je n'ai aucune autre précision. Les armes, essentiellement des armes de guerre, seront acheminées à Goudermes, en Tchétchénie, soit à proximité d'un des plus importants gisements de pétrole. Pas mal de routes dégradées durant la guerre ont été refaites mais on peut encore retrouver des routes peu carrossables. Personnellement je trouve cet endroit de livraison sans grand intérêt. Les vêtements, polos manches courtes et longues, chemises idem, jeans et vestes seront débarqués au port d'Amsterdam, Quai 23 – Conteneurs 159 à 167. L'huile d'olive dans les iles éoliennes, certainement au port de Spartakhori, dont le tirant d'eau est de 9000m. Suffisant pour un bateau citerne. Les médicaments provenant de Chine seront débarqués à l'aéroport de Madrid, certainement de nuit dans des conteneurs « jouets enfants ». L'héroïne sera débarquée au port de Naples, provenance initiale de Colombie et, sans jeux de mots faciles, blanchie par un passage au Sénégal. En principe ; dans des ballots d'arachides. Tout cela m'a donné soif. Je tiens à vous offrir une coupe ou autre, à votre choix bien sûr.

Ces bonnes paroles clôturent agréablement son « exposé » et espérons que ce nouvel intermède libère nos esprits en surcharge. Tous nous commandons une nouvelle coupe et demandons qu'on nous serve en même temps des *'anti pasti'*. Moment de recueillement, onc ne dit mot.

Tous, nous mettons de l'ordre dans nos pensées qui, j'en suis sûr, se bousculent telle une foule à l'ouverture des portes d'un distributeur d'une nouvelle et révolutionnaire console de jeux. Ronan demande.

- Monsieur Mitchel le prénommé Hugo à votre avis, fils ou petit-fils de Sach ?

- Ronan je vous en prie, moi c'est Mitchel. Je réponds à votre question. Difficile de le déterminer, je dirais petit-fils mais sans autre élément que mon propre sentiment.

Ronan reprend.

- Sach est-il vraiment richissime ?

Nous nous étonnons de cette question de la part de Ronan. Il nous semble évident que l'activité de Sach lui a apporté et lui apporte encore énormément d'argent. Mitchel ne sourcille pas, il répond toujours aussi aimablement.

- Oui, il est immensément riche et de plus il côtoie le beau monde, mais aussi le monde politique. Personne ne soupçonne son activité criminelle. Par ailleurs il est étonnant qu'il n'ait jamais été inquiété jusqu'à présent. En effet, il semblerait qu'un ou plusieurs jaloux ou concurrents ne soient pas étrangers à l'incendie de Sempre False. Je suppose que vous n'avez pas déduit que cet acte avait été ordonné par Priam Sach. Si cela avait été le cas, croyez-moi, tout le matériel et tous les matériaux auraient été déménagés, l'incendie aurait été plus violent et intense. Rien, croyez-moi, rien n'aurait été découvert, pas l'ombre d'une trace dans les résidus.

Feus les délicieux *'anti pasti'*. Ne voulant pas être en reste, je commande la même chose Prosecco et assortiment de ces délicats 'amuse gueule'. Aucune contestation ne vient perturber le silence qui s'en suit.

Après quelques instants, c'est Marco qui interroge à nouveau Mitchel :

- Qu'est-ce qui vous amène à Milan ?

- L'opportunité offerte par mon enquête concernant l'incendie, d'enfin vous rencontrer physiquement. Nous étions à cent lieues d'imaginer que c'était vous l'informateur rauque.

Plus rien à demander, apparemment, car nous devisons sur des propos anodins qui alimentent la conversation durant laquelle une nouvelle commande, identique aux précédentes, nous est offerte par Marco.

Finalement nous aurons déjeuné *'d'anti pasti'*. Ensuite Ronan décide qu'un petit dessert serait le bienvenu et c'est parti ; qui pour encore une glace et qui pour un morceau de gâteau, le tout servi avec un petit café corsé.

Tel que décidé, Mitchel quitte le premier. Marco sonne à Alberto afin qu'il nous charge en aval du « Dolce Vita ». Nous regagnons tous nos bases.

Je vais rédiger le rapport pour le boss, après lui avoir sonné. Réellement, je m'en réjouis déjà. Comment va-t-il approcher « l'enfant » ? Il est tellement fin d'esprit que j'imagine qu'il aura encore quelque chose à redire. Ronan se couche sur son lit, les mains derrière la tête, les yeux fixés au plafond. Attitude de réflexion intense ou de décompression ; quoi qu'il en soit, je ne le dérange pas.

- Sonne au patron, ne te soucie pas de moi. Je dois me concentrer pour tout fixer dans ma mémoire déjà surchargée.

Il a raison, l'heure est propice pour joindre le patron.

- Oui, allo ! C'est Omer ici, Monsieur le Commissaire.

Shit ! Il décroche par conséquent le boss n'est pas à son bureau.

- Bonjour Osi.
Il hait ce diminutif, raison pour laquelle je l'emploie à satiété.
- Monsieur le Directeur se trouve-t-il *intra muros* ?
Il répond, d'un ton empreint de sarcasmes.
- *« Satiété engendre démesure »* a dit Solon en des temps anciens, vers les années 650 avant Jésus-Christ, cher Commissaire. Mon prénom est Omer et mon nom est Sior, vous manquez d'originalité !
Tiens prends ça dans les dents Jérémy, bien fait pour moi. « La satiété » m'est retournée en plein dans la gueule avec cette citation venue instantanément. Il est surprenant de connaissance cet Omer. D'accord mais il m'énerve, m'indispose, me fait ch… ce secrétaire.
- Oui, il arrive, je vous le passe. Au revoir et à bientôt j'espère.
Faux cul mais brillant, ça m'énerve encore d'avantage. J'attends, en pianotant sur une petite desserte. Aurions-nous été coupés. Habituellement le passage de la communication est immédiat.
- Oui Commissaire. J'attendais impatiemment votre appel qui me semble tardif.
Voilà il est comme ça. Les choses sont mises au point. J'aurais peut-être dû l'avertir dès la prise de rendez-vous, je suis certain que c'est à cela qu'il fait allusion.
- Quel ne fut pas mon étonnement d'apprendre vos pérégrinations de ce jour par le ministre en personne. Vous possédez un canal qui m'est inconnu ou des affinités particulières avec Monsieur le ministre, sans doute ?
Une violente envie de raccrocher me gagne.

J'aime et respecte ce type pour son intelligence supérieure, pour son exceptionnel esprit de synthèse, pour son réel pouvoir de déduction et sa mémoire phénoménale…mais là, il me les brise menu !!!

- Cette petite réserve ne m'empêche pas de vous féliciter et, serai-je tenté de dire ; de vous féliciter vivement. Je me dois d'attirer votre attention sur le caractère de particulière dangerosité que prend cette affaire. La tournure des événements commence à se diriger, non seulement vers le grand banditisme, mais aussi vers le terrorisme. Je vous demande de réfléchir quant à l'apport de matériel technique et de renfort en personnel que vous brieferiez vous-même afin de ne rien compromettre. Comme vous vous en doutez, j'ai obtenu les pleins pouvoirs afin de mener à bien cette mission. Les Américains sont dedans, nous ne sommes pas moins qu'eux.

Ça y est : l'orgueil patriotique que j'abhorre. De nos jours, trop de réactions puériles dirigent et nos actions et jusqu'à nos pensées.

Il est grand temps que je quitte mes introspections philosophiques et que je me replonge dans l'écoute du boss. J'ai perdu complètement le fil, de fait.

- Commissaire, sapristi vous m'écoutez ?
- Certainement Monsieur le Directeur.
- J'en doute. Je disais donc : où en êtes-vous ?
- Sach est identifié, Dana est inconnue, c'est la petite amie de Hugo, lequel n'est autre que le fils ou le petit-fils de Sach. Mitchel Manney, comme vous le savez à présent, appartient au FBI. Sach serait prêt à vendre des têtes nucléaires. Nous sommes très loin dans l'enquête.

Je vous adresse le rapport circonstancié dès ce soir, de même que la note de frais jusqu'à ce jour.

- Enfin une heureuse initiative, je ne manquerai pas d'en faire part au ministre, lui qui me tenaillait sans cesse pour les dépenses. Reposez-vous bien et à demain Jérémy.

Lorsque je prétendais qu'il était fin d'esprit.

Je passe mes chaussures tandis que Ronan se coiffe. Nous allons descendre pour le petit-déjeuner. La nuit a été paisible. Le compte-rendu et la compilation des notes de frais ont été terminés en un temps record. La sonnerie du téléphone de la chambre nous fait sursauter. Inhabituel, Marco et le boss nous contacteraient par l'Iphone. Ronan décroche, sa tête d'ahuri ne me dit rien qui vaille. Il écarte le combiné et me fait comprendre que c'est Sach. L'expression de mon visage ne doit pas être plus rassurante que celle de Ronan. Il me passe l'appareil, je me racle la gorge et m'entends prononcer un 'Allo' d'une voix de castrat !

- Bonjour Monsieur Wérys.

- Monsieur Sach, quelle bonne nouvelle, nous pensions précisément à vous et au temps qui passe.

J'ai repris de l'aplomb.

- Transmission de pensée Monsieur Wérys. Télépathie Monsieur Wérys, télépathie, nous avons vraisemblablement des rapports tellement forts que peu chaut la distance. Pour preuve, vous êtes à Milan et moi à Cologne. Je vous rassure immédiatement, je ne vous fais pas suivre. C'est mon bras droit, Mitchel qui revient de Milan et qui m'a signalé vous avoir incidemment rencontrés vous et Monsieur Piette. Il m'a précisé qu'il vous avait invités pour un petit café et que c'est ainsi qu'il avait appris que vous étiez à l'hôtel.

- Je me suis permis de vérifier, sans plus. Homme précieux et consciencieux que ce brave Mitchel, n'est-ce-pas ?

- Comme vous dites et qui plus est étonnant linguiste et parfait gentleman un peu trop réservé tout de même, si vous me le permettez.

Jouons le jeu et attendons la suite.

- Dites-moi, vous êtes à Milan pour combien de jours encore ?

- Monsieur Piette et moi terminons une affaire et une ultime visite. Dès demain, nous embarquerons pour Londres par le vol Alitalia aux environs de 19 heures, je pense. Vous savez tout.

- Excellent, je serai à Londres dès ce soir pour régler une affaire. Je vous recontacterai dès votre arrivée à votre hôtel, qui sera ?

C'est malin d'avoir balancé Londres, j'aurais dû dire Bologne ou Rome ou Paris ou tout simplement Bruxelles. J'ai manifestement manqué de lucidité. Ronan lance le turbo sur internet, vite plus vite. Il me montre le Mondian Hôtel.

- Nous serons au Mondian Hôtel aux environs de 22 heures 30.

- D'accord, à bientôt.

- Excusez-moi, on m'appelle, je dois vous quitter. À très bientôt Herr Sach.

Ronan me lance ;

- Alitalia 18 heures 55 arrivée à Londres vers 21 heures ok et Mondian Hôtel ok, sauvés ! On descend, j'ai faim !

Je préviens le patron tandis que Ronan sonne à Marco qui va nous rejoindre. Sacré retournement de situation auquel nous allons devoir faire face.

Le boss a été cordial et n'a manifesté aucune mauvaise humeur. Tout au plus m'a-t-il demandé pourquoi j'avais choisi Londres. Ma réponse fut simple, j'ai simplement dit que je ne savais pas. Nous terminons à l'arrivée de Marco. Il s'installe et bizarrement il refuse que nous lui offrions le petit-déjeuner. Tout au plus, il accepte une tasse de café. Nous lui relatons de manière circonstanciée la teneur de la communication avec Sach. Marco paraît être contrarié. De fait il nous en fait part et ajoute :

- Dans notre conversation avec Mitchel, je ne me souviens pas qu'il ait fait mention d'un passage à Londres. Or, c'est un des bras droits de Sach et, immanquablement, il l'accompagnera. Je ne mets pas en doute que Mitchel ait mis cartes sur table. Dès lors il s'agit, soit d'un « rendez-vous » de dernière minute, soit alors, ce qui est beaucoup plus inquiétant : il s'agit de tenter de vous piéger. En effet, c'est vous qui avez précisé Londres et ce de façon purement instinctive et lui a tout bonnement réagi. Je suis persuadé que quelle qu'eut été votre « destination » il aurait embrayé de la même manière.

Marco, sacré Marco il possède une exceptionnelle faculté d'analyse. Je n'avais pas pensé du tout à cette éventualité. Ronan de même car il adresse à Marco des félicitations pour ses remarquables déductions. Marco, très modestement, ajoute :

- Mes amis, je suis en recul, vous êtes le nez sur le tableau. C'est normal. Je suis persuadé que vous auriez émis les mêmes réserves dans le cas contraire.

Ce type est formidable, quelle classe ! Je réfléchis à haute voix.

- Nous n'avons aucun contact à Londres, les insulaires en quelque sorte. Via Eurofaux la mise en place sera trop juste pour qu'un collaborateur nous soit adjoint immédiatement. Nous aurons certes un appui logistique dès notre arrivée, ce qui ne sera déjà pas négligeable. Et puis on verra, nous nous référerons, Ronan et moi, à notre article préféré *« tire ton plan »* c'est en fait notre article 15. L'un de nous prononce ce numéro d'article et tout est compris. Marco subitement s'exclame :

- Finalement pourquoi ne vous accompagnerais-je pas ? Je connais tout le dossier, je travaille sur cette affaire depuis le début. J'en connais les ramifications. Je serais votre contact privilégié. Vous avec Sach et moi à Eurofaux, dès mon arrivée, et j'aviserai la suite en fonction des événements. Qu'en pensez-vous ? Génial non ?

- Ce serait, en effet, formidable mais cela ne dépend pas de nous ni de toi. La décision incombe à nos autorités. Je sollicite mon patron, toi le tien et *« alea jacta est »*. On fait comme ça ?

Nos patrons respectifs sont parfaitement d'accord et ont l'aval de leur ministre. C'est fou parfois comme les choses s'arrangent à vitesse VV'. Le FBI en filigrane pèse évidemment sur les décisions. Nos directeurs se chargent d'aviser leur collègue londonien d'Eurofaux. Ça avance, ça avance.

On accompagne Marco à l'aéroport de Milan. Son avion décolle vers 08 heures et il atterrira à Londres peu après 09 heures. Notre ami bénéficiera d'un peu de temps afin de mettre en place tous les contacts qui auront été désignés. Il s'agira de faire preuve de justesse et d'une discrétion absolue.

Marco est l'homme de la situation, d'autant plus qu'il se débrouille en anglais. Nous ne pouvons réprimer un petit pincement de cœur lors de son embarquement. C'est totalement idiot d'autant plus que, dès ce soir, nous le retrouverons à l'hôtel. Son service a obtenu une chambre au même étage que le nôtre. Je me questionne quant aux renseignements, on ne peut plus précis, que j'ai communiqués à Sach. Je pense qu'il serait raisonnable d'anticiper notre départ afin d'éviter une éventuelle surveillance organisée par Sach à l'arrivée de l'avion de 21 heures. J'en discute avec Ronan, lequel avoue ne pas y avoir pensé. Il est totalement de mon avis et s'inquiète de la possibilité de modifier le départ.

- Parfait Jérémy, bien nous en a pris de réserver une place dans un vol régulier. Tout est arrangé, nous décollerons à 14 heures 55 et arriverons vers 16 heures. Que du bonheur cette complicité qui nous lie telle des frères quasi jumeaux.

Londres – Esor-Mary

Atterrissage à 16 heures 05, vol sans incident, même pas du brouillard sur Londres. Eléments de bon augure, Ronan et moi sommes sereins dans le taxi qui nous emmène à l'hôtel. Nous n'échangeons pas un mot jusqu'à l'accueil du Mondian Hôtel.

- Fichtre ce n'est pas rien ! S'exclame Ronan.

C'est lui qui a choisi cet hôtel, non seulement en hâte mais encore en s'assurant du standing que nous devons assurer face au Docteur Sach. Nonobstant il est surpris par le faste de cet établissement. Rien de neuf, il a réagi de même à Cologne. Peut-être en paraissant un peu moins « ébloui ». Personnellement, je suis également sous le charme, le hall grandiose est garni de tapisseries, des fauteuils, canapés et chaises Chesterfield garnissent cet espace flanqué de tables basses en acajou avec incrustations. Une armée de personnel est au service de la clientèle, des portiers, bagagistes, groom d'ascenseur, du personnel de réception multilingue. Nous sommes reçus par un concierge en livrée qui satisfait immédiatement aux formalités, durant lesquelles nos bagages sont emportés. Notre carte d'accès en poche il nous invite à nous rendre au bar où un rafraichissement nous sera servi. Le bar est à l'avenant de ce que nous avons découvert jusqu'à présent. Il me semble qu'ici, tout particulièrement, la personne responsable de la décoration a mis l'accent sur des pièces anciennes de l'art anglo-saxon.

Je ne suis guère amateur mais je reconnais un meuble que possédait une tante, celui-ci est en meilleur état. Cette superbe « grande commode », avec lingère d'époque victorienne, deux corps en acajou avec entrée de serrure en ivoire ne saurait être qu'authentique, vu l'endroit. Elle vaut une fortune en regard de ce que ma cousine a déjà obtenu de la vente de celle de sa maman. Interruption de mes considérations purement mercantiles par l'arrivée de Marco.

- Bonjour les amis, j'étais persuadé de vous trouver ici au bar. J'étais impatient de vous revoir depuis le temps que nous ne nous sommes plus rencontrés.

Nous nous installons dans un petit salon à l'abri des regards. Sourire aux lèvres, Marco nous fait part de ses récentes découvertes.

- Herr Sach voyage en compagnie de sa petite-fille et de Mitchel. Ils occupent deux suites au Sofitel London St James, 6 Waterloo Place, Westminster. Lors de son appel téléphonique, Sach vous a signalé qu'il serait à Londres dès le soir de votre communication pour régler une affaire. Tous trois sont arrivés hier en fin de soirée par British Airway, en première classe, venant de Lyon. À l'aéroport une Bentley, en location, les attendait. C'est Mitchel qui a pris le volant et ils se sont immédiatement rendus au Sofitel. Ce soir, un taxi typiquement londonien, quoi de plus normal, plaque LII523ES nous attendra à 19 heures précises devant l'hôtel. Nous serons amenés à rencontrer le patron des services du grand Londres. Je pense ne rien avoir oublié.

Je me répète et ce n'est certainement pas la dernière fois. Marco est clair net et précis, comme toujours.

Nous étions tellement suspendus à ses lèvres que nous n'avons même pas pensé à goûter le monstrueux cocktail offert par la maison. C'est Ronan, le premier qui claque de la langue, il semble apprécier le mélange indéfini que contient notre verre. Il prend ensuite la parole.

- C'est toi qui les as pris en filoche ?

- Du tout, ce sont des collègues londoniens. Les services avaient mis le paquet, à l'aéroport, en surveillance, deux couples avec bagages et pour la filature trois voitures, deux taxis avec, à leur bord, le chauffeur plus deux hommes et, enfin, deux motos. Que de royalties, n'oublions pas que nous sommes en Grande-Bretagne *« God save the Queen » et « Send us victorius »*.

- Je suis heureux que tu sois là ce soir. Nous ne sommes pas, Jérémy et moi, suffisamment au fait de cette langue qui se prononce avec une pomme de terre chaude en bouche.

Marco ne peut s'empêcher de s'esclaffer. Nous découvrons cette expression de relâchement total chez lui. Jusqu'à présent il s'était contenté de sourire. C'est la première fois, c'est étonnant et indéfinissable on pourrait dire qu'il rit comme une baleine, qu'il se marre comme un bossu : non, ce n'est pas encore ça, ce serait plutôt qu'il se fait péter la sous-ventrière. C'est dantesque et ne correspond pas à son personnage. Ronan et moi on ne peut se retenir, on rigole comme des fous, à gorge déployée. Au risque de s'étouffer, nous nous devons tous d'arrêter si nous voulons éviter l'ambulance et la bonbonne à oxygène. Les yeux perlent, le nez dégouline, la gorge est sensible. Tout nous empêche de reprendre la parole. Bien qu'à l'écart, nous sentons des regards peser sur nous.

Nous venons de péter un câble, comme discrétion on fait mieux. D'ailleurs un serveur en livrée s'approche de nous l'œil interrogateur.

- *Everything goes as you want dear sirs ?* (Tout va comme vous voulez chers Messieurs ?).

On s'est fait remarquer jusqu'au bar. C'est fou ! Marco s'empresse de répondre.

- *No concern my dear. You can put back us the same thing, please.*

Nous avons compris, car selon l'expression de Ronan, Marco ne parle pas avec patate chaude dans la bouche. Il a répondu qu'il n'y avait aucun souci et a réclamé les mêmes consommations. Après cet intermède hilarant et bénéfique, malgré tout, il serait temps que nous regagnions nos chambres en attendant le rendez-vous.

Installés confortablement dans le salon, nous attendons Marco. Il arrive dans le hall et nous fait signe. Le taxi est probablement déjà sur place. On y va. Curieuse impression que de se retrouver sur la bande de gauche, je ne m'habituerai vraisemblablement jamais à cette conduite. Je suis toujours aussi mal à l'aise lorsque je prends un taxi londonien. Le chauffeur nous prie de descendre, nous sommes arrivés. Étonnamment ce n'est pas Scotland Yard, tous trois nous manifestons notre surprise. Marco effectue une dernière vérification de l'adresse qui lui a été mentionnée.

- Nous sommes au bon l'endroit. Allons-y.

Le bâtiment devant lequel nous nous trouvons ne présente aucune particularité. Il est cossu, comprend trois étages et l'accès fait plutôt penser à un immeuble à appartements, les fenêtres ne sont d'ailleurs pas garnies de manière uniforme.

Le parlophone dont l'état ferait penser qu'il date de l'ère de Carl Lindstrom, affiche plusieurs sonnettes à la taille identique. Le tout affiche une banalité désarmante. Nous repérons la sonnette, sur laquelle figure le nom du contact désigné comme étant le patron des services du grand Londres et dont la position laisse supposer que 'les bureaux' sont installés au premier-droit. Ronan actionne l'appel.

- Oui, entrez et installez-vous dans l'ascenseur droit.

Signale une voix nasillarde en un français approximatif. Nous étions attendus mais, en sus, notre arrivée était surveillée. Ascenseur droit, les portes se referment et comme nous l'avions remarqué il y a bien trois étages dans cet immeuble. Ronan nous interroge du regard, le doigt sur le bouton du premier étage. De fait, il ne nous a pas été signalé où nous devions nous rendre. C'est parti, Ronan signale qu'il n'a rien à voir dans ce mouvement en haussant les épaules et en fronçant les sourcils. L'ascenseur ne s'arrête ni au premier, ni au deuxième. Il poursuit jusqu'au troisième étage et s'immobilise. Cependant les portes ne s'ouvrent pas, après quelques instants un claquement et l'ascenseur se met de nouveau en mouvement. Nous montons encore d'un étage, immobilisation, portes toujours fermées. Cette fois Ronan actionne le bouton ouverture, sans succès. Nous ressentons un mouvement, un balancement, ça y, on se déplace latéralement et puis un nouvel arrêt. Enfin les portes s'ouvrent. Nous débarquons dans un hall poussiéreux garni d'un escalier en fer datant certainement du début du XIXème. Une voix résonne, la même que précédemment.

- Merci de descendre, nous vous attendons.

Cela devient digne des films de séries « B » des années 50. Nous nous engageons sur un palier, visiblement pas en meilleur état que le hall-ascenseur. Nous sommes reçus par une superbe jeune dame. Des étoiles, des milliers d'étoiles jaillissent, c'est elle, la femme de mes rêves. Celle qui, dans mon rêve, était assise à mes côtés tandis que j'étais un touriste sur un bateau à Amsterdam. Les mêmes cheveux noir geai, le même chemisier au col légèrement échancré laissant apparaître la naissance de ses seins. Malheureusement ici, dans la vie réelle, elle ne me tient pas la main. Jamais je n'aurais imaginé que la voix puisse être celle d'une aussi jolie personne. Nous la suivons bien volontiers en admirant cette image qui nous fait oublier que nous traversons le hall d'une usine, apparemment désaffectée. Une porte, le mirage disparaît et nous invite à entrer. Changement de décors, après ce que nous venons de traverser, les lieux semblent être aseptisés. Il y règne une clarté qui semble être naturelle, béton lissé au sol, bureaux et tables de travail paraissant toutes neuves, écrans surdimensionnés, ordinateurs et air conditionné. Bizarrement, seules trois personnes se trouvent sur place. Toutes nous saluent discrètement. Une nouvelle porte, un genre de salle d'attente, un monsieur très distingué se tient à l'entrebâillement d'une porte. Notre « hôtesse » qui, nous suivait depuis l'entrée dans la salle, malheureusement nous quitte. Le monsieur d'une soixantaine d'années, bien bel homme d'ailleurs, nous invite à entrer et à nous installer autour d'une table de conférence en verre comportant huit places. Les sièges sont très confortables et tous donnent sur une immense fenêtre avec une superbe vue sur un parc abondamment fleuri et arboré.

Nous ne manquons pas de relever que de nombreux diplômes tapissent les murs. De plus, une maxime signée JF Kennedy trône au centre du mur au dessus d'un vaste bureau jonché de dossiers. Je la traduis comme tel :
« *On ne savait pas que c'était impossible. Alors on l'a fait* ».
Dans un français presque parfait, notre hôte s'adresse à nous :
- Permettez-moi de me présenter, je suis Michaël Dalcqow et le directeur de cette petite entité que vous venez de traverser. Vous vous attendiez vraisemblablement à vous retrouver à Scotland Yard ou dans des bâtiments de Thames House. En fait vous êtes au sein d'une section du MI-5, la sous-direction 'SIRA', d'Eurofaux. Nous sommes uniquement responsables de la collecte du renseignement. J'ai parcouru vos fiches et vous demande de simplement me rappeler vos prénoms. Ce sera plus convivial pour la suite. Je vous prierai de m'appeler également par mon prénom.

Nous nous présentons tel que demandé par le directeur et échangeons quelques propos courtois après quoi Monsieur Dalcqow ne manque pas de nous proposer un rafraichissement. Nos commandes d'eau et de café le surprennent. Il décroche le combiné proche de lui et réclame nos consommations. Nouvelle apparition céleste qui dépose verres et tasse devant chacun de nous. Je hume son odeur, son parfum, je reste muet de béatitude. Marco, lui, se montre encore sous un jour nouveau, décidemment, il devient de plus en plus surprenant. Les yeux pétillants de malice et d'une voix suave, il s'adresse, en anglais, bien évidemment, à l'enchanteresse de mes rêves passés et futurs.

En substance, il lui demande son prénom, la félicite de son choix dans son habillement, lui fait remarquer la beauté et la malice qui se reflètent dans ses yeux. Bref, il drague. L'attitude de Marco nous met quelque peu mal à l'aise, Ronan et moi. La jeune dame s'installe à nos côté. Elle s'adresse à nous en français, s'il vous plait, tout en fixant plus particulièrement Marco, sans cependant marquer une quelconque animosité.

- Messieurs, je me présente à mon tour. Je me nomme Esor-Mary Éddot, je suis directrice adjointe de cette section et, tout comme Monsieur Dalcqow, je vous connais par les fiches de renseignements que vos autorités nous ont transmises. Je vous prierai également de me rappeler vos prénoms, quant à moi c'est Esor-Mary.

Nous obtempérons bien volontiers, en ponctuant d'un sourire charmeur, s'il en est. Marco tient à se faire pardonner car il précise :

- Pardonnez-moi Esor-Mary. Je vous assure qu'il n'entrait pas dans mes intentions de vous blesser ou de me montrer discourtois. Mes propos ont trahi mes origines, que habituellement je maîtrise parfaitement.

Je m'attendais à ce qu'il ajoute que par tant de beauté, il avait été bouleversé… Le directeur intervient et sollicite quelques précisions. Marco, comme d'habitude, est passé maître dans cet exercice. Il termine en me passant la parole pour clôturer. En fait, il me suffit d'un rien pour conclure.

- Nous avons rendez-vous avec Herr Sach ce soir. Les modalités n'ont pas encore été fixées car, en fait, nous sommes supposés ne pas être encore arrivés à Londres.

Raison pour laquelle nous avons volontairement omis, sous un prétexte fallacieux, de présenter nos passeports à la réception. Nous avons promis de les déposer dès ce soir, peu après l'heure initialement prévue de notre arrivée à l'hôtel, soit vers 22 heures.
Michaël Dalcqow inventorie les différentes dispositions qu'il compte prendre. Les moyens qui seront mis en œuvre sont impressionnants et ce, dans le seul but d'assurer notre sécurité. Ronan semble cependant s'inquiéter et, en effet pose une question :
- Je suppose que vous avez pris des mesures afin de prévoir l'éventualité d'une contre filature programmée par l'équipe de Sach, dans le cas où nous serions encore embarqués.
- Certainement cher Ronan. Deux analystes se sont penchés sur toutes les éventualités imaginables. Sauf, celle où vous seriez plongés dans un sous-marin de poche en mouillage dans la Tamise.
Il tape amicalement l'épaule de Ronan et sourit. Ronan sourit à son tour et, surprise, il ne se renfrogne pas. Esor-Mary cesse de prendre des notes et sourit également. Finalement tout le monde s'amuse de cette plaisanterie à l'humour bien britannique. Nous nous serrons la main et prenons congé. Esor-Mary nous dirige vers une sortie qui aboutit sur une autre artère. Je ne manque pas d'imprimer dans un coin de mon cerveau cette vision de rêve : Esor-Mary, Esor-Mary que tu es belle. Ces images seront ancrées indéfiniment dans mon pauvre cerveau pour magnifier mes vieux jours. Un véhicule, complètement occulté à l'arrière, nous attend. Un chauffeur nous invite à prendre place.

Plus rapidement qu'à l'aller on est, tous les trois, déposés dans le parking de l'hôtel. Le chauffeur, d'un signe de main, nous salue et quitte les lieux.

Deux individus, sortis de nulle part, nous braquent avec des armes automatiques type kalachnikov. Instinctivement, nous levons les mains sans attendre une quelconque injonction qui, d'ailleurs, tarde à venir. On ne peut s'empêcher de penser à Sach et à ses coffres contenant ce type d'arme. De la main, un des deux hommes nous donne l'ordre de nous baisser. On se met à genoux. Nous n'avons pas encore prononcé une parole, il est impératif de reprendre rapidement nos esprits. Je connais parfaitement Ronan et il me connaît également. Par contre, nous ne pouvons appréhender les réactions de Marco dans ces circonstances extrêmement tendues. Apparemment, ils attendent du « renfort ». La partie deviendra bien plus critique pour nous. Ces gars sont prudents, ils se tiennent à bonne distance, confiants qu'ils sont dans leur armement lourd, à juste titre d'ailleurs. Je me retourne quelque peu et je relève ce que je pensais : les pieds de mes compagnons sont en position d'attaque, prêts à bondir au moindre relâchement de nos agresseurs. La porte de l'ascenseur s'ouvre, une dame et un enfant sortent. La dame prend conscience de la scène et pousse un hurlement d'autant plus strident de par la résonnance des lieux. Un des deux individus, le plus grand, se retourne. Son arme n'est plus directement pointée sur nous. Ronan est le plus proche, il lui plonge dans les jambes. Le second individu se tourne instinctivement vers son complice. Grossière erreur car Marco et moi sommes dessus. Une rafale retentit, il pleut des morceaux de plafond.

Bizarrement notre agresseur ne bouge plus, du sang recouvre rapidement le sol, un morceau de cervelle se trouve par terre. Il est définitivement hors d'état. Ronan lutte encore. Marco se relève et lui prête main forte. Des coups de feu retentissent de nouveau. Ronan tente d'immobiliser son agresseur par un étranglement arrière. Il éprouve des difficultés bien que l'individu soit légèrement sonné par sa chute. Marco lui assène un coup de poing au niveau du plexus. L'homme s'étouffe mais, par un mouvement surprenant, il dégage la main retenant son arme et tire de nouveau une rafale. Marco, tout en fracassant le crâne du grand escogriffe avec la crosse de la kalachnikov, s'écrie :

- Nome di Dio, merde ! Je suis touché.

Ronan lâche l'individu et se dégage. Ce second agresseur a le visage complètement ensanglanté. Son compte est bon, il ne fait aucun doute, il est mort. Je reprends conscience et fais le bilan, deux morts jonchent le sol. Le plus petit, lors de sa chute, s'est brisé la nuque en percutant une borne en bêton et son crâne a éclaté. Le plus grand n'a pas résisté au contact brutal de la crosse de son arme. À quoi tient la vie, finalement nous ne sommes rien. Marco s'est redressé, mais il titube légèrement, un filet de sang souille sa chemise. Il tente de nous rassurer.

- Pas d'inquiétude les amis, la blessure est purement superficielle, une éraflure en quelque sorte. Ça brûle un peu.

Il s'écroule sur le sol. Ronan s'inquiète de la dame et de l'enfant. Je prends le pouls de Marco qui bat la chamade, il respire cependant normalement. Sa blessure n'est pas superficielle du tout, il est touché au niveau de l'abdomen. Nous devons rapidement nous mettre à l'abri.

N'oublions pas que les deux sbires semblaient attendre du renfort. Ronan exhibe sa carte de service et invite la dame à quitter les lieux, laquelle est tout heureuse de s'enfuir à bord de son véhicule. Ronan et moi, on s'interroge quant aux mesures à prendre. De la discussion naît la réflexion et de la réflexion naît l'action. Par conséquent : action ! On va évacuer vers le moins 4 où s'étendent les caves et les services techniques. Je téléphone à Michaël Dalcqow, c'est Esor-Mary qui décroche. Je lui narre notre situation critique en style télégraphique. Non seulement elle est superbe mais aussi très intelligente, elle ne sollicite aucune autre explication et signale qu'elle se charge de tout. Marco est un peu lourd, on ahane, on sue et enfin nous sommes dans l'ascenseur.

Arrivés dans les caves, nous avons pris la précaution de renvoyer l'ascenseur au second étage. Marco est de plus en plus lourd, dans le couloir une porte ouverte laisse apparaître ce qui ressemble étrangement à une infirmerie. Bingo ! C'est une infirmerie avec une armoire contenant des fioles et surtout un divan d'examen à hauteur fixe. Allez encore un effort et Marco est allongé, toujours inconscient Nous avions comprimé la blessure abdominale avec nos mouchoirs, maintenant nous disposons d'un matériel infirmier qui nous semble correct. On joue, Ronan et moi, au docteur. On découpe la chemise puis désinfection de la plaie, pansement de fortune, bandage et sparadrap. Enfin, terminé ! Je compose le numéro de téléphone du bureau de Michaël Dalcqow, en vain : pas de réseau dans ce bunker. Un bruit, les portes de l'ascenseur s'ouvrent, des pas feutrés, je ferme la porte de l'infirmerie à clé.

Un signe à Ronan pour qu'il m'aide à placer le petit bureau contre la porte, garant peu fiable de notre sécurité, je le concède. Je me réfugie derrière cette réflexion : tout obstacle renforce la détermination. Je suis déterminé, nous sommes déterminés à affronter un siège. Nous sommes les courageux défenseurs du Fort Alamo, nous péririons s'il le faut. On ne l'espère pas, restons sérieux.
Les « envahisseurs » ouvrent systématiquement toutes les portes durant leur approche. Bientôt ce sera la nôtre, je me fais le serment de ne jamais plus sortir sans arme, quoi que je fasse et où que je sois. Du moins si on s'en sort. Une rafale, aie, aie ! Certainement une porte qui résistait. Des cris, des injonctions encore des coups de feu. Cette fois c'est la cavalerie, nous restons silencieux. Des appels nous parviennent en écho :

- Jérémy, Ronan, où êtes-vous ? C'est Michaël, répondez ?

Ronan fait mine de déplacer le bureau, d'un geste, je l'interromps. Je lui chuchote à l'oreille d'attendre afin qu'on s'assure que c'est bien Michaël.

- Jérémy, Ronan, où êtes-vous ? C'est Esor-Mary Éddot, répondez bon sang !

Elle a accompagné la mission de sauvetage. Je l'aime, je veux l'épouser. On crie que nous sommes à l'infirmerie, porte à droite dans le couloir, que nous allons sortir.

Michaël et Esor-Mary devancent un véritable escadron, un escadron j'exagère peut-être un peu ou si peu. Bref, il y a du monde armé et blindé. Quatre hommes tout de blanc vêtus et portant un brancard, dépassent le personnel armé, on leur signale que Marco est sur le « lit » à l'intérieur. Tout se passe très vite pour tout le monde, y compris l'évacuation de l'escadron.

On croise une équipe de « nettoyage ». Michaël signale que dans trente à quarante minutes il n'existera plus de traces des événements y compris au niveau des divers impacts. Chapeau pour l'organisation, jamais pareille efficacité n'aurait vu le jour chez nous. Michaël nous rassure, il ne s'est rien passé. La dame a été identifiée et parfaitement briefée, il s'agit d'un membre du personnel de l'hôtel. Elle a bien compris, quant à l'enfant, il n'est âgé que de 18 mois. Tout est sous contrôle, secret défense, sécurité nationale oblige. Nous sommes pris en charge dans un véhicule sans vitres à l'arrière. C'est un véritable salon, quatre places se font face. Michaël propose que nous regagnions ses bureaux afin de réfléchir aux mesures à prendre. Sur le chemin du retour, des questions me taraudent.

- C'est bien tout cela, mais qui étaient ces hommes ? D'où venaient-ils ?

- Beaucoup trop tôt pour obtenir des réponses à ces questions mes chers amis. Les cadavres parleront peut-être. La balle est dans le camp de la scientifique. Patience.

Il a beau dire, c'est tout de même Ronan et moi qui avons failli devenir des cadavres.

- En ce qui concerne Marco, ce n'est pas grave, la balle a traversé son flanc gauche sans atteindre un organe vital. C'est la douce voix de la femme de ma vie qui m'annonce cette excellente nouvelle. Qu'entendre d'autre de cette sublime fée ? Elle croise ses jambes idylliques, découvrant ainsi quelque peu ses cuisses. Je suis littéralement scotché. Je l'entends qui précise :

- Il n'a pas de fièvre, les analyses et les examens médicaux sont normaux. Dans deux jours, il quittera l'hôpital, il râle déjà : c'est bon signe.
Je n'ai pratiquement rien compris, trop belle, je suis follement amoureux. Je n'y tiens plus, je me surprends à lui demander, avec un trémolo dans la voix.
- Voulez-vous m'épouser ?
Tout le monde me regarde, je m'attends à des éclats de rire, que nenni : l'atmosphère devient pesante. L'étonnement de l'assemblée est à son comble. Esor-Mary me répond sans émotion particulière, un sourire au coin des lèvres.
- Pas avant de vous connaître un tant soit peu, Jérémy.
Ronan et Michaël fixent le plafond du véhicule. Je suis certain qu'ils voudraient être ailleurs. Subitement une énorme gêne m'envahit. Qu'ai-je fait ? Qu'est-ce qui vient de me prendre ? Qu'ai-je osé dire ? Je vaux bien l'ami Marco, dont les paroles de tout à l'heure me semblaient déplacées. Cette femme me rend fou, c'est exactement cela, je deviens fou, fou d'elle.

Des discussions dans le bureau de Michaël, il est finalement décidé que nous devrions regagner notre hôtel et attendre l'appel de Sach, pour autant qu'il téléphone. Michaël diffuse des instructions afin que toutes les vérifications sécuritaires soient effectuées préalablement à notre retour dans la chambre. Déjà 23 heures 30, aucune nouvelle de Herr Sach. C'est réellement inquiétant. Cela signifierait-il que nous sommes démasqués ? Que nos assaillants avaient pour mission de nous enlever soit, pire encore, de nous tuer ? C'est à ce moment de nos réflexions que le téléphone de la chambre sonne.

Tout à coup je deviens fébrile, je fais signe à Ronan de décrocher. Si c'est Sach, n'oublions que Ronan est mon secrétaire et ça m'arrange.

- Allo ! Oui ! Attends, je branche le haut parleur.
- C'est Michaël, me souffle Ronan.
- Merci j'avais cru comprendre.
- Bonsoir les amis, les deux agresseurs viennent d'être identifiés. Il s'agit de deux ressortissants serbes, en séjour illégal et connus comme faisant partie du grand banditisme local serbe. C'est clair, ils ne vous voulaient pas que du bien. Quant au commanditaire, nous sommes en attente de l'analyse d'un Iphone que possédait l'un d'eux.
- Ok et, comme tu le constates, nous sommes toujours en attente d'un appel.
- C'est inquiétant cher Jérémy, cela laisse supposer que vous êtes 'brûlés' et qu'il serait raisonnable de rentrer chez vous.
- Jérémy et moi, on y pense sérieusement mais avec amertume, tu t'en doutes.
- On serait déçu à moins, après tous les efforts que vous avez consentis.

Mon Smartphone sonne, je décroche, c'est Mitchel. Je fais signe à Ronan de couper le haut parleur et d'une vois plus forte que d'habitude, je réponds :

- Salut Mitchel, que se passe-t-il ? Nous sommes contrariés il est quasi minuit et aucune nouvelle de Sach.

Sciemment, je n'ajoute aucune autre remarque.

- La fusillade de cet après-midi a changé tous ses plans.

Je l'interromps.

- Comment ! Vous êtes déjà au courant ?

- Effectivement, concours de circonstances c'est Magda qui nous a prévenus. Laisse-moi continuer, je te prie. Sach a envoyé Magda à votre hôtel afin de déposer un courrier à la réception. Elle s'est engagée dans le parking et faute d'emplacements disponibles, elle est descendue jusqu'au moins trois. C'est à cet instant qu'elle a entendu des coups de feu et qu'elle a formellement reconnu Ronan, alors qu'il plongeait sur un homme armé. Elle a précipitamment quitté les lieux et est revenue à notre hôtel. Nous sommes au courant de votre agression et Sach a décidé que nous rentrions à Cologne. Nous sommes à l'aéroport et nous allons bientôt décoller. Je suppose que Sach vous recontactera, rien n'est cependant moins sûr. Je ne crois pas un mot des explications de Magda. Je pense sérieusement qu'elle était au parking pour diriger l'agression. Bref, à suivre. Vous n'êtes pas blessés, j'espère ?

- Ronan et moi, ça va. Marco a pris une balle, mais ce n'est pas trop grave. Il sera rapidement sur pieds.

- Sorry, les gars on va bientôt décoller. À plus. Je vous tiens au courant.

C'est une demi bonne nouvelle en soi. Ronan fait le compte rendu à Michaël qui signale qu'il est quelque peu rassuré. Nous décidons une conférence téléphonique avec Michaël et Esor-Mary Éddot, durant laquelle il est décidé d'un communiqué de presse que nous rédigeons collégialement comme suit.

Hier en début de soirée, deux touristes belges ont été agressés dans le parking d'un hôtel de la capitale. Des armes ont été utilisées, les agresseurs ont été mis en fuite par l'arrivée de deux gardiens qui venaient prendre leur service. Heureusement, on ne déplore aucun blessé.

D'autant plus qu'il s'agissait vraisemblablement d'armes factices. Aucune douille et aucun impact n'ont été retrouvés sur place. Les deux touristes avaient vraisemblablement été repérés par les petits malfrats alors qu'ils venaient de faire de nombreux achats dans des boutiques chics. Les recherches pour identifier les auteurs sont toujours en cours.

- Je pense que ça va passer. Je demanderai au rédac chef de prévoir un entrefilet avec titre en gras, en première page et qu'il ajoute ses considérations sur l'insécurité ambiante mais aussi sur l'action téméraire des deux gardiens « fantômes ». Ok ?

- C'est parfait pour nous, cela va éteindre, on l'espère, les éventuelles inquiétudes de Sach pour autant qu'il ne soit pas le commanditaire de cet enlèvement, comme le soupçonne Mitchel. C'est un banal fait divers puisqu'il n'y a pas de victime et que les agresseurs sont décrits, entre les lignes, comme de pauvres amateurs.

- Vous allez rentrer sur Milan dès demain ?

- Bien entendu, le plus vite sera le mieux. On se tient au courant car nous sommes tous mêlés à cette histoire. Et comme l'a dit Mitchel : à plus. Je préviens mon patron avant notre départ.

C'est Esor-Mary qui prend la suite. J'en suis plus que ravi.

- N'oubliez pas que vous êtes des cibles potentielles. Deux Serbes avec des kalachnikovs qui planquent pour vous attendre, ce n'est pas rien. Vous en êtes certes conscients, nonobstant, je me permets de vous recommander la plus grande prudence et ici et à Milan. Jérémy, je ne voudrais pas rater le « gastronomique » que vous m'avez promis. À très bientôt, j'espère.

J'ai rien promis du tout, c'est le paradis car c'est elle qui m'incite à l'inviter. Subitement me voici définitivement sorti de ma dystopie qui m'empêchait d'atteindre le bonheur. Mon gars c'est dans la poche, tu as marqué des points par ton outrecuidance. Finalement, je me félicite de mon attitude. Je vais bien dormir. Demain prévenir le patron et dès notre arrivée à Milan, rédaction, toujours rédaction. Quand je pense qu'en principe la procédure est orale et qu'elle est en fait abominablement écrite. Quelle perte de temps, d'autant plus qu'il sera nécessaire de répondre aux prescrits de la loi et de rédiger une synthèse. Dans les films, ça ne se passe pas comme ça ! Fait ch… ! Je dors, point barre !

Trois sonneries et Omer décroche. Or, il n'est que 07 heures 20. J'avais souhaité que ce soit le boss. Il est toujours très tôt, je le soupçonne de dormir au bureau.

- Ouiii, Commissaire.

C'en est déjà trop. Omer et sa voix suave, cela en devient insupportable. Il toise tout le monde et se croit indispensable. Je dois à la vérité de reconnaître qu'il est efficace mais quand il le veut et avec qui il veut.

- Monsieur le Directeur est-il intra muros ?

- Certainement, je vous le passe, répond-il en appuyant lourdement sur le « ai ».

Je l'étranglerai un jour.

- Jérémy, quel honneur de vous entendre.

Faut pas exagérer et déjà sans savoir. J'inspire et, *in fine*, je prends note qu'il m'a appelé par mon prénom, cela deviendrait-il une habitude ?

- Bonjour patron. Vous allez-bien ?

Qu'est-ce-qui me prend, jamais je ne m'adresse à lui en ces termes. D'un naturel parfait, il me répond :

- Vous aussi j'espère, tout du moins après ce que je viens de lire dans le quotidien anglais *« the Daily Telegraph »* pour être plus précis.
Tout, il sait tout. Comment a-t-il pu mettre en relation ce fait divers avec nous ?
- C'est précisément pour vous relater les derniers événements que je vous téléphone.
Précision idiote et inutile, je poursuis avec parfois une interruption afin de m'assurer que le boss est toujours à l'écoute car il ne m'a pas interrompu une seule fois durant la relation des événements.
- Je suis complètement rassuré en ce qui vous concerne. Je tiens à ce que vous assuriez Monsieur Magisce de ma plus grande sympathie et que vous lui souhaitiez un prompt rétablissement. De même que je contacterai mon ami l'Inspecteur Général de la Division des Finances afin qu'il le félicite pour sa précieuse collaboration et son indéfectible courage. Par contre, je tiens absolument à ce que vous ne vous mettiez pas en péril. Le travail que vous avez effectué jusqu'à présent est remarquable. Au moindre signe d'une nouvelle velléité à votre égard, je vous ordonne de rentrer. Ensemble, nous envisagerons un glissement d'enquête. Ne prenez plus aucun risque, je compte sur vous. Et, tenez-moi, journellement, au courant de l'évolution ou pas de l'enquête. Je charge Omer de verser de l'argent sur le compte d'Italie. Je téléphone au ministre afin qu'il contacte les autorités américaines et italiennes. Je contacte également le directeur du FBI. Courage à vous et à bientôt.
Comme à son habitude, il n'attend pas que je le salue. Il a raccroché. Cette rarissime marque d'estime que vient d'exprimer le Directeur flatte mon ego.

Je relate la conversation à Ronan, tout en lui cachant, par orgueil, mon sentiment de fierté. Mon fidèle ami est tout aussi étonné que moi de cette attention que nous porte le patron. Il s'assure que je lui ai tout dit, tout en s'inquiétant que le boss n'ait proféré aucune remarque. Petit-déjeuner qui aurait pu être empreint de morosité. Du tout, le patron nous a complètement rendu la niaque. Tandis que nous nous servons au buffet, un « Salut les amis » émerge du tintement des assiettes et couverts des personnes qui sont à table.

C'est Marco, frais, beau, rayonnant, impressionnant de force et de détermination. On pose nos assiettes et on ne peut s'empêcher de l'embrasser tellement on l'aime ce gars. Un peu trop démonstratifs que ces gestes de franche amitié au goût de certains convives. Ils semblent, par ailleurs, marquer leur désapprobation après avoir été pertubés dans leur recueillement digne de moines au moment de la prière. On se sert copieusement tous les trois et, bien que la porte en soit fermée, nous nous rendons dans le petit restaurant annexe. Un membre du service nous rejoint et nous annonce que l'accès à cette salle n'est possible que lorsque le restaurant est complet, ce qui n'est pas le cas. Nous ne discutons pas et, de concert, nous exhibons nos cartes de service. Le garçon s'efface et prend soin de refermer la porte derrière lui. Nous nous se regardons et c'est à cet instant que nous mesurons notre gaffe. On vient de se brûler, si ce n'était déjà fait. Décidément notre enthousiasme nous a perdus. Marco interrompt notre introspection.

- *Basta*, on mange les amis et au diable l'avarice et les avaricieux, les remords et les honteux. On se retrouve, on va rentrer en Italie, on ira bien bouffer dans un petit restaurant dont vous me direz des nouvelles. Bon appétit. Vive sa jovialité et que vienne la suite. J'en suis même à adapter à notre situation une citation de Racine, dont je ne me rappelle plus l'origine. Pour le *fun*, juste pour le *fun*, j'en fais part aux amis :

- *Quand on a frôlé la mort, on a bien d'autres soins ;*
Et les remords sont ceux qui nous pèsent le moins.

On rit fort et haut. Nous gagnons le buffet, nous nous servons de viennoiseries et prenons un nouveau café. À table Marco téléphone à l'aéroport afin de réserver trois places pour un vol Londres-Milan le lendemain dans la matinée. C'est à Milan que nous avons découvert une usine de fabrication de faux vêtements, d'huile d'olive et un laboratoire susceptible de fabriquer des médicaments. C'est de Milan que des marchandises on été acheminées jusqu'au port de Gênes. C'est à Milan que tout a été confirmé, c'est de là que tout redémarrera. Nous en sommes convaincus.

Retour à Milan

Atterrissage en temps et en heure, 10 heures et il fait déjà chaud à notre descente d'avion. Ça nous change de Londres. Un véhicule nous attend sur le tarmac. On embarque tous les trois, nous sommes ensuite déposés à notre hôtel tandis que Marco rentre chez lui. On ne se souvenait plus à quel point l'endroit était idéal. L'hôtel de Londres nous paraît, à présent, beaucoup moins chaleureux. Serait-ce le soleil radieux qui éclaire la façade qui nous donne cette impression ? Nous regagnons notre chambre qui nous semble encore plus spacieuse et plus délicate dans sa décoration. Ne pas s'attarder à ce genre de considérations. En principe après 16 heures, Marco doit nous rejoindre au salon du bar pour les dernières informations récoltées par ses collaborateurs. Sonnerie du Smartphone, c'est Mitchel.

- Bonjour Monsieur Wérys, le Docteur Sach tient à vous rencontrer prochainement à Milan. Il possède un bureau sur place et propose une rencontre, au jour et à l'heure de votre choix, dès la semaine prochaine. Je vous contacterai demain pour que vous me précisiez la date. Je vous communiquerai l'adresse de l'endroit quelques heures avant le rendez-vous. À bientôt.

Ronan a entendu la conversation. Il m'épate car il formule une de mes pensées d'hier au petit déjeuner.

- C'est à Milan que tout redémarre, normal ! C'est ici que tout a débuté. Bien je m'active afin de réserver une voiture. Ensuite j'établirai le relevé des frais et j'enverrai la note. Et toi, tu penses au rapport ?

- Non je n'y pensais pas. Merci de me le rappeler et de gâcher mes douces pensées. Esor-Mary, Esor-Mary, c'est terrible, tu sais, je rêve d'elle, même le jour, j'entends sa voix, je ressens avec mes tripes son indescriptible accent. Elle me manque. Je l'aime.

- Ben mon vieux, t'es devenu fou ou quoi ? On travaille ici. On est en danger, on doit continuer notre enquête. Il faut te reprendre.

Que dire d'autre, sinon qu'il a raison, entièrement raison. Je vais m'attaquer au rapport mais, c'est certain, je tenterai de la joindre. Je veux l'entendre, je veux son contact. Je la veux. Ordi ouvert, concentration et le rapport, c'est le travail. Il est 15 heures et j'ai terminé, le temps vient de passer on ne peut plus rapidement. Ronan s'attache à la consultation de la presse internationale. Il remarque que je transmets le rapport. Il m'examine et paraît satisfait de ce qu'il voit. Je ne dois certainement plus avoir mon précédent visage d'amoureux transi. Il estime que je suis, à présent, capable d'enregistrer et d'analyser ce qu'il a à me dire.

- Le standing qui est censé être le nôtre, m'a incité à louer une Maserati Quattroporte Zegna. C'est une édition limitée qui a précisément été présentée au salon de Milan en 2015. Parfaite bagnole qui en jette pour aller chez Sach.

Il attend une réaction qui ne viendra pas. C'est bien, j'attends la suite. Quelque peu déçu, par mon silence qu'il suppose correspondre à un inintérêt, il poursuit :

- *Le Figaro* a relayé l'information de la presse anglaise je te lis l'article.
Violente agression à la Kalachnikov de deux belges, dans un hôtel 5 étoiles de Londres. Deux touristes français attaqués lors de leur rentrée à leur hôtel de Londres. Les faits se sont déroulés au parking privé de l'hôtel, niveau -3. Les deux auteurs porteurs de Kalachnikov, que les autorités prétendent être factices, ont été mis en fuite. Les deux touristes ne sont pas blessés. Notons que, bizarrement, nous n'avons obtenu aucune information quant à l'identité des victimes, tant au niveau des autorités anglaises que françaises. C'est étonnant pour un simple fait divers qui n'a engendré aucune conséquence. Précisons que nos compatriotes louaient une chambre dans un hôtel prestigieux, classé 5 étoiles, où ne se rencontrent que des gens fortunés et/ou importants. Ceci expliquerait peut-être cela.
- Bande de fouille-merde. T'es d'accord avec moi, je suppose ?
Je sors de mon mutisme.
- La bagnole c'est parfait. L'article c'est moins bien. La presse c'est son travail, les journalistes sont payés pour faire du tirage. Tu ne m'as pas parlé de la teinte de la Maserati et d'une seconde location d'un véhicule moins voyant ?
- Exact, j'ai loué une Lancia Ypsilon noire pour nos déplacements journaliers. La Maserati est gris métal.
- Tu es d'une efficacité redoutable mon ami Ronan. Je te félicite. On se change et on descend attendre Marco au salon du bar. Ok ?
- Grand plaisir. Change un peu de disque, tu m'as déjà dit cent fois que j'étais d'une efficacité redoutable.

Il sourit, détendu par les tâches accomplies et par ma reprise de contrôle.

L'ascenseur est indisponible pour cause d'entretien, le suivant n'est qu'à une dizaine de mètres. On décide cependant d'emprunter les escaliers. Arrivés au second étage, la porte d'une chambre s'ouvre précipitamment. Deux mecs venus de nulle part nous entourent et nous poussent violemment à l'intérieur de la chambre. Tandis que nous reprenons notre équilibre avec difficultés, nous subissons une nouvelle poussée fatale. Nous chutons tous deux lourdement sur la moquette d'un salon. Idiotement je me surprends à penser que c'est une suite. Je fais mine de me redresser et reçois instantanément un coup dans les côtes. Ma respiration devient saccadée, mes poumons douloureux. J'entends un cri étouffé, c'est Ronan. Lui, il est debout, maintenu par deux gorilles, son menton pend sur le sternum, il semble inconscient. Toujours au sol sur le ventre, je divague et je revois l'affiche d'une comédie avec Michel Serrault et Jean Lefebvre : *« La situation est grave mais pas désespérée »*.

C'est exactement notre situation. Mes poumons obtiennent, enfin, l'air tant réclamé et tellement indispensable à la survie. Je veux être positif, d'autant plus qu'on m'installe dans un fauteuil. J'aperçois Ronan étendu sur un sofa, ses yeux sont ouverts et il semble retrouver ses esprits. Je vais tenter de jeter, prudemment, un regard circulaire. J'espère que ma hardiesse ne va pas provoquer une pluie de nouveaux coups. C'est effectivement une suite, nous sommes dans un immense salon design. Deux gorilles sont assis dans un immense divan. Quatre fauteuils, dont le mien, sont occupés.

Me faisant face c'est Magda, la ravissante Magda, la petite-fille de Sach. Ça s'annonce mal, très mal. À ma gauche Mitchel, tranquille qui me regarde d'un air hautain. Je m'attends à voir Herr Sach à ma droite, pas du tout. C'est l'inspecteur des douanes du port de Gênes. Je ne laisse rien paraître de ma surprise. Ronan se dresse sur un coude et inspecte la pièce. Il tourne les yeux vers les différentes personnes. Il semble acquiescer d'un mouvement de la tête, comme s'il se doutait de leur présence. Il finit par s'asseoir tout en ne pouvant réprimer un petit cri. Je relève que nos effets sont étalés sur la table de salon en verre fumé. Mon optimisme bat de l'aile. Ronan et moi attendons que quelqu'un rompe le silence qui, singulièrement, ne me pèse pas.

C'est Magda qui prend la parole, tout en nous fixant tour à tour Ronan et moi. L'immobilisme des autres antagonistes ajoute, en plus, une certaine intensité dramatique à la scène.

- Messieurs votre mission se termine ici. Depuis votre identification au port de Gênes, nous avons laissé aller dans l'espoir que vous nous ameniez à votre réseau. Jusqu'à présent nous n'avons identifié qu'un seul de vos contacts, le flic italien. Un certain Premier Capitaine Marco Magisce dont nous n'avons, malheureusement, pas obtenu de photographies. Patience cela viendra. L'enlèvement de Londres a échoué, vous nous avez donné du mal. Les corps et les traces ont rapidement disparu, ce qui nous laisse supposer une intervention des services secrets. De plus nous vous avons perdus dans l'immeuble à appartements de Londres. Or, les trois étages ont été immédiatement occupés.

- Bien que votre étage présélectionné fût le troisième, la lenteur de votre ascenseur nous a facilité la tâche afin d'être positionnés avant votre sortie. Nous ne vous avons jamais vus sortir, ni de l'ascenseur ni de cet immeuble, malgré l'occupation de toutes les issues et une observation de 48 heures. Vous y avez rencontré au moins un contact, nous en sommes persuadés. Que savez-vous ? Qu'avez-vous appris ? Que viennent faire les services secrets dans une mission de simples policiers ? Nous attendons de vous des éclaircissements.

Imaginez-vous un monde où il n'y a plus d'Esor-Mary, où il n'y a plus de société idéale, où toute la perversité et l'absurdité des hommes vous éclatent à la figure. J'en suis là, je ne peux me détacher de mes réflexions apocalyptiques. Le monde est effrayant, le monde est rendu effrayant par l'appât du gain, l'argent, toujours l'argent, toujours plus d'argent.

- Monsieur Wérys, Monsieur Piette ou plutôt devrais-je dire Commissaire Spécial Jérémy Nikwil, Inspecteur Spécial Ronan Sgrob. Comme vous le constatez, nous connaissons pas mal de choses vous concernant.

Erreur ma belle, erreur de jeunesse, jamais vous ne deviez dévoiler aussi rapidement votre jeu. Sans verser dans une douce utopie, je reprends espoir. Je réfléchis profondément, ce que ne manque pas de déceler Ronan. Il attire l'attention sur lui, car jusqu'à présent, la majorité des personnes présentes nous fixaient alternativement Magda et moi. On frappe à la porte, une voix féminine annonce : *Servizio in camera.* (Service de chambre).

Magda signale, en allemand, à un « garde du corps » qu'elle n'a rien sollicité et qu'il renvoie la dame de service.

Sans associer l'apparence physique à des idées préconçues, je me surprends à penser que ce gars ne respire pas l'intelligence. Il ouvre la porte, j'aperçois une dame en uniforme de femme de chambre dont le chemisier porte l'effigie de l'hôtel. Elle s'adresse à notre homme en italien qui ne comprend pas. Il se tourne vers Magda qui, de par l'emplacement qu'elle occupe, ne peut apercevoir la femme de service. Magda, d'un signe, lui intime l'ordre de renvoyer la femme de service. Il obtempère et tente de fermer la porte au nez de la dame. En vain, la porte s'ouvre brutalement et notre gorille, désarçonné par ce choc soudain, titube. Il finit par chuter sur le sol. Le temps se fige et finit par redémarrer au ralenti. Le second gorille se lève, Ronan lui assène un coup de pied qui provoque une lourde chute sur le sol, tête la première. Concomitamment au *shoot* de Ronan, Magda plonge dans son sac à main, en ressort un pistolet et se redresse. J'interromps délicatement son mouvement. En fait, je lui assène un violent uppercut et une manchette au bras. J'ai entendu un craquement, je crains qu'elle ne doive, durant un certain temps, manger à l'aide d'une paille. Je m'empare de son arme et d'un mouvement circulaire, j'examine la situation. Le « gorille-portier » est inconscient et menotté les mains dans le dos. L'homme de Ronan baigne dans son sang, il n'était pas tombé au sol, mais il a éclaté la table de salon en verre fumé avec son crâne. Dommage pour la table ! Mitchel tient un tesson de bouteille à la main, à ses pieds est étalé l'inspecteur des douanes, un pistolet traîne sur le sol. La pièce est envahie par des hommes en uniforme, on me tape l'épaule.

C'est notre Marco ! Magda, l'inspecteur des douanes et les deux sbires sont menottés et encagoulés dans l'état où ils se trouvent, toujours blessés et inconscients. Ils sont évacués via un ascenseur réservé au personnel qui est dissimulé par une porte de lingère, m'explique Marco. Ronan, Mitchel et moi sommes indemnes, hormis quelques petites égratignures. Marco nous invite à quitter les lieux pour laisser place à une équipe de nettoyage. Nous abandonnons la suite pour gagner l'ascenseur discret, je relève que des pompiers bloquent les escaliers et les ascenseurs d'accès de notre étage. Tout est terminé, je retrouve la notion du temps tandis que nous nous rendons dans les locaux de Marco. Je ne regarde même pas la ville qui défile, à travers les vitres de notre véhicule. Ronan et Mitchel restent silencieux. Eux aussi décompressent. Marco est occupé au téléphone.

Arrivée discrète dans le parking souterrain de l'immeuble occupé par les services de Marco. Nous sommes acheminés dans les sous-sols, que bon nombre de flics, dont nous, souhaiteraient avoir comme bureaux. Marco pousse une porte et nous invite à entrer. Contrairement au couloir que nous venons de quitter, à l'éclairage cru, la salle bénéficie d'une lumière reposante. On jurerait qu'il s'agit d'un éclairage naturel.

- Bienvenue dans notre salle de réunion complètement isolée. Ici les Iphones et autres Smartphones ne fonctionnent pas. Il n'existe aucune possibilité qu'on nous espionne de l'extérieur et même du couloir. Installez-vous confortablement, je vous sers des rafraîchissements et je prends vos commandes pour la cuisine.

Marco fait glisser une paroi qui découvre un bar bien achalandé et bien fourni. Il nous sert et nous propose une carte digne d'une brasserie. Une fois les commandes enregistrées, Marco gagne la porte, communique nos choix à un agent et s'efface afin de laisser entrer une dame. Il suit cette personne une valisette dans une main tandis que de l'autre il traîne une valise trolley. La dame, très sympathique d'ailleurs, s'empare de la valisette, la dépose sur la table de réunion et l'ouvre. On comprend : on va nous panser les plaies. Nous nous soumettons de bonne grâce à ces soins. On en a bien besoin. Le ravalement terminé, la dame se retire. C'est au tour de Marco de poser sa valise sur la table. À son ouverture, nous sommes stupéfaits, ce sont des vêtements, nos vêtements à Ronan et à moi.

- Servez-vous mes amis, vous ne ressemblerez plus à Diogène dans son tonneau. La porte bleue, là-bas, donne accès à des douches et toilettes. Elles sont à votre disposition, de mêmes que du savon et des serviettes. Tenez Mitchel, vous aussi vous disposez de certains de vos vêtements.

Mitchel est encore plus surpris que nous. Ce Marco, il pense à tout.

- Ne me remerciez pas, je n'y suis pour rien. C'est une adjointe qui a eu pitié de vous en vous voyant quitter la suite et qui m'a proposé cette délicate attention. Elle a bien choisi au moins ?

De concert, nous tenons à ce qu'il la remercie.

- Vous la remercierez vous-même car elle sera des nôtres pour le repas de tout à l'heure.

Nous nous en réjouissons déjà. Cette douche est un véritable élixir de jouvence, n'exagérons rien.

Élixir de jouvence, de jouvence… un peu forcée cette qualification, bref nous en sortons requinqués tant physiquement que moralement. On se sent bien.

- Si je ne savais que c'était vous, je ne vous aurais pas reconnus. Vous êtes de nouveaux hommes, plus beaux encore que lorsque je vous ai rencontrés pour la première fois.

Marco rigole de sa remarque. Nous défilons ensemble devant lui, tels des mannequins. Lui, qui du reste, s'est également changé et certainement douché.

- Installons-nous mes amis, vos commandes vont bientôt être servies. En attendant, je vais vous éclairer quant à l'intervention de sauvetage. Je vois, dans vos regards interrogateurs, qu'il vous tarde de connaître le cheminement de cette affaire. Cher Mitchel, il était convenu que je devais attendre Ronan et Jérémy, peu après 16 heures, au salon du bar de l'hôtel. Comme d'habitude, je suis toujours en avance et ne vous voyant pas au salon du bar, j'ai décidé de monter dans la chambre. Concours de circonstances, j'ai dû emprunter les escaliers parce que l'ascenseur qui dessert les chambres impaires, dont la vôtre, était à l'entretien. Notez qu'un peu de « sport » ne pouvait me faire de mal. J'ai frappé à la porte de la chambre, sans obtenir de réponse. J'ai dès lors tambouriné avec insistance sans résultat. Il n'est pas dans vos habitudes d'accuser du retard et, le cas échéant, je suis certain que vous préviendriez. Dès lors, vous aviez quitté la chambre en empruntant, tout comme moi, les escaliers. Je ne vous avais pas croisés, vous aviez donc « disparu » entre le rez-de-chaussée et votre étage. J'ai fait appel à une femme de service qui m'a ouvert votre chambre.

Je m'attendais à vous voir assassinés, soulagement précaire. Car dès lors, où étiez-vous ? Je me suis adressé au responsable de la sécurité de l'hôtel qui m'a appris que des caméras balayaient tout l'hôtel et par conséquent les cages d'escaliers également. Lui et moi avons visionné les images et c'est ainsi que nous avons vu que vous étiez 'embarqués manu militari' dans une chambre du deuxième étage. J'ai déclenché l'opération et nous sommes, heureusement, arrivés à temps. Bien que vous ayez déjà bien dégrossi la situation. Entrez !
Je n'ai pas entendu frapper à la porte. Un jeune homme en tenue décontractée dépose des consommations et se retire immédiatement après nous avoir tous salués avec déférence. Nous nous servons chacun selon nos préférences qui se différencient par la seule caractéristique de 'plate ou de pétillante'. En effet, tous, nous nous sommes précipités sur les bouteilles d'eau.
- C'est Mitchel qui a révélé l'endroit où se trouvait Sach, mais les services ne l'ont pas découvert. Il a disparu. Son signalement a été immédiatement diffusé. Comme on dit : les services s'activent dans sa recherche. J'ignore comment il a été prévenu de l'échec de la nouvelle tentative d'enlèvement. On poursuit l'enquête. Mitchel est dorénavant brûlé, calciné. Il sera cité dans l'article de presse comme faisant partie des agresseurs et incarcéré au secret comme les autres protagonistes. Ce sont les instructions du FBI le concernant. Il va cependant continuer, dans l'ombre absolue, à nous aider pour la suite. Un atout majeur, nous avons Magda. Pour le reste, ce n'est pas rose du tout, nous sommes tous hors jeu jusqu'à plus amples informations et instructions hiérarchiques.

- Nos patrons et les politiques concernés seront en vidéo conférence ce soir vers 22 heures. On est coincé ici en attendant. Mais, mes amis, nous allons bien manger et réjouissons-nous d'être en vie et pas trop abîmés.

Mitchel se penche sur le seau à glace et en retire un champagne *Louis Roederer Cristal 2007*. Il émet un sifflement d'admiration. On le regarde avec étonnement. Marco, Ronan et moi, on ne connaît pas. Le contenu est jaune et en fins connaisseurs que nous sommes on pense qu'il a « tourné ». Mitchel se lance dans des explications techniques.

- C'est un mélange subtil de pinot noir et de chardonnay avec une légère prédominance de pinot. Je crois me souvenir que c'est du 55-45. Les raisins proviennent de terroirs nobles : Verzy, Ay et Mareuil. En plus il subit six années de vieillissement sur lie. Il s'agit d'un des plus fabuleux champagne que j'aie eu le plaisir de goûter. J'ai bien précisé « de goûter », car jamais je n'en ai consommé. C'est, pour moi, « Christmas Day », un des plus beaux que j'ai connus.

Quelle passion ! Que de propos dithyrambiques ! Jamais je n'aurais imaginé que Mitchel puisse se laisser aller de la sorte. Nous allons déguster ce « nectar » et peut-être serons-nous aussi conquis et comblés. Il prend son verre et s'en-suit un véritable cérémonial de dégustateur averti. Nous ne bougeons plus, ne respirons quasiment plus. Ca y est, il a avalé une gorgée d'oiseau et ne peut s'empêcher de poursuivre son discours :

- C'est fabuleux, je vous invite à découvrir cette cuvée toute en nuance et subtilité, on retrouve des notes de fruits mûrs, de caramel, de vanille.

- Humez, avant toute mise en bouche, ces notes de chocolat, de noisettes et de fleurs blanches.
Il a raison, c'est parfaitement délicieux. Je ne suis cependant pas suffisamment connaisseur pour sentir ni goûter toutes les subtilités énoncées. Je suis d'autant plus étonné par Mitchel car il est de culture américaine et les gens là-bas sont plutôt coca-cola, j'en ai même vu qui en vidaient dans un verre de vin prestigieux.
- Je me pose la question de savoir qui a commandé ce genre de prestigieux et très certainement coûteux champagne. Je doute que mes chefs auraient consenti ce sacrifice pour des secondes mains comme nous.
C'est Marco qui glisse cette tirade à l'instant même où on frappe à la porte. C'est le jeune homme de tout à l'heure. Il véhicule sur un charriot des plats et des assiettes qu'il dépose consciencieusement sur la partie de la table que nous n'occupons pas, après avoir pris soin de la recouvrir d'un nappage et de serviettes assorties. Cinq couverts sont ainsi dressés au centre desquels sont posés des plats recouverts et un seau à glace. Notre élégant serveur se retire.
- À table mes amis.
Marco a faim car il est le premier à prendre place, juste après nous y avoir invités.
- Nous n'attendons pas l'adjointe ? Ne peut s'empêcher d'intervenir Ronan.
- Elle ne va pas tarder, pas d'inquiétude. Finissons la bouteille en attendant.
De fait, le temps de porter mon verre à la bouche, la porte s'ouvre tandis que j'entends frapper. Je suis effaré, j'ai failli lâcher mon verre, c'est Esor-Mary !

J'espère que mes yeux ne me trahissent pas, ils doivent cependant être hagards, Nous nous dressons comme un seul homme.

- Messieurs, Messieurs, voyons. Asseyez-vous, je vous en prie. Vous me faites trop d'honneur.

Je me décompose, je me liquéfie. Elle nous tend la main et nous salue tous par notre prénom, y compris Mitchel. Son bonjour me laisse pantois, son accent glisse sur mon corps. Je suis amoureux fou. Comment est-ce possible ? Je dois me reprendre au plus vite. Marco l'invite à s'asseoir à ses côtés tandis que tous trois nous prenons place à l'opposé. Il me faut un certain temps pour me rendre compte que je fais face à Esor-Mary.

- Madame Éttod est arrivée de Londres il y a peu. Je ne vous ferai pas l'affront de vous la présenter. Vous l'avez tous déjà rencontrée. Elle est ici en mission de coordination Eurofaux avec tous les services que nous tous représentons ainsi qu'avec les Pays-Bas et l'Allemagne. Il s'agit de cordonner, d'une part, les enquêtes, les actions d'interceptions des livraisons, d'arrestations des différents participants et des saisies et, d'autre part, de coordonner les recherches dans le but de mettre la main sur Sach. Les autorités allemandes ont déjà envahi le 'bunker' de Sach, grâce à notre ami Mitchel. Je termine et je lui laisse la parole, pas trop longtemps car nos plats nous attendent.

Nous sourions tous de cette boutade de Marco, y compris Esor-Mary. Il est pareil à lui-même, concis dans ses explications, non sans y a ajouter une pointe d'humour.

- Merci cher Marco. Moi aussi, j'ai faim et j'ai soif !

Oups ! Elle aussi a de l'humour. Personne n'a pensé à lui servir une flûte de ce magnifique champagne.

Marco s'exécute prestement et lui tend le verre accompagné d'un geste majestueux.

- Merci très cher Marco. Les gorilles ne savent rien. Ils ont été engagés via une source qu'ils refusent de dévoiler. On continue les interrogatoires. L'inspecteur des douanes pleure, avoue tout, du moins ce qu'il sait. Ce qui ne représente pratiquement rien, rien que vous ne sachiez pas déjà. Il a été approché par Magda et attiré par l'argent. Magda reste obstinément silencieuse. Ils sont tous au secret. La presse n'a rien dévoilé et la direction de l'hôtel a avisé son personnel que la chambre a été investie car son occupant menaçait de se suicider et de faire exploser un bombe. Je pense que c'est passé comme cela, d'autant plus que les pompiers étaient présents. On va, enfin, manger. Bon appétit.

- Parfait Esor-Mary. Je propose que les questions à ce sujet soient réservées au café, qu'on se tutoie et qu'on s'appelle par nos prénoms. C'est parti. Mitchel, je te charge du service « boissons ». Tout le monde se sert. Bon appétit.

Notre ami Mitchel est aux anges lorsqu'il sort la bouteille de vin du seau à glace. Cela nous indiffére, pour autant que ce vin soit frais. Mitchel ne peut s'empêcher une petite remarque :

- Fabuleux ! Décidément le « sommelier » s'est surpassé. Je vais vous servir un Bolgheri Sassicaia de 2009 qui a déjà reçu une cote de 95/100, composé essentiellement de cabernet sauvignon et de 20% de cabernet franc. Vous allez m'en dire des nouvelles.

La discussion s'anime autour des devoirs qui restent encore à être effectués. L'inspecteur des douanes italiennes est toujours au secret à Milan.

De même que la petite-fille de Sach, la jolie Magda. C'est pas mal, ils sont hors circuit, mais qu'en sera-t-il de leurs déclarations… Par contre, il est impératif de s'occuper rapidement de Hugo, le petit-fils de Sach et de son amie Dana Yadrinka. J'interviens, car tous semblent oublier le contact amstellodamois :

- Permettez-moi d'intervenir. Une piste me paraît également importante : c'est la filière d'Amsterdam. On a un point de chute du contact identifié comme étant Franz Vanhuizenout. Je crois que c'est important de s'assurer rapidement de ce personnage. Je propose que Ronan et moi, nous rendions prochainement aux Pays-Bas car nous sommes les seuls à pouvoir reconnaître cet individu. Il serait possible qu'il soit alors intercepté par les autorités néerlandaises avec notre concours.

- Judicieux, en effet. À creuser et à rapidement envisager, rétorque Esor-Mary.

Ils envisagent ensuite d'autres actions, c'est fini pour moi, je n'en puis plus. Mon esprit s'écarte de tout ce qui m'entoure. Je m'imagine en tête à tête avec Esor-Mary bien qu'elle ne me prête pas attention tant elle est captivée par les échanges.

- Jérémy, qu'en penses-tu ?

Quoi, qu'est-ce, qui me parle ? C'est précisément Esor-Mary. Je me sens tout à coup idiot.

- Pardon ! Excuse-moi, quelle est la question ?

- Ben voyons ! Où es-tu ? Mitchel propose que nous nous rendions tous les cinq, toi, Ronan, lui, Marco et moi aux hangars de Sach. Mitchel, lui, il connaît l'endroit.

- Je pensais que le hangar avait déjà été signalé et envahi suite au signalement de Mitchel.

- Bien évidemment mais lui, et lui seul, connaît certains codes et les endroits sensibles.

- Excusez-moi, un soudain état de fatigue m'a empêché de suivre toute la discussion. Judicieuse proposition qui permettra à chacun d'éclairer l'autre, en fonction des diverses investigations précédentes. Je suis, bien évidemment, partant. À vous de déterminer le moment propice pour le départ.

- Décidément tu n'as vraiment pas suivi. On décollera demain. Ronan se charge des réservations, avion, hôtel et voiture.

- Vraiment désolé, c'est évidemment ok pour moi. Et, j'y pense. Ronan tu penseras à annuler les réservations des locations de la Maserati et de la Lancia Ypsilon.

- C'est noté, demain matin ce sera arrangé.

- Je crois que nous avons fait le tour de la question. Je commande le café et les biscuits et ensuite, nous irons tous nous zoner.

Marco vient de me libérer par ces excellentes paroles. J'espère que le petit café auquel vont s'ajouter mes rêveries autour Esor-Mary ne m'empêcheront pas de dormir.

Cologne – JC

À la sortie de l'aéroport de Cologne, un Chrysler Grand Voyager noir nous attend. Il présente sept grandes places et un énorme coffre. C'est bien, mais pourquoi pas un véhicule allemand ? Ronan, une fois de plus, lit dans mes pensées.

- C'est Mitchel qui m'a conseillé ce spacieux véhicule. Ce modèle vient de sortir et il est, paraît-il, d'un confort exceptionnel.

Je comprends ce choix à présent. Sacré Mitchel ! Je l'apprécie énormément, hormis son nationalisme US, parfois irritant. C'est un excellent collègue. Il remercie le chauffeur du Chrysler et prend le volant, direction le hangar de Sach. Nous passerons à l'hôtel après la visite. Nous passons en Belgique et stoppons dans le Zoning Industriel de Trevor, au niveau d'un hangar en béton. Une bonne heure de route depuis l'aéroport. Je ne me souviens pas d'avoir roulé aussi longtemps lors de notre précédente visite guidée.

- Nous y sommes, tout le monde descend. Comme vous pouvez le constater cet endroit ne présente aucune caractéristique particulière. Il n'attire pas plus l'attention que n'importe quel autre bâtiment du parc industriel.

De toute manière, Ronan et moi n'avions rien vu des extérieurs. Il nous est impossible de déterminer si le bruit de l'ouverture du volet métallique qu'actionne Mitchel est semblable à celui perçu précédemment.

C'est normal : qu'est-ce qui ressemble le plus à l'ouverture d'un volet métallique que celle d'un autre volet métallique si ce n'est le temps nécessaire à son ouverture, qui est fonction de sa taille ? Je me torture toujours, j'en ai marre de penser, ça me fatigue mais je n'y peux rien. On sait que V=D/t (V=vitesse, D=distance parcourue et t= temps mis à la parcourir). Et alors ! Je n'ai, de toute manière, aucun souvenir de la vitesse et du temps nécessaire pour que le volet soit levé. Je ne connais aucun paramètre. Donc… C'est assez Jérémy, tu dois cesser de te torturer. Heureusement, Mitchel interrompt mes pensées :

- Entrons et suivez-moi.

Ici, je me reconnais. Après la fermeture du volet, on nous a retiré la cagoule. L'éclairage est, à présent, toujours aussi cru. Deux hommes armés de fusils d'assaut nous accueillent. Ils sont suivis par un troisième apparemment non armé. Mitchel s'adresse à ce dernier, il nous présente. Nous étions attendus, la transmission des informations a parfaitement fonctionné. Nous parcourons le couloir et aboutissons dans le hangar. Surprenant, il y règne une activité digne d'une ruche. Le fonctionnaire allemand explique que toutes les personnes présentes s'attachent à l'inventaire. C'est Mitchel qui traduit. Nous arrivons dans la pièce où le champagne nous a été servi. Seuls subsistent la vaste table ronde en marbre et les 6 fauteuils en cuir, le reste du mobilier a été emporté. Nous en ignorons la raison. On ne s'attarde pas, la visite continue. C'est Mitchel qui, à présent, prend l'initiative. Il nous amène dans un endroit inconnu.

Inévitablement car précédemment, nous n'avons parcouru que le couloir garage, le hall de stockage et la pièce de réception que nous venons de quitter. C'est dès à présent que nous irons, Ronan et moi, de découvertes en découvertes. On accède à une grande pièce, sans fenêtres. Des ordinateurs et imprimantes sont rangés sur une grande table. Des personnes sont occupées à examiner leur contenu. D'autres fouillent le mobilier de bureau. Les différents dossiers sont examinés un par un. Au vu des bureaux et armoires qui garnissent la pièce on peut raisonnablement supposer que trois personnes étaient occupées à l'endroit. Trois armoires sont au centre de la pièce tandis qu'une quatrième est simplement éloignée d'un mur. Je suis certain qu'il existe une porte dissimulée. Mitchel précise.

- C'est le local que nous occupions Magda et moi et de temps à autres Hugo. L'armoire décalée du mur dissimule une porte accédant au sous-sol.

Je suis trop fort dans mes déductions. Je ne suis pas ici à ma place, je devrais être au sommet de la hiérarchie, même au dessus du boss. Je suis réellement un génie. J'aime me masturber l'intellect. Ça ne sert pas à grand-chose mais ça fait du bien.

- Sach n'occupait pas cet endroit. Il n'y passait pratiquement jamais. Accompagnez-moi au sous-sol, c'est l'endroit le plus important. Nous accédons dans l'antre de Sach. L'éclairage est pareil au couloir d'entrée, cru, éblouissant. Ce qui nécessite un temps d'adaptation.

L'endroit fourmille d'hommes et de femmes en salopettes blanches et chaussés de bottillons également blancs. Par contre, ce que nous découvrons est ahurissant.

Je pensais que Ronan et moi avions déjà atteint le comble de l'étonnement lorsque nous avions visité le hangar. Que nenni ! Ici c'est du matériel lourd : jeep, remorques, mitrailleuses lourdes…Mes yeux ne suffisent pas pour répertorier ce que contiennent les caves.

- Comme vous pouvez le relever, ici il n'y a que du matériel de guerre et là-bas dans le fond une rampe d'accès vers un autre hall où a lieu le chargement. L'endroit est accessible de l'extérieur par une cour intérieure sécurisée d'une double clôture électrifiée qui, elle-même, est entourée d'un mur en béton armé. Les chargements s'effectuent dans le hall, à l'abri des regards. La cour donne accès à une route privée condamnée par un pont levis métallique au dessus d'une douve. Nous en sommes revenus au Moyen-Âge avec ce genre de protection. Croyez-moi, c'était efficace. Durant les 167 jours de mon séjour en ces lieux, jamais un candidat intrus n'est passé. Le personnel spécialisé qui effectue l'inventaire et le relevé des traces éventuelles est à la fois germanique et américain. Les autorités de vos pays respectifs ont pris accord en ce sens. Je vous ai personnellement réservé la suite, accompagnés que nous serons du coordinateur de l'opération en ces lieux. D'ailleurs le voici, je vous présente le Directeur Général d'Eurofaux Allemagne : Herr Josef-Claus Linnecrau qui, lui aussi, parle correctement le français.

- Madame, Messieurs je suis heureux de vous rencontrer. J'ai déjà beaucoup entendu parler de vous par Monsieur Manney ici présent et par vos chefs respectifs. Nous allons à présent découvrir ce que nous réserve Monsieur Manney.

Je suppose qu'après ce que nous venons de voir, rien ne pourrait plus nous surprendre où à tout le moins pas trop. Je vous en prie poursuivez.

Mitchel s'approche d'un mur latéral qui se décale et coulisse laissant apparaître un ascenseur de service. Il nous invite à monter, referme la grille d'accès qui actionne la fermeture du mur. Le faible éclairage nous demande une petite période d'adaptation après l'aveuglante lumière des halls. Il me semble que nous ne descendons que d'un étage. Mitchel ouvre la grille qui donne sur un endroit plongé dans le noir. Seul le faible éclairage de l'ascenseur nous permet d'avancer à la suite de notre ami. Il actionne un interrupteur et *'fiat lux'*. De nouveau une lumière aveuglante qui, concomitamment, est accompagnée d'un bruit sourd.

- Le bruit que vous entendez ce sont les souffleries des aérateurs qui se mettent en marche dès que l'éclairage fonctionne. Nous sommes au second sous-sol dont la hauteur au plafond est de douze mètres.

Je peux me replier, avec mon estimation d'une descente d'un étage qui en vaut bien trois. Mitchel nous laisse le temps de découvrir la salle qui s'ouvre devant nous ainsi que son contenu. C'est effrayant, effarant : deux lance-missiles chargés deux transporteurs contenant chacun quatre fusées. Nous progressons jusqu'au fond de cette salle et découvrons une plate-forme ascensionnelle suffisamment grande pour y placer un transporteur. Une nouvelle porte blindée, j'en suis certain. Mitchel l'ouvre et s'efface pour que nous y pénétrions. Nouvelle surprise, c'est un immense bureau, truffé d'ordinateurs avec pupitre de commande. Un centre de commandement en quelque sorte.

Une nouvelle porte et nous nous trouvons dans une pièce genre loft, sans fenêtres mais dont le plafond est translucide. Un fabuleux salon, en cuir d'un blanc immaculé avec double méridienne, trône au centre de la pièce. Une immense photographie de Magda garnit un mur latéral qui, au contraire de l'ensemble de la pièce complètement blanche, est noir. Une incroyable table en marbre blanc et huit chaises design, également blanches, occupent la partie arrière du loft qui se prolonge à droite vers une cuisine digne d'un cinq étoiles. Plus avant il y a un escalier métallique blanc, comme par hasard. Il mène à une mezzanine donnant accès à deux chambres et deux salles de bain. C'est du moins ce que nous précise Mitchel. Nous sommes tout à fait disposés à le croire, sur parole. Nous ne sommes pas là en qualité de futurs acheteurs.

- Vous êtes ici dans le refuge de Sach.

On s'en doutait, on n'est pas encore complètement débiles.

- Je vous invite à me suivre dans la recherche d'indices éventuellement « oubliés » par Sach dans sa fuite.

On s'affaire avec ordre et méthode, même le Directeur Général Josef-Claus Linnecrau se met à la tâche. Rien n'a été oublié, les murs, le sol, le mobilier. Mitchel a, tout au plus, retrouvé quelques documents, apparemment sans aucun intérêt, dans un petit coffre-fort dont il connaissait l'existence et le code. On s'installe tous dans le salon, dont les sièges et les dossiers sont à présent défraîchis et déchirés. Mitchel nous rejoint avec des verres et des bouteilles d'eau, de jus d'orange et de thé. Nous avions effectivement soif.

Chacun se retrouve perdu dans ses propres pensées. Après quelques minutes, le Directeur Général rompt le silence.

- Il me serait agréable d'entendre de votre bouche, Madame, Messieurs, les différentes péripéties de l'affaire. Cela me semblerait bien plus édifiant que la lecture fastidieuse de vos différents rapports. Rien ne vaut le récit de personnes ayant vécu personnellement les faits.

Suggestion judicieuse, profitable à tous et ma foi, l'endroit s'y prête. Mitchel s'empresse de ramener d'autres bouteilles et la parole est à Ronan. Succèdent ensuite Marco, Esor-Mary et Mitchel. Ce dernier conclut par une théorie selon laquelle Herr Sach se trouve toujours en Allemagne. Il ajoute qu'il pense réellement qu'il a déjà changé de physionomie et d'identité. Un homme tel que lui ne saurait avoir été dépassé par les événements. Nous ne nous permettrons nullement de contester car, parmi nous, qui mieux que Mitchel connaît Herr Sach ? Le Directeur Général reprend la parole.

- Extrêmement flatté de rencontrer des gens aussi compétents que vous Madame, Messieurs. Les services sur place vont continuer le fastidieux inventaire. Nous avons prévu la relève car il s'agit d'aller jusqu'au finish. Je vous invite tous à m'accompagner dans mon restaurant favori.

Marco, Ronan et moi, nous acceptons de mauvaise grâce, un seul regard a suffi. La gastronomie allemande…porc, saucisses, pains, pommes de terre…trop peu pour nous. Ce ne sera qu'un mauvais moment à subir. On fera passer tout cela avec une pinte de bière, la bière allemande, ça peut aller.

Nous nous apprêtons à quitter les lieux lorsque Mitchel nous prie de le suivre à l'étage. On découvre un ascenseur dissimulé derrière une armoire Mangrove blanche qui pivote automatiquement sur elle-même. Une montée d'un étage, souviens-toi de te méfier Jérémy, et les portes de l'ascenseur s'ouvrent sur une clairière jouxtant un des murs de l'entrée du hangar. En quittant l'endroit pour regagner le van dans le sas d'entrée, je relève que l'ascenseur était dissimulé dans une cabine de haute tension factice. Nous sommes en plein délire. Tous dans le van, on quitte ce sinistre endroit. Nous sommes suivis par une BMW occupée par deux hommes armés, outre le chauffeur. C'est la protection rapprochée de Monsieur le Directeur Général Linnecrau. Mitchel nous conduit sur place sans encombre, grâce aux instructions de Monsieur Linnecrau. C'est le restaurant à l'enseigne Zippi quelque chose, je n'y pas porté une grande attention. C'est de toute manière pour mal manger. Monsieur le Directeur Général pénètre le premier. Ronan et moi on se regarde, nous entrons avec des pieds de plomb.

Alors là ! Quel accueil. Nous sommes immédiatement dirigés vers une table ronde huit places, légèrement à l'écart. À peine installés et voici qu'arrivent deux seaux à glace garnis chacun d'une bouteille de champagne. De suite un garçon et une fille de salle ouvrent les bouteilles et les présentent au Directeur Général. Mitchel ne peut s'empêcher de réclamer qu'on lui exhibe une bouteille. Il jubile, l'Américain d'adoption.

- C'est un Richebourg Grand Cru de 1978, exceptionnel ? Étonnant de trouver cela ici.

- C'est ma cuvée personnelle. Intervient notre hôte, sans fanfaronnade aucune.

- Excusez-moi Monsieur le Directeur, je me suis égaré. J'étais tellement ébloui par l'apparition d'une si prestigieuse cuvée.

- Je vous en prie, il n'y a pas de mal. J'attends avec impatience l'avis d'un connaisseur tel que vous me paraissez l'être.

- Comptez sur moi, je suis dans mon élément Monsieur le Directeur.

- Madame, Messieurs si nous faisions fi de ces lourdes modalités. Je propose que nous utilisions nos prénoms, moi c'est Josef-Claus mais mes amis m'appellent JC. Il me serait également agréable que nous nous tutoyons. C'est parti !

- Cher JC ce champagne mérite une standing ovation. Levons-nous et saluons ce nectar et celui qui nous permet de le découvrir. À ta santé JC !

C'est effectivement bien parti. Tous nous nous levons et souhaitons en cœur :

- À ta santé JC !

- À votre santé mes chers amis !

Les amuse-gueule sont particulièrement délicieux et servis à volonté. Ils sont accompagnés de deux nouvelles bouteilles de « Richebourg ». C'est Byzance ! Tellement fabuleux que tous nous oublions, sans effort, ce qui vient de se passer et ce qui nous attend. Personnellement, je voudrais que cette soirée n'en finisse pas, on est bien, on est joyeux, Esor-Mary est à mes côtés. Merci JC. Je me surprends à prendre la parole ;

- Merci à toi JC pour cette merveilleuse invitation. Au risque de m'avancer je peux t'assurer que nous vivons ici, grâce à toi, une soirée qui restera inoubliable. Je tiens cependant à te révéler que tu commets une grave erreur. Très grave même, car te voila obligatoirement lié. Tu vas être obligé de nous rendre visite à tous et avec nous tous, chez Marco, chez Mitchel, chez Esor-Mary et chez Ronan et moi.

- Obligé ? Obligé ? Ravi, enchanté, transporté veux-tu dire. Levons-nous et faisons en le serment.

Ça fait un peu réunion d'anciens combattants, mais quel sentiment d'amitié sincère partagée entre nous qui ne nous connaissions pas il y a peu. Bon ce n'est pas tout et que mange-t-on ? Tout, on mange de tout et tout est délicieux et le vin aussi et le café aussi et le pousse café aussi. Et nous sommes éméchés et nous finissons la soirée en chantant et nous quittons JC. Deux gars à lui nous ramènent tous les quatre à l'hôtel et nous n'avons pas rangé nos valises. Ronan et moi, on se jette sur le lit et on dort. Rideau !

Bilan

Réveil en sursaut, la bouche pâteuse, le crâne explose, l'estomac se contracte. Faut pas boire quand on ne sait pas ! Ronan dort encore profondément, il ronfle et hoquette en même temps, c'est curieux. Je me lève prudemment, parfait, je ne titube pas. C'est arrivé dans la salle de bains que je constate que je suis toujours habillé et, chose surprenante, toujours chaussé. La soirée d'hier et le petit matin d'aujourd'hui ont été dantesques. Première et dernière fois, jamais, plus jamais je ne me laisserai aller de la sorte. Je ne me souviens plus du retour ni de la rentrée à l'hôtel. Je pense que je ne saurais compter sur Ronan pour la relation complète. Lui aussi a dû perdre « quelque chose » en chemin. J'entends qu'il s'étrangle et qu'il tousse. Rien d'étonnant, à ronfler comme cela.

- Obligé ? Et comment et si tu ne réponds pas on ira t'arrêter et on te passera les menottes.

C'est Ronan qui déconne. Il est toujours dans les volutes de l'alcool. Ça me revient à présent, ce qui nous a été fatal ce sont les bières servies avec les schnaps. Je comprends, car j'estimais impossible que nous nous retrouvions dans cet état en faisant le compte des boissons consommées. Nous étions sept et n'avons consommé que quatre bouteilles de champagne, deux bouteilles de moelleux, quatre bouteilles de vin rouge et deux verres de grappa du patron. Oui, tout de même, mais enfin…

C’est effectivement bien la suite, bières et schnaps, qui a enterré tout le monde, tout le monde, je m’avance un peu. Ronan et moi c’est certain. Mais au fait, quelle heure est-il ? Sapristi, neuf heures. Aie ! Aie ! Je m’esquinte à réveiller Ronan. Il ouvre un œil puis l’autre et les referme aussitôt. Aux grands maux, les grands remèdes, une serviette imbibée d’eau froide et hop ! Sur son visage. En un éclair, il s’éveille et se dresse d’un bond à côté de son lit. Mal lui en a pris car il s’écroule sur le sol.

- Merde, qu’est-ce qui arrive ? Où sommes-nous ?

Il réalise, sans réponse de ma part, se redresse sans précipitation et s’assied sur le bord du lit. Je le laisse à ses souvenirs et je regagne la salle de bain. L’eau froide en fin de douche est, certes, vivifiante mais n’a pas suffi à me requinquer complètement. L’effort que je vais devoir fournir pour téléphoner au patron me mènera à la perte définitive du ressort qui me reste. Je me fais violence. C’est le boss en personne qui décroche.

- Bonjour Monsieur le Directeur.

- Bonjour Jérémy, si votre nom ne s’était affiché, je ne vous aurais pas reconnu. Vous avez perdu votre voix à ce que j’entends. Soirée difficile ?

Plus rien ne saurait m’étonner de sa part, j’en fais mon deuil. Je ne remarque cependant aucun sarcasme dans le ton de sa voix.

- Exactement, patron. Non seulement la soirée, la nuit mais aussi le petit matin. Ce fut grandiose et terrifiant à la fois. Je ne me souviens pas des derniers moments tellement c’était chaud.

- À vous entendre, j’imagine que vous avez « festoyé » avec mon ami Linnecrau Josef-Claus, dit JC. Je comprends que, en effet, cela a dû être chaud.

- J'ai moi-même pratiqué, plusieurs fois, ce brave JC, il y a quelques années de cela. En alternance, une fois chez lui, une fois chez moi. Bon et comment allez-vous ?
Tout, il connaît tout et tout le monde. Suis-je tellement naïf, pour n'avoir jamais imaginé qu'il avait vécu, bien avant moi et bien d'autres choses que moi.
- Effectivement ce JC, sous des dehors rigides, est un homme tout à fait charmant, convivial en société. Et il a une descente phénoménale. Nous avons copiné et nous nous sommes promis de nous revoir à tour de rôle. Ronan et moi sommes dans le gaz, je n'ai pas encore vu les autres mais ça ne doit pas être triste non plus.
- Je le connais ce vieux JC, vous avez intérêt à tenir vos promesses car il reviendra à charge. C'est un tenace. Et sur ce, quoi de neuf ?
Je lui relate les derniers événements et découvertes et lui apprend aussi que l'inventaire est effectué par les autorités allemandes et américaines. J'ajoute que nous allons envisager collégialement la distribution des rôles pour la poursuite de l'enquête et que je l'aviserais aussitôt.
- Bien, c'est très bien. Continuez et soyez prudents vous et Ronan. À très bientôt.
Comme à son habitude, il raccroche. Il n'attend jamais que je puisse éventuellement avoir le dernier mot. Il a décidé que la communication était terminée. Si, par hasard, j'avais quelque chose à ajouter, c'est trop tard. Ronan quitte enfin la salle de bain, il n'est pas plus en forme que moi.

Mitchel et Esor-Mary sont installés dans le restaurant, aucune assiette devant eux, ils boivent du café. Auraient-ils déjà terminé leur petit-déjeuner ?

Nous nous dirigeons directement à la table. On salue Mitchel et on embrasse Esor-Mary. Sa fraîcheur est insolente après ce que nous venons de passer. Son parfum est envoûtant, je ne peux m'empêcher d'inspirer longuement afin de me pénétrer de son être tout entier.

- Vous avez déjà terminé ? S'empresse de demander Ronan.

- Pas du tout, on vous attendait. Tiens ! Voici qu'arrive Marco. Il a une sale tête. Rétorque Mitchel.

- T'as vu la tienne mon cher Mitchel !

Lance Esor-Mary.

- Ok, d'accord, je me rends.

Marco nous rejoint et pose une surprenante question.

- Vous avez déjà terminé ?

Surprenante encore est la réponse que nous reprenons en cœur.

- Pas du tout, on t'attendait.

On rigole, sauf Marco qui, toujours dans les brumes, se demande manifestement ce qui se passe. Je contacterai JC avant midi. Nous nous rendons finalement tous au buffet. Je remarque que les assiettes sont particulièrement modestes contrairement aux tasses de café. On me tape sur l'épaule. C'est JC, frais comme un gardon. Aucun signe chez lui de nos excès. Il me sourit, me salue chaudement et passe chez nos compagnons avec la même ferveur. Il se sert abondamment au buffet, tout en présentant un ticket à un des serveurs et vient s'installer à notre table.

- Il me tardait de vous voir ce matin. J'étais inquiet car, tôt ce matin, vous étiez tous dans un piteux état. D'ailleurs, si peux me permettre, vous me semblez tous encore bien fatigués.

- Si je peux me permettre cher JC, tu te trompes ! Nous ne sommes pas bien fatigués. Nous sommes anéantis ! Nous sommes comme des chiffes molles.

- Chiffe molle ? Dis-tu Ronan, quelle curieuse expression ? Je ne la connais pas mais je voudrais en connaître la signification, bien que je m'en doute car vous aviez débuté par 'anéanti ».

- Nous sommes tous totalement dépourvus d'énergie, comme un chiffon mou, comme une mauvaise étoffe, comme une loque.

Je relève que nos amis portent un certain intérêt aux explications de Ronan. Ils parlent tous tellement parfaitement bien le français qu'on en oublie que certaines expressions leur échappent. La conversation s'engage naturellement sur les agapes de la veille et sur ses débordements. Nous ne sommes pas tous « logés » à la même enseigne. Les premiers nominés sont Ronan et moi qui avons terminé par aller nous coucher et nous endormir sur le trottoir d'en face. Esor-Mary nous a suivis de peu, en s'endormant sous une table. Mitchel a bien tenu le coup et a précédé de peu Marco en s'affalant sur la table, la tête dans le plateau à fromages. Marco s'est ensuite rendu aux toilettes, d'où il est sorti sur l'insistance de JC. Tous, nous nous sommes installés, sans aide, dans le véhicule commandé par JC. Tous nous avons regagné nos chambres solidairement. Aucun de nous n'a gardé souvenir de ces évènements. On se regarde, on est dans la pure expectative. Faisons confiance à JC. Lequel, condescendant, ajoute :

- J'assume l'entière responsabilité. Jamais je n'aurais dû vous faire terminer la soirée par un cognac Vieille Réserve n°9 de plus de 70 ans d'âge.

- Après les bières et les schnaps c'était trop, je l'avoue. Bien mais, Madame Messieurs, « *Quid facit?* » Je vous propose d'en discuter dans mon bureau de Cologne.
Nous y répondons tous favorablement, il s'agit, en effet, d'une excellente idée. Nous terminons cependant paisiblement notre café. On est pris en charge dans deux véhicules afin d'être emmenés dans les locaux de JC.
- Installez-vous à votre aise, je reviens de suite.
Pas mal du tout le bureau de Monsieur le Directeur Général d'Eurofaux Allemagne. On y installerait deux appartements comme le mien.
- Tu habites Londres, chère Esor-Mary ?
- Absolument Ronan, et mon appartement me coûte les yeux, les yeux, les yeux quelque chose...j'ai oublié ce qu'on dit chez vous.
- Les yeux de la tête, comme on dit chez nous chère Esor-Mary.
JC entre à cet instant. Il s'installe à nos côtés dans un fauteuil du petit salon, qui ne comporte que huit fauteuils, un sofa de coin et une table basse ronde.
- Ma secrétaire se chargera du Procès-Verbal de réunion. Elle arrivera bientôt. En attendant, j'ai demandé qu'on nous serve des boissons, non alcoolisées rassurez-vous. N'hésitez pas à vous servir et à réclamer une autre boisson de votre choix. Service boisson suivi d'une dame assez jolie. Elle est souriante et apparemment confiante. Ses vêtements démontrent manifestement qu'elle aime la mode. Elle fait le tour de l'assemblée tout en nous serrant la main. C'est à cet instant qu'elle me transperce de son regard charmeur. J'en ai des frissons dans le dos. Je sens qu'Esor-Mary me regarde. De fait, elle a perçu mon étourdissement. Ah! Ces femmes, ces femmes!

Sans elles nous ne serions rien. Elles possèdent à la fois la douceur, la tendresse, la lucidité et la fermeté sans oublier leur foutue perspicacité qui, à chaque instant, nous traque au plus profond de nous. Nous les hommes êtres tellement inférieurs. Je m'efforce à sourire à Esor-Mary qui me gratifie d'un signe de tête accompagné d'un pincement de narines. D'accord, bien reçu la réprobation. Tout bien réfléchi son attitude, me conforte dans le sentiment que ça va marcher entre nous.

- Madame Schmitz est une de mes secrétaires. Toutes sont parfaitement bilingues et spécialisées dans une langue étrangère distincte. Madame Schmitz a effectué des stages en France et est devenue parfaite bilingue. Le P.V. sera rédigé dans les deux langues dont un exemplaire vous sera remis après votre départ. Le rapport qui, outre ce qui va se décider, reprendra l'inventaire complet des saisies, ne sera connu, jusqu'à plus, que par nous et Madame Schmitz. Enfin ! J'en ai terminé de ce cérémonial, moi qui ai toujours aimé la diversité et qui ai toujours eu peur de l'étiquette. Reprenons, point par point afin de coordonner au mieux nos actions respectives.

On sent que c'est un grand patron, il sait où il va et ne se prend pas la grosse tête alors que tout de même : c'est un *big boss* !

C'est Marco qui débute les joutes verbales.

- Je confirme que l'inspecteur des douanes de Gênes le nommé Carlo Zatnu et Magda Sach, la petite-fille du Docteur Sach, sont toujours incarcérés à Milan dans le plus parfait secret. Seule la hiérarchie de l'Administration des Douanes est au courant de l'incarcération de Carlo Zatnu.

- La famille de l'intéressé a été rassurée quant à son silence. Il leur a été signifié qu'il était en mission ultrasecrète, sans aucun contact possible avec l'extérieur, hormis avec son administration. Quant à Dana Yadrinka, l'amie de Hugo Sach, elle reste, jusqu'à présent, introuvable. Les analyses des débris de l'incendie de la société Sempre False du Zoning Industriel d'Ivoa Rameo sont terminées et confirment la fabrication : de plusieurs copies de vêtements de marque, d'huile d'olive contrefaite et de faux médicaments. Les marques copiées sont identifiées. À ce sujet, je vous remets la liste établie par les services scientifiques de Milan. Les recherches se poursuivent pour découvrir le lieu de retraite éventuel - à Milan, ailleurs en Italie ou n'importe où de Herr Sach, de Hugo Sach et de Yadrinka Dana. Une précision encore : l'enquête au sujet de l'attaque dans la chambre d'hôtel est terminée. Les deux gorilles ont été identifiés, il s'agit de deux sujets siciliens connus comme ayant fait partie d'une bande de braqueurs. Le dernier fait, connu, qu'ils ont commis est un braquage durant lequel ils ont tiré au 357 magnum dans le bras d'une employée. La pauvre a malheureusement perdu l'usage de la main droite. Ils ont été arrêtés, condamnés et incarcérés pendant 5 ans et libérés sous conditions. Comme d'habitude en quelque sorte. Retenons qu'ils se sont amendés depuis… Aucun autre indice probant n'a été révélé depuis les derniers éléments que je vous ai communiqués à savoir que rien n'a été diffusé. Je vais rentrer à Milan afin de reprendre la direction de la suite. Oui, pour vous Madame Schmitz : le bilan de l'opération de Milan, visant à sauver nos amis belges Jérémy et Ronan.

- Lorsqu'ils ont été enlevés et séquestrés dans une chambre de l'hôtel qu'ils occupaient, s'est soldée par deux arrestations. À savoir l'inspecteur des douanes Carlo Zatnu et Magda Sach, malheureusement aussi par deux décès. Il s'agissait d'hommes de main du Docteur Sach dont l'identification est toujours en cours.

- Quelqu'un a-t-il quelque chose à ajouter ou à se faire préciser ? Non, d'accord. Et vous Madame Schmitz ?

- Si vous me le permettez, pourriez-vous me communiquer les identités des deux gorilles, comme vous dites.

- Certainement, il s'agit des nommés Baccio Catone et Ippazio Telemaco. Ils sont connus d'Eurofaux pour trafics, escroqueries, meurtres.

- Grand merci Monsieur Magisce.

Marco ne peut dissimuler son étonnement, lequel n'échappe pas à JC.

- Madame Schmitz ici présente possède vos dossiers qui nous ont été transmis par vos autorités respectives. Il s'agit uniquement de vos dossiers administratifs, bien évidemment. Rassurez-vous, aucun de vos nombreux écarts n'y est révélé.

Et il rit. Décidément ce bon JC me plait de plus en plus. Ce sera un excellent ami et je ne doute pas qu'il fasse l'unanimité car tous nous rions de bon cœur. Esor-Mary sort un mouchoir typiquement français, c'est un amiral Desbordes. Pure coïncidence que je connaisse. En effet, ma cousine ne jure que par ce modèle et je lui en offre toujours six à l'occasion du Nouvel-An.

- Excusez-moi, mais le rire me fait pleurer.

Elle rit de nouveau de son bon mot. L'ambiance étant ce qu'elle est, tout le monde enchaîne, y compris Madame Schmitz.

- Excusez-moi de nouveau. Nous sommes tellement détendus alors que les événements ont été et sont encore graves. Mon patron, Michaël Dalcqow, et moi avons rencontré Marco, Ronan et Jérémy à Londres. Ils devaient, en principe, y rencontrer Sach. Nous leur avons prêté main forte. Or, non seulement ils n'ont pas rencontré Sach mais ils se sont mesurés à deux Serbes armés de Kalachnikov en arrivant au niveau -3 du parking de leur hôtel londonien . Les agresseurs n'ont d'ailleurs pas hésité à faire feu. Les deux Serbes ont été mortellement atteints lors de l'échauffourée qui s'en suivit. Marco a été blessé par balle. Les tueurs sont identifiés depuis ce matin. Il s'agit des nommés : Georgjie Prohor et Nikolaj Zdravko, tous deux étaient connus d'Eurofaux pour trafics d'armes, meurtres et assassinats. Ils étaient également impliqués dans le conflit serbo-croate. Ils étaient également soupçonnés d'avoir participé à des solutions finales lors de la guerre. Je ne me permettrai pas de qualifier leurs actions car la Cour Internationale de Justice a jugé que ni la Serbie ni la Croatie n'avait commis de génocide. Nos amis ont eu beaucoup de chance face à ces dangereux individus. Depuis, nous suivons l'affaire en collaboration étroite avec nos amis. Je vais rentrer à Londres et m'attacher au volet serbe. Des questions ?

Personne ne répond, dès lors JC s'empresse de se redresser sur son fauteuil :

- Merci Esor-Mary. Je propose un break.

Heureuse initiative, je scrute ma Pontiac qui affiche 12 heures 45. Je réprime un bâillement tandis que Ronan, lui, ne se prive pas de rugir. JC qui quittait sa « salle de danse » s'est même retourné d'un air inquiet.

- Je cours chercher un dompteur de fauves et j'arrive.

Sacré JC, toujours un bon mot. Je serais curieux de connaître son comportement vis-à-vis de ses collaborateurs directs. Réflexion stérile qui, instantanément, me quitte. On se secoue, chacun à sa manière. Un petit tour aux toilettes et tous nous sommes d'attaque pour la suite. JC entre dans la pièce tout en poussant un charriot. Il est suivi d'une dame qui porte un panier en osier recouvert d'un drap à carreaux. Ronan qui, manifestement, revient en forme, s'écrie :

- Chouette, on va déjeuner sur l'herbe !

Marco et Mitchel qui tournaient le dos à la scène ne comprennent pas immédiatement et font mine de ne pas avoir entendu. Esor-Mary est toujours aux toilettes. JC sourit sans plus. Moi, je feins de ne pas avoir entendu, je regarde ailleurs. Ronan assume et s'assied. La gêne des autres autour de lui l'informe de l'impasse dans laquelle il s'est fourré. Une échappatoire, Esor-Mary sort des toilettes. Elle est resplendissante de fraîcheur et s'est discrètement remaquillée.

- Cher JC, quel bonheur. Figurez-vous que je me suis surprise à penser : j'espère que JC va nous ramener un petit quelque chose à manger ! Bravo ! J'ai faim et je suppose que je ne suis pas la seule. Vous êtes irremplaçable JC !

Intarissable, notre Esor-Mary se lance dans une avalanche de qualificatifs flatteurs. Elle est surprenante car son lyrisme n'a rien d'une éloquence boursoufflée.

- Ma chère ne voilà-t-il pas une nouvelle démonstration de votre parfaite maîtrise de la langue française. J'en suis marri car je ne pourrais vous rendre la pareille.
Que de grandiloquence dans cet échange. Je décide d'en finir, lorsque Madame Schmitz intervient à point nommé :
- Pardonnez-moi, dois-je m'assurer du café dès à présent ?
- Sapristi, bien sûr que oui, je l'ai complètement oublié. Allez-y, courrez Madame Schmitz. Mes amis, j'ai commandé pour notre déjeuner du fromage et de la charcuterie, les petits pains sortent du four. Installons-nous.
Ce déjeuner est l'occasion de parler de notre vie privée. Il est intéressant de mieux connaître les gens car on s'imagine, parfois, des choses qui sont à cent lieues de la réalité. Esor-Mary et moi sommes les seuls célibataires, les autres ont charge de famille. Je les admire car c'est difficilement conciliable avec la vie que nous menons. Mitchel est à des milliers de kilomètres de chez lui depuis plus d'un mois, Marco est souvent absent. Depuis notre récente affectation il n'est rentré que quatre fois chez lui, à chaque fois pour une journée seulement. JC revient de trois semaines de mission et est rentré chez lui cette nuit, après le restaurant. Et nous ne sommes pas les seuls. Je craignais que le déjeuner nous assomme, pas du tout. Je constate que tous, nous sommes prêts pour le final. JC s'adresse à moi.
- Je propose que tu reprennes la suite.
- Merci JC, mais nous avons nos habitudes. Ronan expose et je corrige ou précise éventuellement. À toi Ronan.

- Plusieurs volets de l'affaire se présentent en des lieux différents. Tout d'abord à Amsterdam. Franz Vanhuizenout, introuvable pour le moment, m'y rencontre. Je lui fais l'article. Jérémy fait le guet et le prend en filature. Le long des canaux nous sommes fouillés. Ensuite Cologne, où nous sommes invités à rencontrer Sach qui nous convie dans son bunker qu'il nous fait visiter. Sur place se trouvent également Magda et Mitchel. Nos services n'ont pas réussi à nous situer à cause d'un parfait brouillage tant dans le véhicule de Sach que dans son bunker. Sur le chemin du retour notre technicien, Jérôme, nous intercepte et nous rend la virginité que nous venions de perdre, à notre insu. Vient ensuite Milan où nous avons le grand plaisir de rencontrer Marco qui nous aide dans l'affaire. Nous exerçons une surveillance des entrepôts de la société Sempre False. Nous découvrons des échantillons et des tissus à l'effigie de marques prestigieuses. L'endroit est bien tel qu'il nous avait été désigné. Un petit épisode avec un chauffeur de tracteur qui devient un informateur peu fiable. Nous suivons des colis jusqu'au port de Gênes. La marchandise est entreposée dans des filets et conteneurs qui sont chargés sur un porte conteneur. C'est là que Ronan rencontre Carlo Zatnu, l'inspecteur des douanes de Gênes. L'entrepôt est incendié et des traces sont relevées comme vous l'a expliqué Marco. Nous sommes découverts, sans le savoir, et attirés dans deux attentats, le premier à Londres, le second à Milan, comme exposé précédemment. Ronan et moi nous nous proposons d'enquêter à Amsterdam afin de retrouver Franz Vanhuizenout qui pourrait, peut-être, nous mettre sur la piste de Sach.

- Notons que nous sommes les seuls à pouvoir reconnaître cet individu. C'est un volet à exploiter, ne fut-ce que pour pouvoir l'écarter définitivement.

- Parfait Ronan. Quelque chose à ajouter ou à éclaircir ?

Personne ne répond, c'est suffisamment complet étant donné les synthèses précédentes. Finalement tout se rejoint.

- Madame Schmitz, vous qui venez de naître dans cette affaire, y a t-il quelque chose qui vous échappe jusqu'à présent ?

- Non, je ne pense pas. Si lors de la rédaction finale je relevais une lacune je me permettrais de venir solliciter des précisions. Vous ne serez pas loin.

Juste ! On est là jusqu'au contrôle du P.V. et jusqu'à la remise du dossier complet avec ses annexes.

- Mitchel et moi, nous nous chargerons des recherches à Cologne et d'ailleurs partout en Allemagne, si besoin. À toi Mitchel.

- Le FBI a eu « vent », vous savez ce que ça veut dire, qu'un ressortissant allemand s'apprêtait à vendre des têtes nucléaires. Rapidement les soupçons se sont concentrés sur celui qui se faisait appeler le Docteur Priam Sach. L'opportunité m'a été donnée d'infiltrer son réseau et je suis rapidement devenu son homme de confiance. Magda lui donnait entière satisfaction, mais je me suis imposé grâce à mes connaissances dans la contrefaçon et dans les armes et munitions. J'avoue que ce sont mes contacts réguliers avec le bureau du FBI qui ont contribué à parfaire ma spécialisation dans les faux. Le Docteur Sach se méfiait de Hugo, j'en ignore encore les raisons, conflit de génération peut-être ? Mon activité au sein de l'entreprise de Sach était limitée.

- En ce sens où je l'accompagnais de temps à autre, que je veillais à la bonne tenue de l'entrepôt, et aux chargements et déchargements des diverses marchandises. Jusqu'à ce jour, je n'ai jamais réceptionné ou livré de l'armement lourd, pas plus que des véhicules militaires. Je sais que ce genre de matériel a fait l'objet de plusieurs ventes. Malheureusement je n'ai jamais participé à une quelconque transaction. Sach se chargeait lui-même de ce genre d'affaire. Il était rarement accompagné. Parfois, cependant, de la seule Magda, dans ce cas, c'était uniquement l'atout charme qui le motivait. Durant ces six mois, je n'ai connu que l'entrepôt de Cologne. Il a séjourné, en ma compagnie, dans les hôtels que vous connaissez ainsi que, successivement, depuis mon arrivée, à Prague, Berlin, Munich, Rotterdam, Bruxelles, Chicago, Montréal et Paris. En ce qui me concerne, je l'ai uniquement accompagné à Munich. Cependant je n'ai participé à aucune entrevue. Je suis persuadé qu'il possède, de par le monde, un ou plusieurs lieux de retraites et qu'il possède encore bien d'autres identités. Une piste aurait été bien utile : « trouver la femme » mais je ne lui connais aucune liaison. Je suis certain qu'il se trouve toujours sur le sol allemand. Ses affaires doivent continuer, il y a encore des livraisons en cours et par conséquent des soldes à percevoir. C'est ici capital de faire intervenir le service des douanes afin de tenter de déterminer les endroits de livraison des différentes marchandises. Cette piste permettra, j'espère, de cibler Sach. J'en termine ici. Y a-t-il des questions ?

- Discussion rondement menée. Je vous signale que vous pouvez disposer d'endroits discrets pour aviser vos services, du moins si vous le désirez.

- Je vous rassure qu'il n'y a pas d'écoute en ces lieux. De toute manière, je suppose que vous n'avez pas de confidences particulières à faire. Cette proposition, mes chers amis, n'a d'autre but que celui de vous faire gagner du temps.

- Je me permets de prétendre que cette initiative nous convient parfaitement à tous, cher JC, précise Esor-Mary.

Nous acquiesçons tous d'un hochement de tête et, sous la conduite de JC, nous allons occuper des bureaux distincts.

- Monsieur le Commissaire, je sentais que vous alliez me téléphoner.

- Sans blague, patron, vous voici devenu devin !

Un peu forte cette entrée en matière dans laquelle, outre mon outrecuidance, je lui rends son bonjour éternellement absent.

- Devin dites-vous, Jérémy ? Sans aucun doute et bien plus encore. Vous ignorez tous mes nombreux autres dons. C'est pourquoi je suis ici à ma place et vous là-bas. Tout cela parce que vous n'avez pas le « don » car la fornication et le vin et le moût ôtent le sens.

- Je suis ici dans les locaux de JC. Nous venons de terminer d'échanger nos renseignements. Nous attendons que la secrétaire de JC nous remette le rapport définitif auquel sera joint l'inventaire des découvertes dans le bunker de Sach, ici à Cologne.

- Cette chère Madame Schmitz, toujours aussi charmante je présume et, ce qui ne gâche rien, extrêmement compétente. Je vous prierai de lui présenter mes hommages. Allons-en au fait à présent.

Il m'a particulièrement contrarié avec ses considérations sur le don, mais je reconnais qu'il est toujours aussi brillant. Un jour, je lui citerai un nom illustre venu de nulle part en espérant qu'il ne connaisse pas la personne.

- En résumé, chacun s'occupera de l'enquête dans un pays bien déterminé : Marco l'Italie, JC et Mitchel l'Allemagne, Esor-Mary va rentrer à Londres pour ensuite s'occuper du volet serbe quant à nous, nous débuterons par Amsterdam.

- Excellent, il serait en effet intéressant de pouvoir mettre la main sur le nommé Franz Vanhuizenout. Il vous mènera peut-être à Priam Sach. Très bien, continuez, vous avez mon appui.

Clac ! Il a raccroché. Je constate une nouvelle fois qu'il n'oublie RIEN !

Je regagne le salon. Ronan est en pleine conversation avec JC. Mitchel et Marco sont tous deux penchés sur un plan. Esor-Mary entre à son tour. Mitchel prend la parole.

- Avec Marco, nous pensons qu'il serait intéressant que l'enquête allemande se poursuive au port de Hambourg. Notons qu'il s'agit tout de même du troisième d'Europe après celui de Rotterdam et celui d'Anvers.

- Ronan et moi en arrivions, à l'instant, à la même conclusion. Les grands esprits ne sauraient que se rencontrer.

- Après mon compte-rendu, Michaël Dalcqow, me proposait le port de Belgrade. Coïncidence, n'est-il pas ?

- Finalement, nous reprendrons tous l'enquête dans une ville portuaire, relève Marco. Ronan et Jérémy à Amsterdam, JC et Mitchel à Hambourg, Esor-Mary à Belgrade et moi je propose de me rendre à Naples.

- Madame Schmitz arrive dans quelques instants. Pour patienter, Kaffee Kuchen et Gâteau Forêt Noire. Je propose que nous tentions de nous changer les idées par une conversation entre amis.
Cette suggestion de JC nous convient apparemment à tous car nous développons la conversation sur des thèmes plus personnels. La famille, la carrière et même les loisirs sont abordés. Je porte un intérêt particulier à Esor-Mary. Sa formation et ses stages ont tout naturellement éveillé l'intérêt du MI5. Ses qualités et son opiniâtreté dans le travail l'ont amenée au poste actuel de Directrice Adjointe d'Eurofaux Angleterre. Ses loisirs seraient limités à la lecture et à l'éducation de ses deux fils car elle vit seule, étant divorcée, le père de ses enfants ne s'en occupant que très rarement. Je ne manque pas de relever cette dernière remarque.

La Secrétaire de JC entre et me délivre de ma gourmandise. Je me rends compte que, machinalement, j'ai « engouffré » deux morceaux de Gâteau Café et deux autres de Forêt Noire. Elle nous remet un dossier dont le volume révèle que les pièces découvertes sont pharaoniques. Après les formalités d'usage et les civilités nous sommes tous ramenés à notre hôtel. Le silence qui a régné dans le véhicule témoigne de l'état de fatigue générale. De fait, nous regagnons nos chambres sans prendre la peine de fixer un rendez-vous pour la soirée. C'est certain, on va tous s'écrouler. Ronan annonce la couleur, il se déshabille entièrement, se brosse les dents, enfile son pyjama et se couche. Je prends la suite dans la salle de bains, pyjama et me couche. Je pense à Esor-Mary, Ronan dort déjà profondément. Je regarde l'heure, 19 heures, ce n'est pas possible de dormir à cette heure…

Une idylle

C'est mon estomac qui m'éveille. Il est 22 heures 10, Ronan ronfle la bouche grande ouverte. Je dois me lever car mes douleurs ne sauraient disparaître sans mon médicament. Je suis en nage, les pâtisseries ont du mal à passer. Je me précipite dans la salle de bains. Un haut le cœur et puis plus rien, dommage car cela m'aurait soulagé. J'avale mon médicament et j'ai une pensée pour mon gastro. Je m'assois dans le fauteuil faisant face à la fenêtre, je ne peux m'empêcher de penser à Esor-Mary, j'ai des idées plein la tête. J'imagine diverses situations avec elle qui me font entrer dans mon sommeil polyphasique que je n'ai plus pratiqué depuis Milan. 23 heures 05 à ma Pontiac, je suis en pleine forme. En toute lucidité, je décide de téléphoner dans la chambre d'Esor-Mary. Seconde sonnerie, on décroche :

- Esor-Mary, c'est Jérémy. J'espère ne pas t'avoir éveillée ?

- Et bien non ! Je viens de sortir de mon sommeil et je pensais précisément à toi. Curieuse coïncidence, tu ne trouves pas ?

- Et comment, je viens moi-même de m'éveiller et je n'ai pu résister à l'envie de te sonner.

- Qu'est-ce que tu fous, bon sang ?

- Je suis en conversation avec Esor-Mary, rendors-toi.

- C'est Ronan qui vient d'ouvrir un œil et qui l'a refermé immédiatement. Si on prenait un verre au bar, qu'est-ce-que tu en penses ?

- J'en pense beaucoup de bien, je suis, bizarrement, en pleine forme. Rendez-vous au bar dans trente minutes maximum, d'accord ?

- Parfait, à tout de suite.

Je suis tel l'adolescent qui se rend à son premier rendez-vous avec celle qu'il n'avait jamais espéré. Je m'active et je me surprends à fredonner tandis que j'attache les boutons de ma chemise CC blanche en coton. La nuit va être courte, je le sens. Tandis que je ferme la porte de la chambre, j'entends Ronan qui grommelle. Bast ! Dans un hôtel de cette classe, le bar est ouvert 24/24. Marco est au bar, il a une sale tête. Il me voit et me regarde intensément.

- Ben mon vieux, t'es en pleine forme !

- Toi, par contre, je ne pourrais en dire autant. T'as une sale gueule !

- Ouais, je sais. Pas possible de dormir. Alors comme tu vois, je suis descendu au bar. Mais rassure-toi, je consomme uniquement du jus de pamplemousse. Et toi que viens-tu faire ?

- J'attends Esor-Mary.

- Vite, je m'éclipse, je ne voudrais pas compromettre ton rendez-vous galant.

Aussitôt dit, aussitôt fait. Il est extra ce Marco. Je m'installe au bar afin de laisser à Esor-Mary le choix de sa place. Je commande un jus d'orange-citron ; alors que le jus de pamplemousse de Marco me paraissait être succulent. Ce fruit est incompatible avec mon médicament. Dommage !

La voilà, rayonnante dans un jeans seyant qui ne cache rien de ses formes, du galbe de ses hanches, de ses cuisses prometteuses. Sa veste légère sur un chemisier de soie ne dissimule pas grand chose de sa gorge profonde. Son maquillage discret est cependant très certainement étudié car il met en valeur ses superbes yeux de braise. Un parfum captivant émane de tout son être. Et son cul, quel cul bon sang ! Me vient à l'esprit un extrait de *Sexus* le premier tome de *La Crucifixion en Rose* de Henry Miller.

'Le cul d'une femme vous renseigne exactement sur elle : caractère, tempérament ; vous dit si elle est ardente, morbide, gaie ou légère ; réceptive ou non, maternelle ou amoureuse du plaisir, active ou indolente ; voire si elle est sincère ou menteuse de nature.

En fait, lorsque je pense au sexe, je me réfère souvent à des lectures, c'est étonnant mais c'est comme ça. La suite est écrite, Esor-Mary est là pour toute autre chose qu'un verre de l'amitié. Elle sourit, se penche et m'embrasse sur la joue.

- Je t'avoue que je suis ravie de ton coup de fil. Comme je te l'ai dit, je pensais à toi et j'étais bien éveillée. Trop certainement pour me rendormir. Bon, on s'assied où ?

- Choisis, c'est où tu veux.

- Pourquoi pas sur le sofa, là-bas un peu à l'écart ? Nous pourrons converser en toute intimité.

- Parfait, je te commande un verre ? Une coupe de champagne peut-être ?

- Merci, mais je préfère un jus de Pamplemousse.

- Vos désirs sont des ordres Madame Éddot. Installez-vous, j'arrive de suite.

J'en profite pour commander un autre jus d'orange-citron. J'apporte le tout. Je m'assieds à ses côtés et subitement je me sens parfaitement bien. Je suis calme et je savoure l'instant.

- À notre santé. Et comme dit toujours un ami restaurateur « Santé Bonheur ». Je trouve cette formule pleine de douceur et de promesses.

- Jamais entendu pareille formulation. Je vais la retenir et la resservir à mes amis Anglais et à mon patron Michaël Dalcqow. Je ne sais pas si elle aura la même saveur en anglais 'Cheers and Happiness'. Qu'en penses-tu ?

- Seuls tes amis seront en mesure de te dire ce qu'ils en pensent. Ça me paraît bien refléter l'intention de Manuello, le restaurateur à l'origine de cette formule.

Après cette entrée en matière, d'un intérêt hautement philosophique, nous dissertons de tout et surtout de rien.

Je ne suis plus d'accord avec la citation de Georges Clémenceau. Ce n'est plus du tout : « Le plus beau moment de l'amour, c'est quand on monte l'escalier ».
Non ! C'est là maintenant, à l'instant, celui que je savoure ici sur le sofa avec Esor-Mary. Elle penche la tête et entre deux mots, soudain, elle m'embrasse. Elle a pris l'initiative, je n'étais certainement pas assez entreprenant. C'est une femme d'action. Elle le prouve. Je lui rends son baiser intensément en lui passant le bras à la taille. Je sens sa cuisse contre la mienne. Soudain elle se ravise et s'écarte.

- Allons dans ma chambre !

Voilà ! Là comme ça ! À brûle-pour point ! Je la regarde droit dans les yeux. Elle m'enivre littéralement.
On se dresse, main dans la main nous passons devant le bar. Je précise le numéro de ma chambre au barman. Et, dorénavant, je plagierai honteusement Clémenceau, en précisant que :
« Le meilleur moment de l'amour, c'est quand on monte en ascenseur ».

« Acta fabula est ». La pièce est jouée, nous sommes épuisés et cependant nous n'éprouvons aucune envie de dormir. Il est 05 heures 15 à ma Pontiac.

- Je pense qu'il serait raisonnable que je regagne ma chambre car dans quatre heures nous devons nous retrouver au restaurant. Qu'en penses-tu Esor-Mary ?

Manifestement je me suis trompé en pensant que nous sommes épuisés.

Je suis épuisé. Esor-Mary pas encore tout à fait. Et, miracle de la nature, mon sexe que je crois mort m'étonne encore. Il continue à se tenir levé comme l'hypothèque d'un créancier. Et sur ce sexe qui, maintenant, m'est étranger, Esor-Mary se tortille tel un débiteur indélicat tentant de remplir ses obligations. Plus qu'épuisé, écœuré, je m'écroule.

- Jérémy, Jérémy, il est 08 heures, debout, vite rentre dans ta chambre. On va être en retard.

- Facile à dire et surtout difficile à faire lorsqu'on a des jambes en coton, le dos en miettes et la batterie à plat. Tu te rends compte de ce que tu m'as fait ? Non ? Tu m'as tué, je viens de prendre cent ans dans la tronche.

- Tronche ! *What does it mean?*

- Ça veut dire le visage, la gueule. Toi aussi tu es fatiguée car tu viens de me poser la question dans ta langue maternelle. C'est un signe.

- Allez, ouste, *go home*, fiche le camp, *get out* !!! Je cours à la douche. Toi tu devrais faire de même, tu pues l'amour.

Elle referme violemment la porte de la salle de bains en éclatant de rire.

Rien ne lui échappe

Ronan n'a pas commenté mon apparence. On est assis à table avec Ronan et la fascinante et pimpante Esor-Mary. Marco nous suit de peu. On attend Mitchel Manney qui, habituellement, est à l'heure. Déjà un quart d'heure d'attente, cela devient inquiétant. Marco s'apprête à le contacter lorsqu'il apparaît dans le restaurant. Il est méconnaissable, lui toujours tiré à quatre épingles est fripé comme un clochard, les cheveux ébouriffés et sa barbe naissante laissent préjuger d'une sacrée nuit.

- Mes amis, jamais, au grand jamais ne vous laissez attirer par une sortie avec JC. Je le quitte à l'instant et il nous rejoindra, a-t-il dit, dans une demi-heure. Je monte me doucher, me changer et j'arrive. Je vous en prie commencez sans moi.

Nous nous regardons en dissimulant à peine notre étonnement. Mitchel ne paraissait pas ivre mais, par contre, son état général ne cadrait pas avec le personnage que nous connaissions jusqu'alors. On se sert du café en attendant et en mesurant l'ampleur de ce qui nous attend encore. Et, de fait, nous avons encore un sacré chemin à parcourir d'ici la clôture, tant espérée, de l'enquête.

- Hello vous tous. Déjà au café ?

C’est JC, à la fois chic et décontracté. Aucun aspect de fatigue ne transpire de sa personne. Il est souriant, embrasse Esor-Mary, nous serre chaleureusement la main et s’assoit.

- J’ai de bonne nouvelles. Il semblerait qu’un chargement soit attendu au port de Hambourg. Ce qui confirmerait que Mitchel et Marco avaient visé juste. Je ne possède encore aucune confirmation. Suite à nos soupçons, le service des douanes aurait ciblé trois conteneurs provenant du Sénégal via le Pakistan. Ils contiendraient l’un du coton, l’autre du riz et le troisième de la canne à sucre. En fait, c’est le conteneur de riz qui a attiré l’attention des autorités douanières. En effet, dans les douze pourcents de produits agricoles importés par l’Allemagne, le riz pakistanais n’y figure pas. Mitchel et moi, on va s’y attaquer. Notre départ pour Hambourg est prévu dans trois jours, soit le jour précédant l’arrivée du cargo transporteur.

Mitchel arrive sur ces entrefaites. Il est présentable à présent. Il se penche embrasse Esor-Mary et nous serre la main.

- Chère Esor-Mary, ce n’est pas un parfum français mais américain. Il s’agit de « New-York » qui sera bientôt exporté en Europe. Il va faire un malheur !

Il enchaîne immédiatement :

- JC vous a exposé ses précieuses informations ainsi que notre prochaine mission de surveillance et certainement de filature au port de Hambourg.

- Bien ! Je tiens à souligner notre remarquable déduction à Marco et à moi à ce sujet.
Il sourit, tape l'épaule de Marco et pointe ensuite le pouce vers le haut. Il est content de lui et marque, de la sorte, sa propre approbation. C'était un zombie et le voici revenu à la vie.

Sous la table, Esor-Mary tente de me caresser avec son pied déchaussé. Je rapproche, au maximum, ma chaise de la table. Il semblerait que ces manœuvres n'aient pas alerté nos voisins. Elle me touche enfin l'endroit ciblé.

- Je propose que nous nous rendions au buffet.
Apparemment Ronan a faim. Esor-Mary, de son regard expressif, m'invite à rester en place. Je comprends lorsqu'elle se penche sous la table et me demande de repousser, discrètement, une de ses chaussures vers elle. Nous sourions d'un air complice. Elle se lève et se dirige vers le buffet tandis que revient déjà Ronan. Je m'apprête à me lever lorsqu'il se penche à mon oreille.

- Je n'étais pas spécialement pressé de me rendre au buffet mais le frottement de la jambe d'Esor-Mary sur la mienne commençait à me perturber.
Coup de poing amical à l'épaule, sourire complice, clin d'œil. C'est mon pote.

- Et vous Jérémy et Ronan, vous quittez quand pour Milan ?
Interroge Mitchel en s'installant à table avec son assiette chargée à ras bord.

- Demain dans le courant de l'après-midi, l'avion vers 16 heures et quelque.
J'avais complètement effacé ce départ de mon esprit, cependant bien prévu. Du coup je me fige. Le regard d'Esor-Mary en dit long, lui aussi, sur son désappointement. La séparation va être cruelle.
- Sapristi, moi aussi je décolle dans le même avion que vous. J'avais complètement zappé ce départ. On est tellement bien ici ensemble que même nos discussions me laissent à cent lieues de la poursuite concrète de l'affaire.
Marco semble en effet aussi désabusé qu'Esor-Mary et moi. Du moins ses propos viennent de le trahir.
- Je gagne, car moi c'est demain matin que je décolle pour Londres. Mon avion est à 07 heures. J'ai d'ailleurs l'intention de profiter de la journée pour effectuer quelques achats. Je vous verrai ce soir pour le repas d'adieu ou du moins d'au revoir. À ce sujet, où m'emmenez-vous dîner ce soir Messieurs ?
- J'avais prévu un endroit très familial, fermé au public aujourd'hui et spécialement ouvert pour nous. C'est une surprise. Je vous donne rendez-vous à 19 heures 30. Je serai avec un chauffeur. C'est ok, pour vous ?
Aucun d'entre nous ne contesterait une pareille invitation de JC. On le connaît, très peu, certes, mais suffisamment pour s'imaginer ce qu'il nous a préparé.

- Je suppose que tous nous allons nous attacher à la rédaction du rapport après avoir contacté nos chefs respectifs.

- Ronan, arrête de nous casser la journée. Si tu n'as que cette idée, garde-la bien pour toi.

- Je suis désolé Marco, mais nous sommes tous des exécutants disciplinés et soumis à des obligations. Alors on y va !

- C'est la vie, les amis. Je vais moi-même dicter mon rapport à Madame Schmitz. À ce soir 19 heures 30, n'oubliez pas.

Tous, nous nous levons et quittons le restaurant. Je fais demi-tour en arguant que j'ai laissé mon Smartphone sur la table.

Esor-Mary attend, seule, devant la porte de l'ascenseur. Elle m'attend, c'est clair. On entre tous les deux, nous sommes seuls, les portes se ferment. Aussitôt elle me saute dessus et m'embrasse avec fougue. C'est chaud, chaud bouillant ! Arrêt au second étage, une dame entre et nous tourne le dos. Elle porte un sac de plage, actionne le bouton du septième. C'est l'accès au toit et il me revient qu'en effet la piscine est sur le toit. Dans notre précipitation nous n'avons même pas déterminé un étage. Va pour le toit. Esor-Mary me caresse par-dessus mon jeans, rien que de vagues et d'agréables sensations. Ça promet pour la suite. Septième étage, la dame quitte l'ascenseur. Deux jeunes gens entrent, leurs cheveux sont mouillés.

Une odeur de chlore, des rires, des gouttes sur le sol, ils sont jeunes, pleins de vie. Esor-Mary, tout en insistant plus longuement sur le tissu de mon pantalon, actionne le bouton du troisième. C'est son étage les portes s'ouvrent. Sans me lâcher et sans vergogne elle me tire dans la chambre. Je ferme la porte d'un coup de pied. Ma fougueuse Anglaise fait volte face, me plante sa langue dans la bouche avec fureur et glisse la main au plus profond de mon jeans. Oubliées les vagues et agréables sensations, arrivée d'une succession de tsunami et d'explosions volcaniques.

Le temps a suspendu son vol, comme l'écrivait Lamartine dans *Le Lac*. Ces vers sont particulièrement bien adaptés à mon état d'esprit actuel, je pense, ou plutôt j'en suis certain, car ils sont formulés comme suit :
Ô temps ! Suspends ton vol, et vous, heures propices !
Suspendez votre cours :
Laissez-nous savourer les rapides délices
Des plus beaux de nos jours !
Jamais je n'oserai faire part à Esor-Mary de ces pensées intimes qui lui sembleraient très certainement dépassées. Par contre ce qui est totalement dépassé : c'est ma queue ! J'ai l'impression qu'elle ressemble à une vieille chaussette qui a perdu son élasticité et tombe ainsi, toute fripée, sur la cheville. Esor-Mary s'est endormie. Je me lève, m'habille rapidement et, à regret, je quitte la chambre sur la pointe des pieds.

- Tu as remis le couvert, c'était bien, c'était mieux que cette nuit ?

- Sublime mon ami. Réconfortant, passionnant, bandant.

- Je ne veux plus rien savoir. Ce serait trop pour un homme en plein manque. Ceci dit, j'ai terminé le rapport qui, cette fois, était relativement simple et court. Tu jettes un œil et tu sonnes au boss ?

- Bien entendu. Tu es irremplaçable, ton efficacité est redoutable et n'a d'égal que ta conscience professionnelle. Tu n'existerais pas, il faudrait que l'on t'invente.

- Rigole, mais si je n'étais pas là tu tirerais une drôle de tête.

- Tu m'as entendu, j'ai bien précisé que tu étais IRREMPLAÇABLE !

- Je descends au magasin de l'hôtel. Après le boss, passe par la douche tu pues l'amour. Ah ! Oui ! Tu as besoin de préservatifs peut-être ?

Il évite de justesse le coussin de fauteuil que je lui lance à la tête et claque la porte. Ronan, ce cher Ronan, mon collègue, mon ami, mon pote.

- Salut Omer, comment vas-tu ? Toujours aussi coincé dans ta cravate. Un ami me disait dernièrement que si un homme porte la cravate c'est que ça fait moins con qu'une laisse. Le boss est là ?

- Bonjour Jérémy, ne vous voilà-t-il pas d'humeur allègre ? Je suis au mieux de ma forme, ce qui ne serait pas votre cas, m'a-t-on appris !

- Il paraît que vous profitez bien de vos vacances ! Ce serait même un peu trop voyant !
Boum ! Bien envoyé. Un boomerang dans la tronche. Je savais qu'un boomerang c'est comme un frisbee, mais pour ceux qui n'ont pas d'amis. Omer n'est pas mon ami et je ne suis pas le sien.
- Monsieur Jérémy va-t-il bien ?
- Bonjour Monsieur le Directeur. Fatigué mais d'attaque pour réengager les hostilités au vu des nouveaux événements. Vous avez reçu le dernier rapport et l'envoi de Madame Schmitz, je suppose.
- Tout est en ordre, pour une fois. Hormis peut-être ce qui me revient à propos de votre conduite.
- Ma conduite, je ne comprends pas. À quoi faites-vous allusion Monsieur le Directeur ?
- Tout simplement à votre relation avec la directrice adjointe. Ce genre de relation n'est absolument pas compatible avec l'exercice d'une mission. Vous le savez comme moi.
Je rêve, comment pourrait-il en avoir eu vent ? J'ai une entière confiance en Ronan et même si les amis avaient soupçonné la moindre chose, jamais ils n'auraient pris la peine d'en parler à qui que se soit. Esor-Mary est dans la même situation que moi et elle n'aurait jamais tissé, elle-même, la corde pour se pendre. Je veux en avoir le cœur net. Il n'est pas dans mes habitudes de mentir.
- De fait, je suis conscient de ma maladresse. Mais le cœur a ses raisons que la raison ne connaît point.

- Comment êtes-vous déjà au courant, dès lors que cette relation intime n'existe que depuis cette nuit ?

- Epargnez-moi vos réflexions. Blaise Pascal, bien avant vous, a émis cet adage philosophique dans ses *Pensées*. « tout se sait, tout s'apprend ».

« Rien ne se perd, rien ne se crée, tout se transforme » écrivait également Lavoisier. Vous manquez manifestement d'imagination. C'est Madame Schmitz qui m'a demandé de vous prévenir que vous aviez été filmé par les caméras de surveillance de l'hôtel à votre entrée dans la chambre de Madame Éddot ainsi que durant vos préliminaires sexuels dans l'ascenseur. Soyez convaincu qu'il n'y avait aucune malice dans sa démarche. Elle tenait tout simplement à ce que je vous mette en garde. Elle a été contactée par le directeur de l'hôtel qui voulait en faire part à Monsieur le Directeur Linnecrau . Madame Schmitz a pris sur elle de m'aviser personnellement et, sur mon conseil, ne préviendra pas JC.

- D'accord, mais ce n'est tout de même pas un crime ?

- D'accord, mais soyez discret dorénavant. Félicitation heureux homme !

Ronan a disparu

Mais que trafique Ronan. Une heure déjà qu'il est parti pour son shoping. Je sonne sur son Smartphone et c'est son répondeur. Je me décide à le chercher. Au bar, pas vu. Au restaurant, pas vu. À l'accueil pas vu. Au magasin, pas vu. Je regagne la chambre afin de prendre la photo que Marco a prise de nous, à la table d'un restaurant milanais. Je fais le même parcours en exhibant la photographie, sans succès. Je laisse un message sur son répondeur, j'envoie un message et un mail et je remonte dans la chambre.

- Esor-Mary, ça va ?

- Oui, bien merci. Malgré le fait que tu sois parti comme un voleur. Et toi ça va ?

- Moi, oui, mais je ne sais pas où se trouve Ronan. Or, il est descendu pour un petit shopping, il y a plus d'une heure. Je ne peux pas l'atteindre et personne dans cet hôtel ne l'a vu. Autre chose, on nous a vus toi et moi dans l'ascenseur et lorsque nous sommes entrés dans ta chambre. C'est mon boss qui a été prévenu par Madame Schmitz qui ne le dira pas à son patron. Bon, on verra pour la suite.

- Bon, comme tu dis. On verra la suite. Quant à Ronan, ça devient effectivement inquiétant. Préviens Marco et Mitchel et on se retrouve au bar dans un quart d'heure maximum. Je t'embrasse, c'était super ce matin aussi.

- N'exagérons rien, tu peux mieux faire. Je t'embrasse mon amour, et…

Elle a raccroché suite à ma plaisanterie, j'en suis sûr. Ma porte s'ouvre violemment. C'est elle. Elle m'arrache la chemise, détache et baisse mon froc sur mes chevilles et me fait basculer dans le fauteuil. Elle trousse sa jupe et me chevauche telle une dompteuse son cheval sauvage. Vite fait, bien fait. Elle va à la salle de bains en ressort rapidement, regarde sa montre sur le pas de la porte.

- Encore sept minutes, grouille-toi, tu vas être en retard.

Clac ! Elle est partie. Moi je suis abandonné à mon triste sort. Je dois me relaver quelque peu, me changer, téléphoner à Marco et à Mitchel et les trouver au bar dans sept minutes. Non, six à présent.

Ils sont déjà tous installés dans le salon. Je suis bien évidemment le dernier. Ils discutent vraisemblablement de la marche à suivre dans le cadre de la recherche de Ronan. Je m'assieds et ils me scrutent comme si j'allais donner la solution que je ne possède pas.

- Je propose que nous avisions JC de la situation qui, du reste, devient préoccupante. Il est chez lui et aura toutes les possibilités de prendre les mesures qu'il jugera nécessaires.

- D'accord avec toi Jérémy. Je m'y emploie directement.
Mitchel s'empare de son Smartphone et entre en contact avec la précieuse et discrète Madame Schmitz.

- Elle s'occupe de tout et assure que JC ne va pas tarder à nous rejoindre.
JC arrive, il est accompagné de deux jeunes hommes et d'une jeune dame. Les présentations se font, étonnamment, en français. On déménage au fond du bar. L'endroit est approprié à une discussion discrète car il s'agit d'une pièce annexe que l'on peut condamner en fermant les portes coulissantes. En plus, outre le bar occupé par quatre personnes, la salle est vide. Le regard que JC nous adresse à Esor-Mary et à moi ne laisse rien apparaître. Madame Schmitz a tenu parole. JC s'adresse à l'assemblée d'un air grave. Je ne l'avais pas encore vu aussi inquiet.

- Comme vous l'avez constaté je me suis assuré la collaboration de parfaits bilingues. Uta a un master en interprétation, le papa de Werner est français et a toujours exigé que l'usage du français soit d'application à la maison. Silvester revient du Canada avec un master en criminologie. Quant à notre affaire, première chose, je dois lancer un signalement aussi précis que possible. Uta, merci de prendre note des précisions que Monsieur le Commissaire Spécial va vous communiquer. Werner, assurez-vous de la diffusion du signalement et de la photo que voici.

- Silvester, reprenez l'enquête sur place, bien que Monsieur le Commissaire Spécial soit déjà passé. Faites-vous connaître, exhibez votre carte de service et insistez. Avec vous, peut-être que certaines personnes vont, soudainement, se souvenir avoir aperçu Monsieur l'Inspecteur Spécial Sgrob.

JC est un chef, ses instructions sont nettes et précises, sans aucune connotation péremptoire. Le ton était presque amical en quelque sorte. Tout son petit monde s'affaire. Marco, en homme d'action, comme nous tous d'ailleurs, ne nous surprend pas par sa question.

- Et nous, qu'est-ce qu'on fait maintenant ?

- Comme moi, on attend les nouvelles qui, j'en suis sûr, ne vont pas tarder. Silvester sait se montrer convaincant, croyez-moi. Je me permets de prendre vos commandes pour le bar.

Il a doublement raison, attendons et buvons quelque chose car « il fait soif ». Il décroche le combiné qui se trouvait sur la table et passe la commande exclusivement des jus de fruits. Il faut raison garder.

- Il a été enlevé, je le sens, l'angoisse me gagne. Je vous assure que c'est ce que je crains depuis le début. C'est un coup à la Priam Sach. Ce criminel a des yeux partout, il nous traque tous.

- Mon ami Jérémy, je suis entièrement de ton avis. Il est aux mains de Sach. J'ai d'ailleurs émis cette hypothèse en téléphonant à Milan.

- Tout à l'heure, mon patron de New-York a prétendu la même chose.

- Je le crains aussi. Nous en avons discuté ensemble quelque peu avant ton arrivée. Personnellement, je n'ai pas encore prévenu Michaël Dalcqow.

- Allez, j'arrête l'optimisme que j'ai affiché jusqu'ici. Bien évidemment que moi aussi je pense la même chose. J'ai communiqué cet élément à mes trois collaborateurs qui sont en possession d'une photo du Docteur Sach. Voilà, nous sommes tous dans le même état d'angoisse. L'inaction nous pèse à tous et c'est extrêmement frustrant d'être ici devant un jus de fruit. Patience ça va bientôt déménager, je le sens.

- J'ai une information qui vaut ce qu'elle vaut.

C'est Silvester, tout essoufflé, qui vient de nous rejoindre dans le salon « particulier ». Il s'adresse à son patron JC qui l'invite à s'asseoir et à se calmer.

- La coiffeuse de l'hôtel, dont le salon est proche des toilettes communes, a vu sortir des lieux d'aisances deux hommes qui soutenaient un troisième. Elle n'a pas gardé souvenir de leur physique et ne s'est pas inquiétée. Elle s'est, tout naturellement, imaginée qu'il s'agissait d'un homme ayant abusé d'alcool. Uta s'est assurée de la collaboration du détective du service interne pour une fouille approfondie des lieux, après avoir visionné l'ensemble des images de toutes les caméras.

- Elle confirme le témoignage de la coiffeuse mais est incapable de préciser avec exactitude qu'il s'agit bien de l'Inspecteur Spécial Sgrob. La tête de l'individu est penchée sur le torse, le menton sur le sternum, il est coiffé d'une casquette à carreaux et vêtu d'un long manteau. Impossible de déterminer quoi que ce soit. On peut, cependant, raisonnablement supposer qu'il s'agit de Monsieur Sgrob. Les deux individus qui le soutiennent sont de forte corpulence, taille plus d'1m80, vêtus tous deux d'un costume sombre et d'une chemise foncée. Seule une petite partie de leurs visages apparaît à l'écran. C'est parti pour analyse. Werner est toujours dehors, « il fait le trottoir ».

- Merci Silvester, je te commande un Coca light, comme d'habitude. Attendons Uta et Werner qui auront certainement recueilli d'autres informations. Nous pouvons supposer que les deux sbires ont embarqué Ronan dans un véhicule de Sach et qu'ils n'ont pas commis l'erreur de prendre un taxi. Patientons mes amis et gardons espoir.

C'est long, trop long, c'est fou ce que l'impuissance à gérer les événements mine l'individu et son potentiel énergétique. Je me surprends à me masser les jambes que je découvre flasques. Oui, d'accord la nuit et la fin de matinée ont laissé des traces. Ça vibre dans ma poche, l'écran de mon Smartphone affiche « n° caché ». C'est le Docteur Sach, j'en suis certain. D'un signe de la main j'invite l'assemblée à se taire.

- Bonjour Monsieur le Commissaire, vous et vos amis allez bien j'espère ? Permettez-moi de vous demander de brancher le haut-parleur. Cela vous évitera de répéter ce que j'ai à vous dire.
Marco branche la fonction enregistrement de son Smartphone et le place à proximité du mien.

- Comme vous ne l'ignorez pas, je détiens votre ami l'inspecteur Sgrob. Il sera relâché sain et sauf dans quatre jours si vous vous soumettez tous aux conditions que je vais vous exposer. Avant tout, je vous passe votre ami.

- Jérémy, j'ai rien vu arriver, je ne sais pas où je suis. Je suis entravé et …

- Courage Ronan, on va te sortir de là. Nous ne te sacrifierons pas. Les conditions de Sach seront les nôtres. On est tous avec toi, Marco, Mitchel, Esor-Mary, JC, tous quoi. On se reverra bientôt.

- Ça suffit comme cela, venons-en à mes conditions. Je m'adresse à vous Monsieur Magisce, à vous Monsieur Manney, à vous Madame Éddot, à vous Monsieur Linnecrau et à vous Monsieur Nikwil, soyez attentifs. Si j'ai le moindre doute quant au non respect de l'accord que nous allons prendre, sachez que je n'aurai de cesse de m'attaquer à vous et à vos familles. Le premier sur la liste est évidemment Monsieur Sgrob. Personne ne m'échappera, aucun d'entre vous, aucun membre de vos familles. Je vous en fais le serment.
Nous vivons un moment d'une rare intensité dramatique.

Je sais que cette expression peut sembler peu appropriée car elle a des relents sarcastiques. Nonobstant, c'est le cas, l'instant est dramatique. Aucun d'entre nous ne doute ni des moyens de Sach ni de sa pugnacité. Il l'a suffisamment prouvé depuis son enfance.

- Votre silence m'apporte la certitude que vous avez parfaitement bien compris. Mes conditions Madame, Messieurs sont en fait très simples : arrêtez immédiatement toutes vos investigations ainsi que les éventuelles poursuites par vos services ou tout autre service durant les quatre jours qui vont suivre. Cet ultimatum prend cours ce jour dans soixante minutes. N'oubliez pas que j'ai à ma disposition une véritable armée, prête à agir.

- Nous ne doutons pas de vos capacités Herr Sach. Permettez-moi de préciser que nous détenons votre petite-fille Magda. Elle est au secret, et par conséquent seuls quelques uns connaissent son existence. Ça veut tout dire quant à son destin. Réfléchissez, vous aussi, au sort qui pourrait être réservé à vos proches.

- Comment ! Vous osez me menacer, vous et votre petite troupe d'incapables qui ne trouveraient pas de l'eau dans le Rhin.

Touché, mais certes pas coulé. C'est la première fois que le Docteur Sach perd son sang-froid. Nos échanges de regards confirment le sentiment.

- Nous ne sommes pas plus menaçants que vous ne l'avez été. Une chose encore, votre petit-fils Hugo est toujours dans la nature que je sache. N'est-il pas en danger, pensez-vous ?

- Lui, plus pour longtemps, soyez-en convaincus. Votre bluff est trop grossier Monsieur Nikwil. Moi, je ne dépends d'aucun gouvernement de droit. Vous tous : oui ! Je ne me fais aucun souci quant au sort de ma petite-fille. Elle ne risque pas grand-chose, tout au plus une condamnation pour association de malfaiteurs et organisation criminelle qui restera à prouver. Son casier judiciaire est vierge et bénéficiera d'une remise de peine. Je me suis assuré, de longue date, l'assistance de quelques ténors du barreau dans diverses spécialisations.
Je suis décidé à le faire parler et à instaurer le doute dans son esprit quant à notre détermination.

- Un transfert n'est pas à l'abri d'un accident, d'une attaque, d'un enlèvement organisé. Une aryenne, jeune, très jolie et en plus d'une blondeur immaculée, vaudrait son pesant d'or sur les marchés d'Afrique du Nord. N'oubliez pas que tous, ici, nous sommes des parias, comme on dit en Inde.

Un blanc, il semble qu'il vient de prendre conscience que nous appartenons à des sections inconnues de tous. Même Mitchel, attaché au FBI, fait partie d'une section X. Parfois, dans nos discussions, nous nous demandions si nous existions réellement.

- Cessez de divaguer, vos élucubrations absurdes, gardez-les pour d'autres. Vous avez espoir, en me retenant, de me cibler. Pauvres fous que vous êtes, je suis surprotégé…tandis que vous. Je vous laisse et retenez mes conditions.

Il a raccroché, sûr de lui et de ses capacités.

La même question se lit sur tous les visages : *Quid facit ?*

Nous étions tellement absorbés par cette communication que nous n'avons ni vu, ni entendu arriver Uta et Werner. Ils sont restés debout, en respirant à peine, par crainte de déranger une assemblée aussi concentrée. JC les invite à s'asseoir et fait une commande globale de rafraîchissements.

- Dès que nous serons servis, je vous invite à relater ce que vous avez pu découvrir. Tu commenceras Uta, d'accord ?

Les boissons servies, le serveur ayant quitté le salon, Uta débute.

- Il semblerait que votre collège, Monsieur le Commissaire Spécial…

- Excusez-moi, mais je vous arrête immédiatement. Je vous en prie, appelez-moi Jérémy, comme tout le monde ici. Cela vaut pour vous aussi Monsieur car en ce qui me concerne je vous nommerai, dorénavant, par votre prénom. C'est plus convivial.

- Votre collègue, aurait été pris en filature dès sa sortie de l'ascenseur. La vidéo laisse apparaître deux silhouettes qui lui emboîtent le pas.

- On le retrouve au shop, à la caisse où il effectue un paiement par carte. Il passe devant la caméra du couloir menant aux toilettes. Les deux silhouettes le suivent de peu. La caméra à l'intérieur de ce lieu d'aisance ne prend que les vues sur l'entrée et les lavabos. Il gagne l'espace réservé aux WC. Les deux sbires font de même. Pour rappel, la caméra ne capture pas ces images. Après 18 secondes, il réapparait dans le champ de la caméra, affalé entre les deux individus qui le coiffent de la casquette à carreaux et qui lui passent le manteau long. Durant toute cette opération les deux agresseurs ont tourné le dos à la caméra. Le trio est repris par les vidéo surveillances de l'hôtel et on le voit sortir sur la rue puis s'engager vers la droite. Une seule prise permettra éventuellement d'identifier les deux agresseurs. Je l'ai immédiatement transmise au service d'identification judiciaire. Les services de la police scientifique effectuent les relevés dans les toilettes qui ont été immédiatement condamnées par la sécurité de l'hôtel. Je pense avoir tout éclairci. Des questions Jérémy ?

- Merci de ta parfaite synthèse chère Uta. Je n'ai aucune question pour l'instant.

- Uta, tu as discuté avec la scientifique j'en suis certain. D'autant plus que c'est ton frère Jürgen qui est de garde, du moins je crois. A-t-il donné l'impression que le relevé pourrait être positif ?

- C’était effectivement mon frère. Il a fait la moue en entrant dans les toilettes, ce n’est pas bon signe. Vous en convenez Monsieur le Directeur ?

- Parfait Uta, tu es parfaite. C’est d’ailleurs la raison pour laquelle tu travailles pour moi. Et toi Werner, quoi de neuf ?

- Un seul élément, Monsieur le Directeur. Tous trois ont embarqué dans un taxi au coin de la rue.

- Je l’espérais, Sach est fort, très fort, supérieurement intelligent mais ses exécutants, dans ce genre de chose, tout du moins, ne sauraient être tous des génies. Pour peu qu’il n’ait pas donné des instructions claires, nettes et précises, ça peut foirer. La preuve, un taxi ! Quelle connerie ! Nous tous ici présents sommes tributaires de la connerie des autres. Il nous faut apprécier chacun à sa juste valeur. Rien ne vaut des instructions claires et complètes qui ne laissont planer aucun doute chez l’exécutant. L’utilisation des compétences mes amis, l’utilisation des compétences.

Il a raison, parfaitement raison notre ami JC. Toute exécution d’un acte, quel qu’il soit, par un tiers demande l’évaluation des compétences de l’exécutant et des précisions quant au déroulement de l’exécution elle-même.

- Continue Werner, excuse-moi pour cette interruption qui, je l’espère, ne t’a pas embrouillé.

- C'était un taxi de la société Taxigo, m'a déclaré un témoin qui avait suivi toute la scène de derrière son comptoir de boucher. Chez Taxigo on m'a précisé que les trois individus, dont celui qui était tellement ivre qu'il devait être porté par ses copains, ont été déposés Kennedystrasse. Comme vous ne l'ignorez pas, Monsieur le Directeur, la Kennedystrasse mène au Bonn Airport. J'ai joint le chauffeur par téléphone qui m'a précisé qu'il n'avait pas déposé les intéressés à l'aéroport. Sans que je lui demande, il a spontanément indiqué qu'il les avait suivis du regard car le type saoul n'en menait pas large. Il a ensuite précisé qu'il ne serait pas étonné qu'ils soient entrés dans un hôtel près de l'aéroport. Vous connaissez tous les chauffeurs de taxi, ils ont l'œil, sont curieux et ne parlent que s'ils en ont envie. J'ai eu de la chance.

- Excellent Werner. Comme je vous en parlais mes amis. Utilisation des compétences. Mes trois collaborateurs ici présents sont intelligents, compétents et ont un esprit d'initiative développé. Combien de fois sommes-nous obligés de renvoyer un collaborateur pour des précisions qu'il omet de réclamer lors de ses recherches. C'est souvent épuisant et cela génère des pertes de temps d'inutiles. Je propose que nous n'alertions pas la cavalerie. Nous sommes en nombre suffisant pour agir. Agissons vite mais sans précipitation. Tout le monde est porteur de son arme de service ? En route !

Les recherches s'activent

Uta et Josef se rendent en amoureux, une valise à la main, dans le premier hôtel proche du Bonn Airport. Esor-Mary et moi, également équipés d'une valise, arrivons dans le suivant. JC et Mitchel, chacun un attaché case Jusha à la main, pénètrent dans le suivant. Ils nous annoncent qu'il s'agit du dernier et, par conséquent, du plus proche de l'aéroport. Marco et Silvester sont en « stand by » dans le véhicule qui transporte de l'armement lourd et du matériel pour assiéger un lieu..

- Ici Werner, vous m'entendez tous. Merci d'accuser réception.
- Ok, on te reçoit tous 5 sur 5.
- Moi pareil, je vous reçois tous 5 sur 5.
- Le chauffeur de taxi les aurait vus entrer dans notre hôtel et, en effet, d'où nous sommes nous voyons au loin. Par contre, nous ne voyons pas les hôtels suivants. Nous regagnons le véhicule et attendons vos instructions.

Judicieuse remarque, en effet, rien de tel que la présence sur les lieux, qui ne pourra jamais être comparée à une description, aussi fidèle soit-elle.

- Ici Jérémy, vous m'entendez tous. Merci d'accuser réception.
- Ok, on te reçoit tous 5 sur 5.

- Moi pareil, je vous reçois tous 5 sur 5.
Toujours s'assurer d'une bonne réception, ça peut sauver la vie.

- Personne n'est entré en état d'ébriété ou en étant aidé. Esor-Mary et moi, on regagne également le véhicule et attendons de tes nouvelles JC.

- Ils sont entrés ici. Rappliquez, on vous attend avec la grosse artillerie. Transportez-la dans les valises, soyons discrets. Je reste à l'intérieur avec le concierge.

- Trente secondes et on est là, Monsieur le Directeur.

Les valises sont pesantes, normal elles sont chargées d'armement lourd. Suis-je bête. Pas mal, pas mal du tout, au moins quatre étoiles cet hôtel. Pas le temps de jouer au touriste. Nous apprenons que les trois individus occupent la suite 321, en compagnie d'un Monsieur d'un certain âge, élégant et précieux inscrit sous le nom de Kochi Below. Les deux compagnons sont inscrits sous le nom de Hans Steiner et Kurt Steiner, ils seraient frères. La personne ivre est un copain qui n'est pas à l'hôtel. Une rapide analyse stratégique nous amène à envisager qu'Uta et Esor-Mary joueront le même scénario qu'à Milan. Elles se déguiseront en dame d'étage. On ne change pas un scénario qui marche. Elles seront bien évidemment armées et devront faciliter l'ouverture de la porte puis s'occuper de Ronan. À toutes fins utiles, le concierge leur remettra les clés de la suite 321.

Marco, JC et moi, on fera partie de l'escouade d'entrée. Werner se positionnera au niveau de la cage d'escalier. L'ascenseur sera préalablement bloqué. Silvester tiendra la sortie de secours tandis que Mitchel s'occupera du garage. Et on improvisera, mes convictions m'amènent à cette locution latine : *« A divinis »* : hors des choses divines.

Porte 321, on se positionne. Uta et Esor-Mary sont hyper sexy dans leur tenue de dame d'étage. On n'est pas là pour s'attacher à ce genre de considérations. N'empêche ! Uta frappe à la porte et annonce en allemand.

- *Zimmerservice* (service de chambre).

Ne percevant aucune réponse, elle frappe de nouveau et répète :

- *Zimmerservice.Bitte !* (service de Ccambre SVP !)

La porte s'entrouvre et j'entends un petit sifflement.

- *Zwei hübsche Mädchen, die Sie ! (*Jolies demoiselles vous êtes deux !(

- *Ja, es ist eine Suite, und es gibt mehr Arbeit* (Oui c'est une suite et il y a plus de travail)

- *Bitte.*

Nos deux super nanas entrent en ondulant des fesses. L'heure est grave mais je ne peux m'empêcher d'admirer le spectacle qui, subitement, devient du kung-fu. Uta assène un atémi à la gorge du gros type devant elle tandis qu'Esor-Mary shoote violemment dans la porte qui percute le mur dans un bruit de tonnerre.

Toutes deux ont leurs armes en main. Au passage Esor-Mary assène un coup de pied bien appuyé au niveau des testicules du gros type qui avait déjà de la peine à retrouver sa respiration. Le bruit a alerté le second gros qui surgit, une mitraillette à la main. Il défouraille. Erreur, erreur fatale, Marco lui met une balle en pleine tête. Bouf ! Il se dégonfle. JC assomme définitivement le gros qui était au sol d'un magistral coup de pied. L'idiot faisait mine de se redresser. Pas de Ronan sur place. Trois portes fermées s'offrent à nous. Les filles à droite, Marco et moi au centre. JC est à gauche d'une porte qui semblerait être l'accès à une salle de bains. De fait, un bruit de chasse qui se remplit se fait entendre. JC donne le signal et on défonce les portes, investissement et rien. Cette opération a duré quelques secondes et tout est sous contrôle, hormis un placard d'où proviennent des gémissements. Prudence, ouverture en sécurité absolue. C'est Ronan, il est moche. JC nous rejoint et, en homme averti, nous empêche de bouger le pauvre Ronan. Lampe torche en main, il examine Ronan et ses alentours immédiats tout en le rassurant. Marco et moi on lui parle également. Les filles vident toutes les armoires, retournent tous les fauteuils et les coussins. Les lits sont déjà complètements découverts jusqu'au sommier. Les tables de nuit sont orphelines de leurs tiroirs. La suite a été visitée par une tornade digne de figurer au top 10 des plus dévastatrices.

Ronan est enfin libre de ses mouvements, mais il est incapable de se tenir seul debout. On l'assied. Ses yeux sont moins hagards, il esquisse même un sourire et parvient à articuler.

- Ça va vous, les gars ? Content de vous voir.

- Nous sommes aussi très heureux de te voir mon ami, mon pote. N'est-ce-pas les amis ?

À cet instant une rafale d'arme automatique nous parvient. Il semblerait que cela provienne du garage. On fonce. JC crie aux filles.

- Restez ici, vous, les filles ! Prenez soin de Ronan. Il y a du grabuge en bas.

Marco prend d'office les escaliers centraux qui l'emmènent au rez-de-chaussée. Il lui sera nécessaire de faire le tour de l'accueil pour accéder aux escaliers qui descendent au parking. Tout en dévalant les marches, il précise.

- Je vais rejoindre Sylvester à la sortie de secours. On ne sera pas trop de deux.

JC et moi on débloque l'ascenseur pour aller au parking. Mitchel est au sol, on se précipite pour lui porter secours.

- Ça va, je n'ai rien, je souffle c'est tout ! Je viens d'essuyer une sacrée rafale. C'est Hugo qui m'a tiré dessus pendant que Sach, je suis formel, prenait le volant d'une Golf GTI grise dont je n'ai pas vu la plaque. Dans leur fuite, ils ont percuté un pilastre. J'ai entendu le bruit et vu des étincelles.

- Bouge pas Mitchel, t'es touché à la cuisse, je vais appeler une ambulance, diffuser le signalement du véhicule et réquisitionner la scientifique.

- J'ai rien, je te dis JC. D'ailleurs, je me lève.

Patatras ! Dès qu'il prend appui sur la jambe blessée, il perd l'équilibre. Je le soutiens afin qu'il puisse s'asseoir malheureusement à même le sol.

- Là, j'ai mal. L'épanchement sanguin ne me semble pas important. Je ne vais pas me vider de mon sang, c'est déjà ça.

Sa tête me tombe sur l'épaule. Il vient de perdre connaissance. JC examine la blessure après avoir déchiré la jambe du pantalon.

- Effectivement, il ne saigne pas abondamment, mais je crains que le péroné soit gravement touché. Je relève deux impacts à ce niveau. Espérons.

Des bruits de sirène, des pas de course nous parviennent. Cela se rapproche : pompiers, ambulanciers, policiers équipés comme le Swat, policiers et policières en civil. Suit encore une véritable escouade dont un des membres s'adresse, en allemand, à JC. Je n'ai, bien évidemment, rien compris.

- J'ai lui ai donné feu vert. Ce gars est excellent et instinctif. Il obtient très régulièrement des résultats.

Décidément, JC possède le français. Il m'étonne de plus en plus. Mitchel reprend quelque peu conscience alors qu'il est transporté en civière vers une ambulance.

Une infirmière et un médecin urgentiste sont à ses côtés. Je sais que c'est un urgentiste de par l'inscription sur le dos de sa veste : « Notartz ». Ça, je connais tout de même ! JC, Sylvester et moi, on rejoint Werner et Marco qui se trouvent en grande discussion, sur le pas du volet du garage, avec un policier en civil. Dès que ce dernier voit arriver JC, il marche, d'un bon pas, en notre direction. Il nous salue, ne se met pas au garde-à-vous, mais presque. Il relate, à mon avis, ce qu'il a appris. JC attentif, opine de la tête, le remercie et lui serre la main. Ce qui semble particulièrement perturber notre policier qui, toujours d'un bon pas, va saluer Marco et Sylvester avant de rejoindre un groupe de policiers en civils. Je note que tous sont occupés au GSM. Ça s'active drôlement ici.

- *Wie geht es ihnen Werner ? Obwohl ich hoffe !*

- Et toi Marco, ça va aussi ?

Tous deux opinent de la tête. JC leur donne une petite tape amicale.

Esor-Mary et Uta nous rejoignent :

- Salut les hommes. Vous allez bien. Parfait ! Ronan est sous le choc, il vient d'être pris en charge par une ambulance. Idem pour le « ballon de foot » de JC, le mec n'est pas au mieux. La scientifique est sur place pour les relevés. Uta et moi, on a vérifié les réservations des chambres et c'est ainsi qu'un certain Kiran Dilemma est arrivé hier dans la suite 221. Ça vous dit ?

- Ok les filles ! D'accord ! C'est Hugo qui a réservé la suite 221, qui se trouve juste en dessous de celle réservée par Sach. La 321 était seulement occupée par Ronan et ses gardes. Liaison audio-vidéo entre les deux ?

- Exactement Jérémy. Pour la suite, on attendra que la scientifique ait terminé.

- Quel bonheur de travailler avec des gens comme vous. Discrétion, efficacité remarquable. L'investissement de la chambre s'est déroulé comme si nous nous entraînions tous les jours ensemble. Formidable ! Je propose qu'on rentre en mes locaux et que nous rassemblions tous nos renseignements.

- Si tu le permets JC, j'aimerais être déposé à l'hôpital. Je tiens à rassurer Ronan et prendre des nouvelles de Mitchel à défaut de le voir. Je vous rejoindrai par la suite.

- Pas question, Jérémy. Nous allons tous rendre visite à Ronan et s'il est « en ordre de marche », nous ferons le briefing dans sa chambre. D'autant plus qu'il doit avoir pas mal de choses à nous apprendre.

Nous sommes tous agglutinés dans la chambre de Ronan. Il est toujours aux soins intensifs, mais le médecin qui nous a reçus nous a définitivement rassurés. Il va bien et n'a subi aucun traumatisme grave. Quant à Mitchel, il est en salle d'opération pour la réduction d'une double fracture tibia-péroné. Voici Ronan en chaise roulante, poussée par une infirmière. Elle écarquille les yeux en fixant chacun d'entre nous.

Il est vrai que l'assemblée est nombreuse et que nous avons oublié de nous 'rafistoler' un tant soit peu. Uta et Esor-Mary sont toujours en tenue de femme de chambre. Nos vêtements à tous sont défraîchis et partiellement déchirés.

- Pas question de jouer au foot dans ma chambre mes chers amis.

Il va bien. Je le connais, il ne crâne pas. Je suis totalement rassuré. JC invite Uta, Sylvester et Werner à rentrer et à renvoyer, par la suite, le véhicule à l'hôpital. Ils nous saluent chaleureusement en ce y compris Ronan. Uta l'embrasse même plus que chaleureusement. Nous sommes, à présent, entre nous. Une infirmière entre dans la chambre et dépose un plateau-repas sur la table de nuit à côté du siège de Ronan. Elle sort et revient quasi immédiatement avec deux sièges. Nous pouvons de la sorte tous nous asseoir. Ce n'est pas fini, elle nous propose du café. Nous acceptons bien volontiers. Peu après, elle revient avec des tasses, du lait, du sucre, une cafetière et une boîte d'assortiment de biscuits. À croire que nous avions tous l'air réellement mal en point. On se sert et on se tait. C'est le genre de moment privilégié qu'il ne faut pas manquer. Un médecin entre dans la chambre, il se présente comme étant le chirurgien venant d'opérer Mitchel. Il s'adresse à nous à la volée et en allemand. On laisse aller, sans mot dire. Il ajoute quelques mots en s'adressant à Ronan, puis quitte la chambre.

JC nous donne des explications :

- La blessure de Mitchel est particulièrement handicapante. Dorénavant, il devra porter une chaussure adaptée pour corriger son futur boitillement. Ce sont les conséquences des éclatements provoqués par la balle tant au niveau du tibia qu'au niveau du péroné. La décision appartiendra à ses autorités. Il est toujours sous l'effet de la narcose. On pourra le voir dès demain, car dès son réveil, il sera sous morphine. Lui permettra-t-on encore de poursuive un service actif ? Un silence de mort règne sur toute l'assemblée

- Quant à Ronan, il restera en observation jusqu'à demain et, sauf complications, il quittera l'hôpital à 14 heures. Je propose qu'on vienne tous demain rendre visite à Mitchel, vers 12 heures.

Mitchel a le moral bien que conscient de la gravité de sa blessure. Il sera, très prochainement rapatrié aux States. Ronan, nous accompagne. Il est 'fit and well'. On retrace les évènements dramatiques que nous venons de vivre. Ils se sont soldés par un mort et un blessé grave chez les agresseurs et deux blessés dont un grave dans nos rangs. Cela devient une petite hécatombe. On ne s'imaginait pas que les évènements puissent prendre une telle tournure. Vient le moment pénible, de se séparer d'avec notre ami Mitchel et de réitérer la promesse de se revoir, comme JC nous l'avait déjà fait promettre.

À l'heureuse initiative de JC, nous offrons 12 bouteilles de champagne Louis Roederer Cristal 2007 à Mitchel qui ne peut s'empêcher de verser quelques larmes. JC ajoute :

- À consommer avec modération et si tu ne l'aimes plus, tu le renvoies à nos frais.

- Vous êtes tous fous, fous à lier. Jamais je n'oublierai. Je vous fais le serment de fixer moi-même notre prochain rendez-vous dans mes terres. Allez les amis, foutez le camp avant que je m'écroule.

C'est un au revoir très prenant, plein de bons sentiments et de réelle amitié. Salut Mitchel et bon vent. Chacun va désormais devoir reprendre le cours du travail. On décide de se dire au revoir à la sortie de la clinique, moins pénible nous semble-t-il. Bagages, avion et c'est reparti !

Amsterdam - Hans-Pieters Codquieer

Bonjour Omer. Je te sonne de l'aéroport d'Amsterdam car finalement nous avons décidé de ne pas faire un crochet par Milan. Peux-tu nous rendre un service et t'occuper de l'hôtel et de la location des voitures. Toutes les coordonnées se trouvent dans le dossier. En fait, cette démarche éviterait des dépenses supplémentaires, principalement en frais d'avion et de taxi.

- Bonjour cher Commissaire. Comment pourrais-je ne pas accéder à une telle demande et formulée de la sorte. D'autant plus qu'il s'agit de faire des économies, ce qui vous honore. De mémoire, jamais je ne vous ai entendu solliciter une pareille chose. Le patron désire vous parler. À vous entendre et bon appétit : il est presque 13 heures.

- Jérémy, bonjour. J'ai de bonnes nouvelles d'Amsterdam. Un indic a balancé
Franz Vanhuizenout, les collègues sont en surveillance à l'endroit désigné qui n'est pas le café face à la statue Leo Thijssen. Le commandant de la place vous attend et vous amènera sur place. Comment va Ronan ?

- Bonjour patron. Je vais bien, je vous remercie. Je pense même que mon traumatisme crânien m'a rendu encore plus intelligent, pour autant que cela soit possible. Je suis en pleine forme.

- Je l'entends effectivement. Dans le cas d'une pareille affection on dit souvent que c'est un mieux pour, par la suite, aller plus mal. Bonne chance tout de même. Redevenons sérieux, comment va Mitchel ? Je ne parle pas du physique mais du mental.

- Je pense que ça va. Lorsque nous l'avons quitté il n'avait pas l'air de trop s'en faire. Nous n'avons malheureusement pas eu le temps de lui accorder une attention particulière. Une écoute attentive eut été, me semble-t-il, de meilleure qualité. Bref, quoi qu'il en soit il a désiré nous faire part de la promesse de se revoir. Nous attendrons la suite.

- Parfait. Prenez soin de vous. Repassez-moi Jérémy, je vous prie.

- Commissaire, les Américains, les Italiens, les Anglais, les Serbes et les Néerlandais sont sur les dents. Je suis en contact journalier avec les patrons des divers services. Tous sont unanimes, on va jusqu'au bout. La collaboration est au mieux, les moyens sont à disposition. Je vous transmets des numéros afin de contacter les personnes de référence qui possèdent toutes les données vous concernant et aussi celles de tous les participants aux opérations. Mitchel, dès qu'il sera rapatrié, aura la possibilité de contacter n'importe lequel d'entre vous. JC tient personnellement à poursuivre, ce qui nous paraît étonnant de la part d'un patron. Que lui avez-vous fait ? Je ne veux pas savoir.

- N'hésitez pas à me contacter et d'ici la fin de la mission, ne me transmettez plus de rapport. Une synthèse, à votre retour, sera suffisante.
Comme d'habitude, plus un mot, j'attends qu'il raccroche. Stupéfaction, il ajoute :
- Soyez prudents, j'aurai encore besoin de vous. Une autre mission vous attend. Bonne journée. À bientôt.
J'ai peine à lui renvoyer ses civilités, tellement je reste sans voix. Trop tard, cette fois, il a raccroché. Nous traversons l'aérogare d'Amsterdam. Dehors, il pleut, le ciel est gris ; triste journée. Dans le hall, un Monsieur fait un geste en notre direction. Il s'approche.
- Hallo Heeren Jérémy et Ronan, bienvenue à Amsterdam. Je suis le Commissaire Rombert Wouter. Je suis de vous de rencontrer ici à Amsterdam. Excuseer, mais mon français pas très bon. Commissaire Hans-Pieters Codquieer venait vous chercher. Lui, bien parler français. Pas possible. Après. Venez avec moi.
On traverse tout le hall, sans échanger un mot, bien évidemment. Une voiture nous attend à la sortie.
- Valises ici, déjà.

Un grand bâtiment à proximité d'un chantier qui nous paraît colossal. Une entrée digne d'une gare, des flics partout. Notre guide nous précède, un ascenseur, 5ème étage. Un grand silence règne dans le couloir. Rombert ouvre une porte. Une jolie jeune dame est installée derrière un bureau. Elle se redresse à notre arrivée.

- Au revoir. Merci Heeren. Je dois partir.

Rombert nous serre la main et quitte le bureau. Une jeune dame s'adresse à nous en français. Sa voix est à la fois douce et chantante, ce qui nous surprend. On s'attendait à devoir subir un accent guttural.

- Bonjour Messieurs, si vous voulez m'accompagner.

Tout en nous précédant, la jeune dame nous explique :

- L'intégralité du 5ème étage est occupée par les services d'Eurofaux. Le directeur général Monsieur Vanderveken Dieter est actuellement en réunion au ministère. Vous serez en contact avec le Commissaire Spécial Codquieer.

On la suit, elle ouvre une porte qui donne accès à un bureau vide d'occupant. Elle nous invite à nous installer à une table de réunion avec sièges Draft bleus. C'est confortable, Ronan et moi on connaît, on en a commandé quatre pour notre bureau et de la même couleur.

- Excusez le Commissaire. Il aurait été ravi de vous accueillir, mais sa jeune fille âgée de 4 ans vient de faire une chute à vélo. Il s'est rendu à l'hôpital. Rien de grave, il arrive dans dix minutes m'a-t-il dit. Je vous sers quelque chose.

On décline en attendant Codquieer. Instinctivement je regarde ma Pontiac, il est quart. Ronan et moi, on se tait, on scrute le lieu, fonctionnel et froid. Seules les chaises donnent une note de couleur et de fantaisie à l'endroit. Vingt-trois, la porte s'ouvre.

- Messieurs, excusez-moi. Affaire familiale à gérer. Je suis le Commissaire Spécial Hans-Pieters Codquieer, très heureux de vous rencontrer. On m'a dit beaucoup de bien de vous. D'après les photos qui m'ont été adressées, vous êtes le Commissaire Spécial Jérémy Dals et vous l'Inspecteur Spécial Ronan Sgrob.

- Jérémy Nikwil, cher confrère. Félicitation pour votre parfait français. Pas trop grave, votre fille, j'espère ?

- Une grosse contusion du genou, sans gravité aucune. Je vous remercie. C'est Sylvia, ma secrétaire, qui vous a précisé les raisons de mon absence à l'aéroport, je présume ? Aucune gloire à retirer de mon français, vous savez : mon père est belge francophone et professeur de français, de néerlandais et d'anglais. Il a enseigné le français au Collège d'Amsterdam. À la maison on ne parlait que le français. Mes primaires à Amsterdam, ensuite une première partie de mes études secondaires à Bruxelles, la seconde à Amsterdam. Enfin deux candidatures à l'ULB pour terminer par un Master à l'université d'Amsterdam. Et, au grand dam de mon père, je suis devenu flic. Flic par vocation, j'ai, depuis l'enfance, toujours voulu être policier pour rechercher les criminels. Puéril, n'est-ce pas ?

- Alors là pas du tout ! Croyez-moi, Ronan et moi nous sommes de la même veine. Bravo pour votre parcours ! D'autant plus que l'université d'Amsterdam est l'une des plus prestigieuses d'Europe continentale. Pour autant que ma mémoire ne me trahisse pas.

- C’est ce qu’on écrit du moins. Sylvia vous a proposé un rafraîchissement ou autre ?

- Absolument, nous avons décliné en préférant vous attendre.

- Sylvia ! Elle est à côté, elle a dû m’entendre. Je me lève et j’y vais.

C’est l’instant que choisit la secrétaire de Hans-Pieters Codquieer pour entrer.

- Sylvia, tu peux aller nous chercher des boissons, s’il te plaît ?

- Sans problème. Que voulez-vous Messieurs ?

Ronan et moi optons pour un Perrier citron.

- Moi également, un Perrier citron. Essaye de trouver quelques chips ou autres salés. Merci Sylvia. Revenons à votre enquête. Je vous avoue ne pas avoir pris le temps de lire les rapports qui m’ont été transmis ce matin. Je ne connais, par conséquent, pas grand-chose de votre affaire si ce n’est que vous recherchez activement un nommé Franz Vanhuizenout. Qu’il s’agit d’un intermédiaire dans un vaste trafic de contrefaçons et que vous l’avez rencontré à Amsterdam. Enfin, qu’un indicateur de notre service de recherche a balancé l’intéressé qui se nommerait actuellement Huybert Leeghuis. Il est totalement inconnu des services. Il a été repéré sur le marché de Maastricht lundi dernier. Il a été suivi, tel que précisé dans les instructions, jusqu’à son lieu de retraite. Il résiderait dans la cité ouvrière Bokstraat, 28/B/31.

- Une surveillance a été organisée depuis lundi dernier. Il n'a plus été vu depuis.

- Parfait. Ronan tu peux résumer les tenants et aboutissants de l'affaire au Commissaire.

Ronan s'exécute avec son brio habituel. Hans-Pieters Codquieer est enchanté des explications et précisions apportées.

- Vous pouvez nous y amener maintenant ?

- Certainement. Mais voulez-vous qu'on vous prépare, en vitesse, quelque chose à manger ?

- Non merci, c'est très aimable. Nous avons grignoté un en-cas dans l'avion. Il nous tarde d'intervenir et de nous assurer de Vanhuizenout-Leeghuis.

- Comme vous l'entendez. J'ai quatre membres de mon service sur place. À mon avis, ce sera suffisant. Nous serons huit avec le chauffeur et, si nécessaire, j'appellerai du renfort. C'est quand vous voulez.

- Si vous le permettez, je tiens à faire une remarque qui me semble être importante.

C'est mon très cher Ronan qui vient de me dribbler. Je sais ce qu'il va dire.

- Je pense qu'il serait nécessaire que nous soyons accompagnés, dès à présent, par un service spécial d'intervention. Nous sommes dans un milieu criminogène qui, jusqu'à présent, s'est toujours montré particulièrement violent. Jérémy et moi avons été victimes de deux tentatives d'enlèvement avec mort d'hommes.

- Par la suite, personnellement j'ai fait l'objet d'un enlèvement dont je garde des séquelles. Alors croyez-moi. Il faut garder prudence !

- Judicieuse intervention. J'ignorais tout de ces faits, comme du reste d'ailleurs. Je dois à la vérité de vous dire que seul l'ordre m'a été donné de repérer votre cible. Vos précieuses informations m'éclairent à nouveau sur les lacunes dans la circulation de l'information. Croyez-moi j'aurais été bien plus attentif à la mission si une simple mise en garde m'avait été signifiée. Je me serais impliqué personnellement et, de ce fait, jamais l'arrière du bâtiment ne serait resté sans surveillance. La circulation de l'information, Messieurs, il aurait mieux valu qu'on vous mette directement en contact avec moi. Quoi qu'il en soit, il est trop tard pour faire marche arrière. Dans un quart d'heure nous aurons satisfaction
Bene diagnoscitur, bene curatur (Bien diagnostiquer, c'est bien soigner). J'envoie immédiatement un homme muni d'une longue vue sur les lieux. Il aura pour mission d'occuper un poste d'observation optimal avec vue sur l'appartement.

Cité ouvrière ? Je me sentirais bien dans cet environnement. L'endroit ne correspond absolument pas à son qualificatif. L'équipe sur place se compose de deux hommes et de deux femmes. Hans-Pieters, le chauffeur, Ronan et moi précédons une équipe d'intervention de douze hommes.

Nous apprenons que l'immeuble ne possède aucune autre entrée que celle que nous empruntons. On nous signale que le chiffre 3 signifie qu'il s'agit du troisième étage, tiens donc ! Que la lettre 'l' signifie que c'est l'appartement de gauche, encore plus surprenant ! Par contre, chose très importante, que les appartements ont une terrasse arrière. Enfin, petite contrariété, l'arrière n'a pas fait l'objet d'une observation. Petite, petite, pas si petite que ça finalement… Hans-Pieters Codquieer ne peut s'empêcher de faire la moue. Les quatre flics sur place comprennent, un peu tard, l'erreur commise depuis le début de la surveillance. Soit. Le Commissaire Codquieer patron des opérations distribue les rôles : un homme, une femme et un membre de l'intervention au balcon du troisième droit, idem au deuxième gauche, deux hommes de l'intervention et le chauffeur au deuxième droit. Ils signaleront leur présence sur les balcons afin que les quatre membres restants de l'intervention et nous trois, intervenions au niveau de l'appartement. Cette mise en place risque de prendre un certain temps en fonction de la présence ou non des occupants des appartements. On attendra sagement ici, au rez-de-chaussée, le signal de départ. Hans-Pieters Codquieer en profite pour solliciter le concierge afin qu'il décrive, le plus exactement possible, la configuration des lieux à investir. C'est chose faite.

- Mon gars a vue sur la large porte-fenêtre du living. Il voit nettement qu'un individu est assis dans un fauteuil du living et qu'il fait face au couloir d'entrée. Sans plus, on ignore s'il s'agit de l'homme recherché. On peut raisonnablement le supposer. Il n'a pas bougé depuis maintenant un quart d'heure.

- Voilà qui est parfait, enfin une bonne nouvelle. Hans-Pieters, si tu le permets, on se tutoie et on utilise nos prénoms. Tu mets deux gars de l'intervention en appui arrière avec arme d'épaule. Le long couloir donne directement accès au living dans le fond. Ronan et moi, on investita dès que la porte d'entrée sera défoncée par le bélier. Qui mieux que nous saurait reconnaître notre ami Vanhuizenout-Leeghuis ? Ronan sera en appui feu au chambranle droit de feue la porte d'entrée. Moi, je plongerai droit devant dans la chambre. Je gueulerai les injonctions, pour autant que cela soit nécessaire. Toi tu traduiras en gueulant encore plus fort. Dès mon signal « ok », on avancera suivi par l'appui feu arrière. On s'emparera de l'intéressé et puis on rentrera. Ça, c'est ce qu'on pense. On verra la suite, trop de paramètres nous échappent. T'es d'accord ?

- Ok, ça va. Je coordonnerai les opérations en fonction de l'évolution des évènements. Je suis en écoute permanente avec mon observateur d'en face. Si ça coince, on temporise.

Tous les feux sont au vert. On va y aller. Dernier coup d'œil aux hommes à l'arrière, à Hans-Pieters et à Ronan. Il est prêt, son genou gauche au sol, son arme à la main gauche. Aucun problème, c'est un excellent tireur main faible. Un seul coup suffit, la porte s'ouvre naturellement. Action, je plonge vers la pièce en face, la porte est fermée et ne cède pas. Je rebondis et me retrouve à plat ventre dans le couloir…qu'est-ce qu'il est étroit bon sang. Une violente douleur me traverse l'épaule gauche, toujours l'arme à la main je regarde droit devant moi. Il est là, c'est lui. Il est calmement assis dans un fauteuil, il me fait face. Sur les genoux, un fusil à pompe qu'il tient de la main droite. Son bras gauche pend le long du fauteuil. Il tient un pistolet d'un gros calibre. Il me fixe. Moment intense, le temps s'arrête, silence profond. Mes oreilles bourdonnent, j'avale ma salive. Je suis fait comme un rat. Je hurle :

- Police, police ! Tape dans tes mains ! Tape dans tes mains ! Tape dans tes mains !

Je perçois nettement l'écho en néerlandais de Hans-Pieters. Ça marche, il frappe les mains. Je me redresse. Tout en le tenant toujours en joue, je progresse en appui contre le mur. Je sens Ronan à mes côtés et l'appui feu arrière. Notre homme ne bouge pas, ses mains sont jointes comme pour une prière.

- Lève les mains ! Lève les mains ! Lève les mains !

Hans-Pieters est juste derrière, il hurle les injonctions dans sa langue maternelle.

Vanhuizenout-Leeghuis obtempère. On envahit, les deux types de l'intervention sécurisent les lieux tandis que nous nous occupons de menotter et de fouiller notre homme qui se fait appeler actuellement Huybert Leeghuis. Aucun document sur lui. La fouille de l'appartement ne donne rien. L'intéressé est pris en charge par les membres du service d'intervention. On se retire et retour dans les locaux des services de Hans-Pieters.

Les confortables sièges Draft sont les bienvenus. Tous les trois nous leur proposons, bien volontiers, nos carcasses. Les tensions ont endolori le corps entier. Un silence bienfaiteur est interrompu par Hans-Pieters qui, les yeux fermés, déclare :

- Finalement sans trop de mal. Cela aurait pu être catastrophique s'il lui avait pris l'idée de faire feu.

- De fait. Par contre, je me demande pourquoi il était armé et installé de la sorte.

- Réfléchis Ronan. Il attendait quelqu'un en craignant pour sa vie. C'est la raison pour laquelle il s'est laissé arrêter par nous, sans opposer la moindre résistance.

- Pas con ce que tu dis là Jérémy, pas con du tout.

- Vos réflexions me laissent supposer qu'il avait repéré la filature et la surveillance et qu'il ignorait qu'il s'agissait de services policiers. Raisons pour lesquelles il n'avait plus donné signe de vie. Attendons les résultats de l'interrogatoire.

- Je vous propose de manger un bout à notre cantine. C'est tout à fait convenable et vous avez le choix, c'est un self-service.

Va pour la cantine, j'ai faim, j'ai soif et ça nous détendra. Mes oreilles bourdonnent encore et l'épaule me fait de plus en plus mal. Faudra envisager une consultation chez mon vieux copain Joseph Dolcé, le roi des kinés.

- Allo ! Oui, ah ! Bonjour patron. Qui ? Marco ! D'accord, je le fais de suite. Merci au revoir. C'était mon boss. Il vient de recevoir un appel de son pendant de Milan. Marco, un ami flic d'Eurofaux de Milan, a tenté de me joindre sans succès. Je dois le contacter. Excusez-moi, je le fais de suite.

- Si tu veux, tu peux le contacter avec le téléphone de mon bureau. Tu demandes à Sylvia.

- Ok, merci j'y vais. Commencez sans moi.

- Salut Marco, mon ami. Comment vas-tu ? Bien j'espère.

- T'as un problème ? Voilà plus de deux heures que j'essaie de te joindre. Tu me sonnes d'où ?

- Je suis à Amsterdam. On vient d'arrêter Vanhuizenout, tu sais le contact d'Amsterdam ?

- Oui, le mec en contact avec Sach. Ici ça s'est un peu précipité. En fait je suis à Naples. Je te raconte. Tu as le temps ?

- Toujours pour toi, mon ami. Je suis dans le bureau du commissaire spécial d'Eurofaux Amsterdam et je te sonne de son téléphone fixe. Alors, je suis hyper installé. Vas-y, je t'écoute.

- Voilà, donc je suis à Naples. Finalement, ton bateau de Gênes y a mouillé. Les autorités portuaires ont été attirées par le déchargement de conteneurs faisant partie d'un lot dont un des conteneurs avait été signalé. Signalement diffusé grâce à toi et à ta remarquable observation au port de Gênes. Elles ont immédiatement avisé le Service national de douane judiciaire, dont le patron a pris contact avec le mien et je suis arrivé sur place ventre à terre. C'est ainsi que dans les conteneurs, on a saisi près de 7.130.000 articles, dont des étiquettes, des écussons de marque et des vêtements. La suite de l'enquête a permis de démanteler le trafic de contrefaçons de grandes marques de vêtements dans la région de Naples. Cinq personnes ont été interpellées, à ce jour, dans cette enquête. L'affaire a été annoncée à la presse comme étant menée par le Service national de douane judiciaire. J'ai organisé ensuite six perquisitions de front. On a encore saisi des étiquettes, des écussons de marques à la mode ou de luxe et des vêtements ainsi qu'une somme totale de 2.186.543 euro en liquide provenant de la vente directe de ces articles. Le communiqué transmis à la presse précise que ces articles étaient directement importés de Chine.

- D'autres ateliers travaillent encore, il ne faut pas les alerter et sans oublier que d'autres trafics par mer sont certainement en cours. Finalement, les informations de Mitchel concernant un débarquement de cocaïne à Naples étaient erronées au niveau du produit. Par conséquent, ne retenons que les lieux. Je pense avoir résumé le tout. Il était important que je te prévienne le plus tôt possible. Esor-Mary, Mitchel et JC sont déjà au courant. Je suppose que tu vas leur résumer ton interpellation. Voilà, mon ami. Je te laisse la parole.

- Formidable, excellent boulot et toujours dans l'ombre. Milan n'apparaît pas, c'est parfait. Bien, alors ici notre contact d'Amsterdam a été balancé, il a été repéré, suivi et observé dans l'appartement qu'il occupait. On a mené une opération et il est actuellement dans les locaux d'Eurofaux Amsterdam pour audition. Bizarrement, lors de son interpellation, il était assis dans un fauteuil, face à l'entrée, armé d'un fusil à pompe et d'un pistolet colt 45. Il n'a pas fait usage des armes et n'a opposé aucune résistance à son arrestation. On suppose qu'il attendait d'autres personnes que nous. Je pense à des sbires de Sach. J'en saurais plus un peu plus tard et je te communiquerai les résultats. Le flic Néerlandais est très bien, aucun problème de collaboration comme depuis le début de l'affaire. Chez toi, tout va bien ?

- Aux dernières nouvelles, tout baigne. Mes enfants ne me reconnaîtront plus, mais ça va aller. Bon, je te quitte, prends soin de toi mon ami et à tout bientôt.

- Pareil pour toi Marco. Vivement qu'on se revoie tous. Cette conversation m'a fait chaud au cœur. Du coup, je me sens mieux. Les oreilles ne bourdonnent plus et j'oublie mon épaule. Ronan et Hans-Pieters discutent devant un verre d'eau.

- Vous avez déjà terminé ?

- Du tout, on t'attendait et on est mort de faim.

- Moi de même. On se sert, on mange et au café je vous résume ma conversation avec Marco.

Ce qui fut dit fut fait. Ronan avait expliqué qui était Marco et, de ce fait, ce fut plus facile pour moi d'enchaîner.

Les aveux de Vanhuizenout

Vanhuizenout a répondu à toutes les questions des services de Hans-Pieters. En fait, il se nomme réellement Wilhelm Grootaers et est domicilié en Allemagne. Il n'a jamais été condamné bien qu'il ait participé activement, durant plus de 15 ans, au « recrutement » d'acheteurs potentiels pour le compte du Docteur Sach. Il a quitté l'organisation à la suite de dissensions avec Sach et s'est empressé de changer de nom. Depuis un certain temps, il s'est senti suivi et surveillé. Il a immédiatement fait le rapprochement avec les hommes de main de Sach. Il a décidé de les attendre, quoi qu'il en advienne. Précision importante, seule Magda connaît les planques de Sach. Grootaers, quant à lui, prétend ne connaître que les halls de Cologne.

- Mon cher Ronan, on est reparti pour un tour. J'avoue que j'escomptais que la capture de Vanhuizenout Grootaers nous permettrait d'avancer. Peine perdue. Notre ami Marco devra se montrer persuasif avec la petite teigne de Magda afin qu'elle apporte des éléments utiles pour appréhender son grand-père. J'ai pleine confiance en Marco mais la Magda possède un sacré caractère. Je recontacte Marco de suite.

- Marco, c'est encore moi. Les derniers éléments ici ne permettent pas d'avancer dans la recherche de la planque de Sach. D'après Grootaers, seule Magda connaît la/les planque(s) de son grand-père. À toi de voir mon ami.

- Je suis à Naples jusqu'à demain 16 heures. Dès que je rentre à Milan, je m'occupe de la fille. Je te recontacterai après-demain. Travaillez bien les amis. À plus.

- Manifestement, il est surchargé notre Marco. C'est ok, il rentre à Milan demain fin d'après-midi et il nous contactera dès qu'il aura des nouvelles.

Hans-Pieters n'a pas raté une parole de notre conversation. Très poliment, il demande s'il peut encore faire quelque chose pour nous.

- Je pense finalement que oui, j'aimerais interroger quelque peu Grootaers en compagnie de Ronan.

- Mais, je vous en prie. Venez, accompagnez-moi.

Salle d'audition classique, une table, des chaises, murs nus, caméra, micro, vitre sans tain. On nous amène Grootaers qui, d'un air étonné, reconnaît Ronan. Or, il l'a vu lors de son interpellation. Il venait certainement de subir un stress trop intense et son organisme a eu recours à la sidération sous forme de stupéfaction sur le plan intellectuel. Bref, à présent, il semble avoir repris ses esprits. C'est Ronan qui le questionne en néerlandais.

- Bonjour Monsieur Grootaers. Je me présente, je suis l'inspecteur Sgrob et voici mon supérieur le Commissaire Nikwil. Nous suivons l'affaire depuis son début, à savoir depuis notre rencontre Place du Dam.

- Vous avez été averti que nous étions deux, puisque vos trois sbires nous ont contrôlés le long du canal.
Il nous dévisage, avec des yeux effarés. Il parvient à articuler quelques mots que même Ronan ne comprend pas.
- Calmez-vous. Vous ne risquez pas grand-chose. Il est un fait que vous resterez au secret tant que nous n'avons pas interpellé le Docteur Sach. Le Commissaire et moi sommes persuadés que vous savez où nous pouvons le rencontrer. Nous sommes conscients que vous craignez pour votre vie. Nous-mêmes avons été l'objet de deux tentatives d'assassinat. Cependant, nous sommes encore bien là. Je suis habilité à vous promettre une réduction de peine, voire un programme de protection des témoins aux USA, si vous nous aidez dans cette affaire. Sachez que dans le cadre de l'application de cette mesure, vous et votre famille obtiendriez de nouvelles identités avec des documents officiels. Hormis dans les fictions, ce programme n'a jamais connu de problèmes de sécurité et une personne protégée ou un membre de sa famille n'a jamais été blessé. Avez-vous bien compris Monsieur Grootaers ?
Après quelques longues minutes de silence, l'intéressé prend enfin la parole. Sa voix, cette fois, est claire et les mots parfaitement articulés :
- J'ai très bien compris. Comment pouvez-vous me certifier que je bénéficierais du programme de protection des témoins.

- Dès lors qu'il s'agit d'un programme qui serait appliqué aux États-Unis d'Amérique ? Je suis sujet néerlandais arrêté ici dans mon pays, et je vis en Allemagne. En outre, vous me parliez initialement d'une éventuelle remise de peine. Je ne veux pas être condamné si je vous donne Sach. Je veux bénéficier du seul programme de protection des témoins aux States. Je veux des garanties. Ce sera ma seule condition.

- Permettez-moi de vous préciser que vous n'êtes pas l'unique témoin en cette affaire. Nous détenons la petite-fille de Sach qui, elle aussi, possède des renseignements précieux. Elle ne risque rien, même en prison, tandis que vous ! Aucune prison ne sera suffisamment sécurisée pour vous, en considérant l'immense réseau que possède Sach. La seule chose qui nous retient de vous envoyer en prison, c'est le temps qui nous manque. Magda est incarcérée en Italie et vous, vous êtes ici à notre disposition. Réfléchissez vite et bien, car mon Commissaire ici présent vient de me communiquer que nous avons un avion pour l'Italie d'ici trois heures.

Notre homme vit un moment kafkaïen, son attitude à la limite, prétentieuse au début vient de s'écraser, tel un insecte sur le pare-brise du train à grande vitesse japonais, le Shinkansen. Il avale sa salive avec difficulté.

- Admettons que vous soyez corrects. Je vous donne Sach et, à votre arrivée, il n'est plus sur place. Que faites-vous ?

- Condamnation avec remise de peine. C'est tout ce que l'on peut vous promettre. C'est à vous de faire en sorte qu'il soit toujours à l'endroit que vous nous désignerez lorsque nous interviendrons.

- C'est complètement fou, je me cache de lui suite à un différend qui nous oppose au sujet d'un encaissement à l'étranger.

- Je comprends. En fait vous lui avez volé de l'argent et il a mis votre tête à prix.

- En quelque sorte, c'est un peu ça.

- Il vous appartient de tenter de régler ce problème dans les minutes qui suivent. J'aime à vous faire remarquer que même si vous le remboursiez, il se débarrasserait de vous. Vous êtes d'accord avec moi.

- Je dois reconnaître que c'est bien le cas.

- Alors, qu'attendez-vous. Chaque minute qui passe nous rapproche de l'heure de départ de notre avion. Je vous assure que dès que nous serons partis, il sera trop tard pour vous.

- Je suis d'accord. Quelle assurance me donnez-vous ?

- Là, maintenant, aucune autre que notre parole. Choisissez : la prison où vous resterez en vie encore quelques jours, voire quelques semaines ou les States pour une nouvelle vie. Je tiens à vous faire remarquer que tout l'entretien est audio-filmé.

- Bien, je suis d'accord. Une précision encore. En attendant l'application du programme, serai-je à l'abri ?

- Vous serez au secret, durant deux semaines avant votre départ et le départ de ceux que vous nous désignerez.

- Bien, je suis orphelin, célibataire et sans enfant. Je serai donc seul.

- Parfait, d'autant plus facile en matière administrative. On arrête Sach et dans les quinze jours, vous êtes quelque part aux États-Unis.

- Je ne connais aucune de ses planques, je vous assure. La seule chose que je sache c'est, qu'après demain, il sera à l'Opéra de Maastricht. Il assistera à l'interprétation de *l'Estro Armonico* de Vivaldi ? Le Docteur Sach est un grand amateur de musique classique et en particulier d'œuvres pour instruments à cordes. D'autant plus qu'un de ses neveux jouera du violoncelle au sein, du quatuor qui interprètera l'œuvre.

- Nous y serons également. Quant à vous, jusqu'à notre retour, vous n'existez pas. Vous ne maîtrisez plus votre futur.

On rejoint Hans-Pieters et lui relatons notre deal.

- Notre Opéra attire énormément de monde. L'interpellation sur place comporte énormément de risques, notamment celui de causer des dégâts collatéraux irréversibles. En ce qui me concerne, je suis totalement opposé à une action quelconque sur place. Je suis aussi formel quant au veto que mettra ma direction générale à de toute interpellation sur place. Comment estimez-vous devoir gérer la situation ?

- Nous n'y avons même pas pensé, mais soyez rassurés : nous allons nous mettre autour d'une table et en discuter. Nous avons suffisamment de temps pour réfléchir et mettre en place une stratégie commune.

Sur les traces de Sach

Nous sommes en place. Il s'agit, avant tout, bien évidemment, de repérer Sach. A-t-il ou non changé son apparence ? Parmi les 24 flics ici présents, nous sommes les seuls à pouvoir le reconnaître. Certes, tous ont un portrait parlé établi selon nos renseignements mais c'est bien mince. Le dispositif mis en place a pour but d'entamer une filature afin d'interpeller Sach en toute sécurité pour l'environnement immédiat ou, à tout le moins, de repérer son lieu de retraite

- Pas facile du tout dans cette foule, des gens qui entrent et qui sortent entre deux prestations. Je t'avoue Jérémy que j'aurais du mal à repérer quoi ou qui ce soit. J'en ai mal aux yeux et à la tête.

- No *stress*, mon ami. *L'Estro Armonico* n'est prévue que dans une heure. Dès que son interprétation débutera nous serons fins prêts. Tu balaies dans un sens et moi dans l'autre. Je présume que Sach occupera une place privilégiée afin de bien voir son neveu. Nous commencerons par les premiers rangs.

- Vous m'entendez ?

- Parfaitement, cinq sur cinq, Hans-Pieters.

- Ok, j'ai identifié le neveu de Sach, via l'organisateur. Cheveux noirs, yeux bleus, il occupera le siège entre le second violoncelliste et la violoniste. Je suis dans les coulisses, déguisé en machiniste, avec vue sur la scène. N'oublions pas, les amis, que nous nous sommes programmés pour pouvoir gérer relativement sereinement les imprévus. Seule compte la sécurité de notre environnement.

- Merci mon ami. Reçu cinq sur cinq. Que nul ne désobéisse, ne confonde ou n'omette les prémisses et tout se déroulera pour le mieux.

- Merci, rien ne vous échappe cher Jérémy. C'est très bien, ça détend. Les musiciens s'installent. Lever de rideau dans vingt minutes. On y est.

Pratiquement plus de mouvements dans la salle. Seules quelques places, çà et là, sont encore inoccupées, dont trois au premier rang. Nous recherchons toujours Sach parmi les spectateurs, aucun signe de lui. Deux hommes et une femme s'installent aux trois places du premier rang.

- Ronan ! Regarde au premier rang les trois premières places côté gauche de l'allée centrale. Deux hommes et une femme viennent de les occuper. J'ai des doutes.

- Mouais ! Je n'aperçois que l'arrière de leur tête. Difficile dans ces conditions. Tu les as mieux vus toi ?

- Un peu, oui. Attends j'appelle Hans-Pieters.

- D'où tu te trouves, as-tu la possibilité d'observer la salle et plus précisément le premier rang.

- Attends, je vais voir. Oui c'est possible avant le commencement.

- Regarde le premier rang de droite, deux hommes et une femme aux sièges, 7, 8 et 9 à partir de l'allée centrale. Je pense avoir reconnu Sach.

- Ok, je regarde, attends. La dame porte un châle vieux rose ?

- Il me semble que oui, je suis bien plus loin que toi.

- Je ne pourrais vraiment pas t'aider Jérémy. Je vois bien les deux hommes, mais trop difficile pour moi de reconnaître Sach. Si tu te dépêches, tu pourras de toi-même les observer. Je vais tenter de retarder quelque peu le début du concert.

- D'accord, mais je ne connais absolument pas le chemin pour te rejoindre.

- Descends dans le hall d'entrée, un de mes hommes t'amènera dans les coulisses. Cours mon vieux, cours !

Je cours, je dévale les escaliers. Je suis dans le hall, un homme s'approche et, d'un geste, m'invite à le suivre. On court, des couloirs, des escaliers, on monte, on descend, les loges, on approche. J'aperçois Hans-Pieters, il me fait des signes, je dois encore accélérer. J'y suis, on monte sur scène. Hans Pieters me montre l'œillet dans le rideau. Je m'accroche au rideau, enfin je vois la salle. Je ne distingue pas grand-chose. Ça y est. Je ne suis plus Jérémy Nikwil mais Don Diègue dans *Le Cid* de Corneille, car : « Ô rage ! Ô désespoir ! ».

Ce n'est pas lui. Hans-Pieters me tire la manche : je dois quitter la scène.

- Stop ! Attends ! Là au troisième rang, l'homme avec la dame très élégante coiffée en chignon bas. C'est lui, j'en suis presque certain.

- Je vois, celui-là peut-être bien. J'envoie immédiatement son signalement.

- Allez, on va se faire jeter ! Tu restes ici dans les coulisses, moi je vais rejoindre une de mes collaboratrices qui aide la dame du vestiaire.

Je suis excité comme l'adolescent avant son premier baiser. On va jouer une sacrée partie, ce sera très serré. Je préviens Ronan. Au ton de sa voix, il se trouve dans le même état que moi. Des années qu'on vit ce genre de situation et toujours cette sensation unique, juste avant la traque. J'espère que le personnel de Hans-Pieters sera à la hauteur. En termes de hauteur, je ne croyais pas si bien dire.

Voitures, chauffeurs de taxi, motos, piétons, cyclistes (nous sommes aux Pays-Bas) : tout le monde est en place. Comme toujours, l'attente sera longue. Je suis toujours avec Hans-Pieters dans les coulisses, le concert va bientôt se terminer. Dès la fermeture des rideaux, je me précipiterai à l'œillet. Ronan est à présent en observation au rez-de-chaussée. Applaudissements, rappel, *standing ovation* : on ne m'aura rien épargné. Enfin, enfin rideaux !

L'œil collé au rideau, je reconnais, cette fois formellement, Sach bien qu'il me paraisse nettement rajeuni. La dame au chignon m'est totalement inconnue. Ronan et moi devons absolument rester à l'écart, car Sach nous reconnaîtrait à coup sûr, voire sentirait notre présence. Ce travail en retrait me coûte énormément. Je suis persuadé que Ronan se ronge également les sangs. Il faut garder raison, c'est à ce prix-là que nous aboutirons favorablement. Le couple a quitté la salle. J'attends la communication de Hans-Pieters avant de bouger.

- Et alors quoi, Jérémy, on y va ?

- On ne bouge pas, j'attends le feu vert de Hans-Pieters.

- Jérémy, ils sont au bar du trottoir d'en face. Je vous attends, Ronan et toi, dans le vestiaire. Passez par la salle, un de mes collaborateurs vous attend pour vous diriger.

Il fait horriblement chaud à l'arrière du vestiaire, lequel est presque vide de vêtements.

- Apparemment votre ami ne craint pas grand-chose. Le couple est installé à une des fenêtres du bar. Vous allez voir. Accompagnez-moi, vous pourrez les observer.

Sur un des côtés de l'entrée est posé un totem publicitaire à 4 côtés. Hans-Pieters ouvre un des panneaux et m'invite à m'installer à l'intérieur. Il referme le panneau. Une paire de mini jumelles pend au bout d'une lanière attachée à l'un des côtés. J'aperçois deux petits trous, je m'empare des jumelles et par ces orifices, j'observe l'environnement extérieur.

- J’ai une vue directe sur la table occupée par le couple Sach. Je confirme, il est rajeuni d’au moins dix ans. La dame est jeune, très jeune semble-t-il. Il lui tient la main par-dessus la table. J’en ai assez vu, je pousse légèrement sur le panneau. Ronan l’ouvre complètement. C’est à son tour à présent.

- Que d’imagination mon cher Hans-Pieters, bravo pour ton génial poste d’observation. C’est Sach, c’est bien lui. Par contre, il me paraît bien plus jeune que lors de notre entretien. Il est rajeuni de dix ans, sans exagérer.

- Je n’y suis pour rien. Le totem, c’est l’œuvre magistrale de ma collaboratrice « dame de vestiaire ».

- Génial ! On pourrait même décrire ce qui se trouve dans l’assiette. Que fait-on maintenant ?

Un des hommes de Hans-Pieters prend le relais dans le totem publicitaire.

- On attend le signal du départ du couple. Venez, on va dehors rejoindre nos chauffeurs. L’attente risque d’être encore longue et dès le top départ, il nous faudra être prêts.

Le signal. C’est parti ! Le couple est installé à l’arrière d’une Bentley noire qui les a chargés devant le bar. Hans-Pieters, Ronan et moi sommes à bord d’un Touran et suivons, par radio, l’évolution de la filature. Il semblerait qu’il y ait un autre individu à bord. Un garde du corps sans doute. Le chauffeur de la Bentley conduit normalement. Il n’aurait pas, semble-t-il, repéré la filature.

- Nous y sommes, mes amis. Le véhicule dépose le couple et un individu Place Vrijhof en face d'un immeuble. En fait, à cet endroit, des appartements sont mis en location, pour de courts ou longs séjours. Deux de mes cyclistes discutent à proximité. Ils viennent de confirmer que les trois personnes sont entrées à l'intérieur du bâtiment en effectuant ce qu'ils pensent être un code d'accès. Ils quittent les lieux tandis qu'arrive un de nos taxis qui dépose une collaboratrice devant le bâtiment. La Bentley vient de quitter la place. Notre collègue est entrée via un appel au concierge. L'ascenseur est monté jusqu'au dernier étage. On se rend sur place.

- Regarde Jérémy, on vient d'éclairer le dernier étage côté gauche.

Hans-Pieters et moi avions bien aperçu la lumière à cet étage. La collègue néerlandaise vient nous rejoindre. Elle confirme avoir entendu des voix au septième gauche. Il semblerait que les occupants parlaient en allemand.

- Nous sommes dans le bon, n'attendons plus. Ta collaboratrice va chercher les clés de l'appartement chez le concierge. Ronan et moi entreront les premiers. Toi, Hans-Pieters tu nous suivras avec deux types sûrs. On ne tient pas à prendre une balle dans le cul. C'est le moment, c'est l'instant, on est chauds bouillants.

- Parfait les amis, mais ne confondez pas vitesse et précipitation.

- Magalijn va chez le concierge pour les clés et pour qu'il lui décrive la composition des lieux et, plus encore, pour qu'il précise éventuellement le nombre de personnes qui occupent l'appartement. Imaginez qu'une armada de campeurs soit présente sur place, on sera joliment embêté et je pèse mes mots.

- Désolé, tu as raison, bien entendu. Nous sommes trop près du tableau. Tu décideras du moment propice à l'action, dans notre intérêt à tous.

Investissement. Décidément dans cette enquête nous avons effectué plus d'investissements que dans toutes les autres réunies. On procèdera comme à Amsterdam. Ronan se positionnera au niveau du chambranle gauche de la porte, son genou gauche au sol, son arme à la main gauche. En ce qui me concerne, cette fois, je serai debout au niveau du chambranle droit, arme à la main. Hans-Pieters s'occupera d'ouvrir la porte et sera en appui feu arrière. Deux de ses hommes seront en appui feu arrière avec armes d'épaule…Banzai !!!

Tout se déroule comme prévu : le « gorille » est au sol, la dame au chignon hurle. La fouille est rapidement menée, armoires de cuisine, garde-robes, lits, mais Sach reste introuvable. La porte-fenêtre donnant accès à la terrasse est entrouverte. On y court Ronan et moi, personne. Vite sur le toit, toujours personne. Un craquement sur le toit voisin.

- Regarde Ronan, là-bas derrière la cheminée, j'ai cru apercevoir un mouvement.

Le toit voisin n'est pas mitoyen, il est très loin, très très loin de celui de notre immeuble. Le gouffre qui nous sépare du bruit est impressionnant. En fait, c'est principalement ça qui m'impressionne car, tout bien réfléchi, la distance qui nous sépare du toit voisin n'est, objectivement, pas aussi importante. Tout au plus un petit deux mètres. Nous n'utilisons pas nos lampes de poche, on ne sait jamais.

- Tu sais Ronan, je commence à douter que notre homme soit Sach. Je le vois mal en train d'escalader le toit et de sauter sur celui de l'immeuble voisin.

- Désolé, mais si on n'y va pas, on ne le saura jamais.

On saute, sans difficulté, derrière la cheminée ça s'agite. C'est un homme qui se met à courir et vite en plus ! Ronan tire un coup de semonce. L'homme s'immobilise tellement vite qu'il a failli tomber. On est dessus. C'est presque Sach mais en fait c'est Hugo qui est grimé, paraissant ainsi plus vieux. C'est à cet instant que je constate qu'il s'agit réellement d'un Sach.

- Pas de casse les gars ?

- Rien du tout. On arrive, ce n'était pas Priam Sach mais Hugo, son petit-fils. J'avoue que de loin il faisait illusion. J'espère qu'il nous expliquera ce subterfuge.

- Vous voulez un coup de main ?

- Non, attends-nous sur la terrasse, tu prendras notre colis en charge.

- Et comment, avec grand plaisir.

Hans-Pieters, Ronan, la fille, Hugo et moi sommes installés bien confortablement dans l'appartement. Confortablement ? Pas tellement pour la fille et Hugo qui sont menottés dans le dos. La fille est une taxi-girl de luxe, selon ses dires. Manifestement, elle s'interroge et regrette de se trouver ici. Elle précise qu'elle a été contactée il y a trois jours par son agence.
Elle devait, dès le lendemain, se présenter à cette adresse vers 13 heures avec suffisamment de vêtements de rechange et une tenue de soirée pour aller à l'opéra. Son accompagnement se terminant demain vers midi, sauf demande de prolongation éventuelle par le client. Hans-Pieters appelle sa collègue Magalijn et un autre collaborateur avec mission d'emmener la demoiselle dans les locaux d'Eurofaux. Ils sont chargés de l'auditionner de manière circonstanciée, notamment afin de savoir ce qu'elle a appris de son client. Hugo ne dit mot. Il nous a reconnus Ronan et moi, et n'a pu dissimuler sa surprise.

- Je vous en prie, ce Monsieur est à vous. Il me serait agréable d'assister à l'entrevue si cela ne vous dérange pas ?

- Absolument pas très cher ami. Votre demande nous honore.

On rigole nerveusement. L'extrême tension se libère, ces civilités outrancières ont déclenché une prise de conscience de la beauté de la vie. On va s'amuser dans cet interrogatoire qui risque de ne pas plaire à Hugo.

On va se foutre de sa gueule, c'est certain. L'Iphone de Hans-Pieters résonne d'une musique assourdissante.

- Permettez. Oui, d'accord, dommage. Présence 24/24 et 7/7. Contrôle systématique du personnel médical, quel qu'il soit. Compris ! Oui, c'est le gorille de tout à l'heure, il a été mis dans un coma artificiel pour je ne sais quelle affection. Bref, voilà ! Vous avez reconnu ma sonnerie ? Non ? C'est du hard rock, qui finalement est plus de votre époque que de la mienne. J'adore cette musique et l'interprétation qu'en ont donné les créateurs. Allez, vous connaissez tout de même le Deep Purple et Led Zeppelin ? Bon et bien excusez-moi alors.

Notre époque, notre époque ! Je lui en mettrais de notre époque. On n'est pas des vieux Ronan et moi. Sale gamin !

- Comment ça va Hugo ? Pas trop mal aux mains ? Pas trop mal aux bras ? Pas trop mal au dos ? Je pense que oui. Ronan va te retirer les menottes et tu nous diras ce que tu as à boire dans ton bar.

Il est cireux, d'autant plus que son maquillage se noie dans sa transpiration. Il est mal, réellement mal. J'espère qu'il ne va pas nous faire une attaque et nous claquer entre les mains dans cet appartement. Nous savons tous trois que nous aurions dû le ramener au poste mais c'est tellement mieux ici entre amis. Ronan lui ayant retiré les menottes, un air de soulagement transparait sur son visage clownesque.

Pas pour très longtemps car Ronan sort ses menottes de chevilles et clac ! Hugo est entravé, il est capable de marcher à pas de souris, toute tentative de course lui ferait prendre un billet de parterre.

- Accompagne moi, on va préparer les boissons. Je vous sers quoi les amis ?

J'opte pour une blanche avec grenadine, pour autant qu'il en existe dans le bar. Hans-Pieters pour un coca zéro de préférence. Après avoir revérifié le contenu du bar Ronan laisse le soin à Hugo de s'occuper du service. Il va à la cuisine.

- Miracle les amis, deux baguettes, du beurre, du jambon, du fromage, des œufs, des tomates, je me prépare une collation. Vous désirez quelque chose ?

On se dresse et on va rejoindre Ronan à la cuisine en emmenant Hugo avec nous par le bras. Festin de roi, on ne parle pas, on mange, même Hugo s'est préparé un jambon, fromage, tomate. J'ai repéré une Nespresso, encore faut-il l'alimenter. Je trifouille parmi un tas de choses diverses répandues sur le sol, conséquence de la fouille. Eureka ! Des capsules, un assortiment de goûts différents. Mes amis et Hugo préfèrent maintenant le café aux consommations précédentes. Va pour le café. Les tasses à présent, où se trouvent les tasses ? Sur le sol, bien évidemment. Par miracle cinq tasses disparates sont encore entières. Sans exagération, ce sont les meilleures agapes de ma vie, ici, dans cet appartement dévasté. On en oublierait que Hugo n'est pas un ami.

Je dois me reprendre. Cet intermède a été des plus bénéfiques. Nous sommes désormais tous parfaitement détendus et tout particulièrement le jeune Hugo. Je sens que le moment est à la confession. Je ne croyais pas si bien dire. Hugo raconte tout, on le lance et il ne s'arrêt plus, comme dans une conversation entre amis, en fin de soirée, autour d'un café. Nous apprenons beaucoup et peu de choses finalement.

Priam Sach avait promis d'assister au concert de son neveu. Or, depuis les récents évènements, il craint pour sa sécurité. Il a dès lors délégué Hugo afin de faire illusion. Apparemment le neveu n'a rien remarqué. Histoire d'une simplicité désarmante, dont nous nous satisfaisons. Nous espérions bien plus de la suite. En fait, il prétend ignorer où se trouve son grand-père. Il ne l'a plus revu depuis plus d'une semaine et l'a uniquement rencontré à Milan dans le petit restaurant « La Piola ». Son grand-père avait choisi cet endroit car il désirait qu'Hugo soit accompagné de sa petite amie Dana Yadrinka, laquelle résidait à proximité de ce restaurant. Cette dernière a disparu depuis et il ignore son lieu de retraite. Il communique un renseignement quant à la livraison des armes. Elles seront déchargées au port de Belgrade d'ici peu, trois semaines maximum. Nous prenons cette information avec les réserves d'usage. Malgré notre insistance, Hugo persiste à prétendre que c'est tout ce qu'il sait. À l'évidence, ce que nous avions escompté se réduit à peau de chagrin. Allez, ouste !

Mon gars, transfert au secret. L'escort-girl sera provisoirement hébergée dans un centre d'accueil pour femmes battues, sans autorisation de sortie et ce jusqu'à nouvel ordre.

- Contentons-nous du peu que nous possédons. Ronan et moi allons rentrer chez nous. Je diffuserai l'information en vidéo conférence ce qui permettra une concertation commune. Tu dois participer aussi Hans-Pïeters, car je sens que chez toi ce n'est pas encore fini.

- Evidemment Jérémy, d'autant plus que je ne vais pas me contenter de ce qu'Hugo a déclaré. Je vais le cuisiner à nouveau. Il est au secret absolu et à part son gardien et moi, il y aura longtemps avant qu'il ne voie quelqu'un d'autre.

- On va renter immédiatement. Il me tarde de discuter, *de visu*, avec mon patron. Je ne sais pas toi, mais il me semble que la fille a encore certaines choses à dire.

- Tu penses bien que je ne vais pas la transférer immédiatement « aux femmes battues ». Je me vais encore quelque peu la tarabuster.

- Dans ce cas, à plus, ou plus précisément à très bientôt, cher Hans-Pieters.

- Salut les gars et bon retour.

Chez soi

Qu'il est doux ce moment où on se retrouve dans son nid. Bien qu'attendu par le boss, je m'éternise sous la douche, je reste immobile. Le temps ainsi dérobé fait paraître cette eau, qui me caresse, encore plus douce. Foutu téléphone !

- Je suis en bas. Tu descends ?

- Je suis sous la douche. Tu montes ?

Je quitte mon havre de paix et ouvre la porte. Ronan est impeccable. Je le soupçonne, lui aussi, d'être heureux de retrouver son cadre de vie.

- Décidément, tu es toujours aussi lent à te préparer. Accélère un peu que diable. Nous somme » attendus.

- Tu permets. J'estime que nous avons déjà été suffisamment bousculés jusqu'à présent. Le boss attendra. Il n'y a pas le feu.

- Ok, d'accord ! N'oublie pas qu'il y a aussi la vidéo conférence et que plusieurs personnes t'attendront Monseigneur.

- Tu viens de me gâcher mes derniers moments de félicité. Pauvre esclave de la société, tu ne goûteras jamais à la paix de l'esprit. Il me vient une citation de Vaclav Havel : « Au moment de mourir, le plus beau cadeau d'adieu est la paix de l'esprit ». Ça t'échappe tout cela, vil matérialiste !

- Tu te rends compte que, malgré ton intelligence supérieure, naviguant sur le fleuve du génie, tu es incapable de faire deux choses en même temps. Tu parles mais tu ne t'habilles pas. Alors, cesse de parler et prépare-toi !

Vingt ans que je le connais et vingt ans qu'il m'énerve. Je ne lui adresserai plus la parole jusqu'à notre arrivée chez le boss.

- Alors, quoi ! On y va ? Je suis prêt et je t'attends. Je le plante là, dans le living, et je me précipite dans les escaliers. Je ne veux pas entendre ses vociférations.

- Bonjour commissaire, bonjour inspecteur. Le patron vous attend avec impatience.

Il ne va pas en remettre une couche celui-là.

- Bonjour Monsieur le secrétaire. Je suis, moi aussi, heureux de vous revoir et de constater que vous êtes en pleine forme et ce, malgré tout ce que vous venez de subir au cours de ces pénibles dernières semaines.

Nous entrons chez le patron. Stupéfaction, aucune odeur de cigarillos ne vient nous empoisonner. Bonjour au patron et on s'assied.

- Bonjour les amis. Vous avez effectué un excellent travail. Continuez dans cette voie et vous serez récompensés par Monsieur le ministre.

Il sait que nous nous foutons royalement des récompenses, d'autant plus que si nous obtenons une distinction académique nous n'obtiendrons aucune « enveloppe » et l'éventuelle médaille sera à nos frais.

Lui, par contre, est particulièrement féru de ce genre de distinctions. Il ne manque d'ailleurs pas de se déguiser en arbre de Noël à chaque occasion protocolaire.

- Le ministre est très élogieux à votre sujet. Ses collègues n'ont pas manqué de vanter vos mérites. Autre bonne nouvelle, j'ai arrêté de fumer. Je tiens le coup depuis quasi quinze jours. Bien, venons-en à présent à notre enquête.

Tiens, j'ignorais qu'il s'agissait également de son enquête. Ne nous attachons pas à cette remarque. Comme d'habitude, Ronan apporte les derniers éléments dur l'affaire. Comme d'habitude, il est concis. Je n'ai rien à ajouter.

- Et bien, dites-moi, vous ne vous êtes pas reposés sur vos lauriers. Je vais immédiatement apporter mes remarques au ministre. Je crois que vous devez vous rendre dans la salle de vidéo conférence.

Manière habile de nous donner congé. Il est tellement excité à l'idée de téléphoner au Ministre qu'il compose le numéro alors que nous le saluons. Je serais tenté d'imputer cet état à sa récente abstinence. Le local est à notre disposition. Le grand écran est fractionné en quatre mosaïques à l'enseigne des pays de nos interlocuteurs. La connexion est pour bientôt. Nous nous installons à la table de conférence, face à l'écran. Le boss nous rejoint, je suis étonné. Le chronomètre sur la partie supérieure de l'écran affiche 90 secondes…3, 2, 1, la liaison est établie.

Je comprends la présence du patron car tous sont accompagnés. Chacun se présente et présente son accompagnant. Mitchel et sa directrice des affaires dpéciales du FBI, Roberta Copman ; Esor-Mary et Michaël Dalcqow, le directeur général d'Eurofaux Angleterre ; Marco et Duce Guido, le directeur général d'Eurofaux Italie ; Hans-Pieters et Bernt Derschroe, le directeur général d'Eurofaux Pays-Bas et enfin JC et sa collaboratrice, Madame Schmitz Anna, secrétaire générale spéciale d'Eurofaux Allemagne.
Nous nous présentons à notre tour. Un petit intermède est provoqué par les patrons respectifs avec des :

- Et comment vas-tu ? Et toi ? Et la famille ? Toujours au golf ? Les petits enfants ça va ? On se fait une bouffe un de ses quatre… ?

Enfin c'est à nous, nonobstant, leur présence est judicieuse. Ça nous permettra de gagner du temps en explications et en règlement de litiges éventuels. Mitchel a débuté les présentations, il lui appartient de commencer la joute.

- Le Docteur Sach n'ayant pas été interpellé, Wilhelm Grootaers alias Franz Vanhuizenout est tombé dans le désarroi. Il venait de prendre conscience que son avenir était on ne peut plus compromis. Il a demandé à Hans-Pieters de me contacter et de nous mettre en relation. C'est ainsi qu'il m'a signalé avoir gardé un renseignement en réserve afin de renégocier en cas d'échec du programme.

- Il a donné la destination des deux seules ogives nucléaires qu'avaient vendues Sach. Elles seront débarquées au port de Hambourg. J'ai insisté afin d'être certain qu'il ne me cachait rien d'autre. Je crois pouvoir prétendre qu'il n'a plus rien à dévoiler. J'ai immédiatement avisé JC. Via Monsieur le directeur général Cellotes, j'ai été avisé que les instances supérieures avaient donné leur aval quant à la procédure initialement prévue. Les turpitudes administratives concernant le programme de protection des témoins sont terminées. J'ai adressé tous les documents, sous colis scellé, concernant sa nouvelle identité et sa nouvelle résidence, via notre ambassade, à Hans-Pieters. L'intéressé s'envolera pour les USA fin de semaine.

Nous sommes tous à la fois ébahis. Ces abominables engins de destruction doivent être interceptés au plus vite. Ronan et moi sommes d'autant plus surpris que le boss ne nous a rien dit. Nous le fixons intensément. Il feint l'indifférence. C'est un sacré comédien, il ne lui manque plus que les effets de manches…JC prend la suite.

- J'avoue avoir été sous le choc lorsque Mitchel m'a prévenu. Je me suis immédiatement rendu à Hambourg avec Madame Schmitz, ici présente. Nous avons tu la nature du chargement que nous recherchions et avons décortiqué, avec un membre du service des fraudes de la douane, les provenances et destinations des conteneurs déchargés et qui le seront.

- Sept arrivées suspectes ont été contrôlées, sans succès. On reste sur place, bien évidemment. Mitchel va nous rejoindre.

- Je confirme que, un fois la conférence terminée, je m'envolerai à destination de Hambourg en qualité d'agent de liaison. Je vous ai tout dit.

Sa Directrice n'a pas placé un mot. En fait, elle semblait prendre des notes. Michaël Dalcquow tient à prendre la parole.

- Permettez-moi d'intervenir. Nous sommes tous au courant de la discussion que vous avez eue précédemment. Corrigez-moi si je me trompe, mais vous aviez conclu que vous reprendriez tous l'enquête dans une ville portuaire. Ronan et Jérémy à Amsterdam, JC et Mitchel à Hambourg, Esor-Mary à Belgrade et Marco à Naples. Pour mémoire, les investigations communes ont amené la découverte du dépôt de Sach à Cologne et d'énormes saisies. Par la suite, celles de Jérémy et de Ronan, à Amsterdam et à Maastricht, ont permis d'arrêter Vanhuizenout-Grootaers et Hugo Sach. Celles de Marco à Naples ont permis de démanteler un vaste réseau de contrefaçon de vêtements et d'étiquettes de marques. Or, Mitchel avait appris qu'un important tonnage de cocaïne serait déchargé à Naples. Nous ignorons par conséquent si ce trafic existe et, si c'est le cas, où sera amenée la drogue ? Quant au trafic d'armes et de munitions, vous aviez suggéré le port de Belgrade. J'ai confirmé à Esor-Mary qu'il serait judicieux d'enquêter à l'endroit.

- En effet, des renseignements informels me sont parvenus à ce sujet. Renseignements que je n'ai pu, malheureusement, vérifier. De la fausse huile d'olive a été fabriquée à Milan, nous ignorons sa destination. Enfin, nous venons d'apprendre qu'au port de Hambourg, des ogives nucléaires seraient déchargées. Mon ministre me presse, malgré les fabuleux résultats obtenus, car il a peine à croire qu'aucun produit du trafic organisé par Sach ne soit déchargé en Angleterre. En fait, il craint l'arrivée massive d'armes et d'explosifs, principalement dans cette période trouble que nous subissons.

- Hugo Sach a confirmé à Hans-Pieters que les armes et les munitions seraient déchargées au port de Belgrade. Il a obtenu ce qu'il désirait, à savoir : une détention plus « confortable ».

C'est le chef de Hans-Pieters, Bernt Derschroe le directeur général d'Eurofaux Pays-Bas.

- Parfait, je me rendrai dès demain à Belgrade. Comme nous en avions discuté Jérémy et Ronan m'accompagneront. Pour autant que vous leur accordiez l'autorisation, Monsieur le directeur général.

- Chère Madame Éddot, sachez que depuis les résultats de leur enquête, Messieurs Nikwilet Sgrob sont totalement autonomes. Ce sont de précieux collaborateurs, merci de ne pas trop me les maltraiter.

- Mon cher Juan, je te renvoie la même recommandation. Merci à tes collaborateurs de ne pas malmener ma très chère collaboratrice.

- Michaël, j'ai entière confiance en mes collaborateurs. Ils te la rendront intacte, j'en fais le serment.

- Tu t'avances Juan, ils l'ont déjà bien entamée avec moi à Cologne.

- JC, mon ami ! Plus que vraisemblablement à cause de toi.

Lorsque les patrons s'en mêlent, plus moyen d'avancer. Les joutes oratoires se terminent avec la dernière intervention de Duce Guido le directeur général d'Eurofaux Italie. Il invite ses amis, nos patrons respectifs, à Milan pour un colloque qui sera suivi, comme il se doit, de copieuses et joyeuses libations. Sa proposition est saluée par tous les patrons, sauf celui de Mitchel. Normal, la directrice des affaires spéciales du FBI, Roberta Copman, vient de prendre la direction du service. Le chef de Hans-Pieters remercie le patron de Marco et assure de sa présence tout en l'appelant par son prénom, Guido, je ne m'attendais pas de sa part à une telle intimité. Bien qu'en y réfléchissant, ils se rencontrent un fois par an dans le cadre d'Eurofaux. Marco prend la parole :

- Jusqu'avant-hier, Magda s'était retranchée dans un mutisme absolu. Je lui ai exhibé les photos de l'identité judiciaire, suite aux arrestations de Franz Vanhuizenout et de Hugo, son propre frère. J'ai prétendu qu'ils avaient pas mal parlé. Le bluff a fonctionné.

Peu avant mon départ pour la présente vidéo conférence, elle a désiré me voir.

Elle m'a annoncé que l'huile d'olive serait débarquée du Zanbar, porte conteneur de Malte, dans les iles éoliennes et plus précisément au port de Spartakhori. J'ai vérifié, c'est possible car le tirant d'eau à l'endroit est de 9.000 mètres. Nous avançons à grands pas. Je résume : ogives à Hambourg, armes etc., à Belgrade, huile d'olive à Spartakhori, il ne reste plus que les stupéfiants. Dana Yadrinka reste introuvable, sans oublier le Docteur Priam Sach, bien évidemment. Je me charge de Spartakhori. Je ne suis jamais allé dans les iles éoliennes.
Ronan et moi n'avons rien à ajouter. C'est juste avant de se quitter que Roberta Copman, prend la parole dans sa langue natale que nous comprenons tous plus ou moins :
- Madame, Messieurs, chers collègues. Je suis ravie d'avoir rencontré des personnes aussi qualifiées que vous. Je vous remercie de votre précieuse collaboration. J'espère vous revoir bientôt.
Tous nos patrons semblent très surpris et très heureux de son intervention. La séance est close. Chacun regagne ses occupations et prend ses contacts en vue de la poursuite de l'enquête.

Les îles grecques

Téléphone, C'est Marco ! Trois jours seulement après la vidéo conférence et il a des résultats

- Belle réussite au port de Spartakhori, vous savez !

Décidément il a été rapide.. Il téléphone en mode conférence. Ronan n'est pas à mes côtés, mais je lui raconterai. JC, Esor-Mary, Hans-Pieters, Mitchel sont également à l'écoute.

- Excellente collaboration avec les autorités grecques. En fait, mon collaborateur et moi sommes arrivés avant-hier. Il était temps, le Zanbar était déjà en approche. Tout s'est bien déroulé, tout a été réglé comme du papier à musique. Les conteneurs suspects ont été rapidement détectés, dont deux contenaient la marchandise recherchée, les autres rien de particulièrement remarquable. Ils ont été plombés à nouveau. Opération totalement réussie. Bravo à toi Mitchel pour cette information. Je vous lis l'article qui paraîtra demain dans la presse grecque.

- *La police grecque a saisi en tout 4.000 tonnes d'huile d'olive frauduleuse lors d'une opération ciblée. Le produit d'une valeur de 23 millions d'euros devait être vendu abusivement comme de l'huile d'olive certifiée italienne, comme l'a indiqué la police financière*

mercredi. L'huile en question était bien produite à base d'olives, mais celles-ci étaient importées d'Espagne et de Grèce. L'opération policière baptisée « psevdí petrelaíou» s'est déroulée dans les iles éoliennes.
Une enquête pour fraude a été ouverte concernant neuf suspects.

- Mes instances supérieures sont particulièrement satisfaites car le résultat obtenu est bien supérieur à celui escompté. On m'appelle. Si vous avez besoin de moi, n'hésitez pas. Je suis, dès à présent, disponible…et ça me ferait plaisir, je vous assure. À très bientôt. Prenez soin de vous. Au revoir les amis.

Après s'être salués, tous nous raccrochons. Il est heureux notre ami Marco. C'est normal, tout s'est déroulé sans accrocs. Je contacte JC.

- JC, mon ami, comment vas-tu ?
- Salut à toi cher Jérémy. Je suis avec Mitchel à Hambourg, comme prévu. Et toi, t'es où ?
- Toujours au bureau, j'attends Ronan. Nous décollons ce soir pour rejoindre Esor-Mary. T'es déjà allé à Belgrade toi ?
- Oui, l'année dernière encore, c'était pour un congrès. Tout était organisé, visite, repas, promenade sur le Danube. Bref, j'étais persuadé que ça me ferait chier, trop collet monté. Je n'aime pas jouer les touristes, moi je veux du contact, des petits restaurants. Tu vois quoi ? Et alors, et alors ! Goergi est arrivé, sans se presser.

En fait c'est Georgi Hristov, le Directeur Général d'Eurofaux Serbie. Alors là, mon vieux, le tournis durant trois jours et quasi trois nuits. Grave, très grave, dès que tu arrives tu prends contact avec lui de ma part. Ça n'a pas l'air d'être triste. Chançards !

- Parfaitement, nous n'allons pas jouer les touristes. On logera dans une caserne. Normal on est là pour une saisie d'armes et munitions.

- Je te dis et te répète, tu contactes Georgi et tu ne seras pas déçu. Crois-moi.

- Parfait, je t'avoue que je comptais sur toi pour nous recommander un super petit endroit pour bien manger, sans plus.

Sacré JC, l'homme de toutes les situations et incontournable en ce qui concerne la bonne bouffe.

Un attentat

Ronan, l'air déconfit entre dans le bureau. D'une voix chevrotante il m'interroge.

- T'as vu le boss ?

- Non pas encore, pourquoi ?

- Il aurait été victime d'un accident à quelques kilomètres d'ici.

- Un accident ? Quel accident ? Accident de voiture ou de santé ?

- Accident de voiture.

- Sois précis et on gagnera du temps. Tu vas voir Omer, lui, il doit savoir.

- Oui, excellente idée. J'y cours.

Il est réellement perturbé mon ami Ronan. Tellement même qu'il ne réfléchit plus. Il est attaché au boss à ce point là ?

- Allo ! Oui JC, un problème ?

- J'ai sonné à mon ami Georgi Hristov. Je lui ai annoncé votre arrivée. Tu verras ce que c'est qu'un Serbe quand il s'amuse. Allez, au revoir et bonne chance.

- Salut JC et merci encore.

- Ce n'est pas le boss, c'est uniquement son chauffeur qui a eu un accident. Il allait le chercher.

- Bien, tu vois. Fallait pas t'inquiéter outre mesure. Dis tu l'aimes ou quoi le patron ?

- Un peu tout de même. C'est en quelque sorte mon beau-père.
Il m'annonce ça, sans prévenir, alors que je bois un café. Je m'étrangle, ce qui est un moindre mal, mais je tache ma chemise. Ça je déteste !

- Quoi ? Le boss est ton beau-père ?

- Jérémy, ne t'emballe pas. Je t'assure que c'est la seule chose que je t'ai jamais cachée. Calme-toi. Je t'explique. Ma belle-mère, après son veuvage, a rencontré notre patron. Je l'ai appris beaucoup plus tard, à savoir lorsqu'ils ont décidé de se marier. Il y a donc trois ans que le boss est devenu, en quelque sorte, mon beau-père. Il est très gentil avec la famille et adore les enfants. Il est veuf depuis de très nombreuses années et n'a pas d'enfants. Il a retrouvé un foyer et une famille unie. Cela s'arrête là. Tu comprends mon inquiétude à présent ?
J'en reste sans voix. J'estime le nombre d'années durant lesquelles Ronan m'a caché cela. Voyons, voyons, décès de son père, il y a 12 ans. Certes, lui et moi n'avions pas encore été affectés aux services spéciaux. Tout de même, il aurait pu me le dire à ce moment-là.

- Tu as attendu 12 ans pour me le dire. Je ne comprends pas Ronan. Pourquoi alors maintenant ?

- J'ai estimé que c'était l'occasion ou jamais de me soulager de ce poids sur la conscience qui devenait insupportable.

- Bien, ok, ça va. Explique-toi.

Des voix dans l'escalier, Omer, le secrétaire du chef, passe devant notre bureau. Il règne une certaine agitation. Ronan et moi, on va voir. C'est tout simplement le patron qui arrive en maugréant je ne sais quoi. Il nous voit et, fait exceptionnel, entre dans notre bureau. Il s'installe à ma place et nous invite à nous asseoir face à lui. Cela devient réellement inquiétant. D'autant plus qu'il renvoie Omer, qui faisait mine d'entrer, se lève et ferme notre porte.

- C'est un attentat.

On ne bouge pas, on ne cille pas. On attend la suite. Il fouille dans une des poches intérieures de sa veste. Il ne ressort rien de sa poche.

- J'oubliais, je ne fume plus. On a fomenté un attentat contre ma personne. Je devais être à bord de ma voiture. J'ai renvoyé mon chauffeur car j'avais quelque chose à faire. Sur le chemin du retour, il a fait un crochet, avec mon accord, au terrain de foot où son fils est affilié. Il a rangé ma voiture sur le parking, quasi désert à ce moment de la journée. Arrivé à proximité du centre administratif, il a entendu une détonation et a vu de la fumée provenant du parking. C'était ma voiture qui venait d'exploser.

Nous sommes interloqués, des questions nous brûlent les lèvres. On s'abstient. On attend qu'il nous interpelle.

- Il m'a immédiatement averti. J'ai décrété le black-out sur l'affaire. D'autant plus facile que les lieux sont déserts et qu'aucun des trois autres véhicules sur place n'a été touché par l'explosion. C'était un attentat.

- On m'a surveillé. On sait qui je suis et ce que je fais. J'ai mobilisé quatre équipes sur l'enquête, la scientifique est sur place. Je n'ai reçu aucun message de menace. Mon chauffeur est traumatisé, il est rentré chez lui. Vous avez du café ?

- Certainement Monsieur le Directeur, noir, sans sucre et pas de lait ?

- Je n'ai rien à t'apprendre mon petit Ronan. Tu me sers un café comme d'habitude et tu n'oublies pas la cuiller. Tu sais que j'aime touiller mon café.

Il y a une heure, j'aurais été surpris par cette familiarité. Maintenant aucunement, sauf en ce qui concerne le relâchement du patron qui, jusqu'à ce moment présent, n'avait encore jamais laissé paraître un lien quelconque avec Ronan. Le stress post traumatique certainement.

- Que pouvons-nous faire pour vous patron ?

- Pour l'instant, rien mon ami Jérémy. Je voulais que vous l'appreniez de ma bouche. Je sais que je peux compter sur vous. J'ai confiance en vous. Faites votre travail d'agents spéciaux. Vous êtes prêts pour Belgrade ?

- Certainement. On termine ici quelques petits préparatifs et nous nous envolons dans la soirée. Avion à 19 heures et quelques, je crois. C'est bien ça Ronan ?

- Oui, exactement 19 heures 20. Tu veux aussi un café ?

- Bien volontiers Ronan…

Je suis tenté de lui répondre « comme d'habitude » mais dans les circonstances actuelles ce serait totalement déplacé.

- Je ne serais pas étonné que le Docteur Sach soit mêlé à cet attentat. Je dois prendre immédiatement des dispositions pour protéger ma famille. Merci pour le café. Je dois regagner mon bureau et réfléchir avant d'agir. Cet intermède avec vous m'a fait le plus grand bien. Rien ne vaut une petite discussion car de la discussion naît la réflexion et de la réflexion naît l'action. Sur ces bonnes paroles, je vous laisse.

On a retrouvé le patron. Il est de nouveau serein. Ronan me lance un regard inquiet. Je comprends, la famille du boss c'est la sienne avant tout.

- Jérémy je vais chez le boss pour discuter. J'hésite à t'accompagner à Belgrade. Tu comprends j'espère ?

- T'inquiète, vas-y. C'est normal !

J'entends qu'Omer dit à Ronan que le boss est occupé. J'entends également des protestations. Rien n'arrêtera Ronan dans sa démarche. Le boss à présent qui dit de le laisser. Ronan est entré. Cette tentative d'attentat est inquiétante, pourquoi s'attaquer au patron des services spéciaux ? Serait-ce pour marquer le coup ou alors pour se une venger ? N'oublions pas que les initiateurs de toute l'affaire, c'est nous, notre service. Couper la tête d'un grand patron pourrait être une forme d'avertissement adressé à tous les autres. Priam Sach est un grand criminel international.

Il gère de multiples trafics de la contrefaçon à celui des armes et des stupéfiants. Son réseau mondial et ses moyens financiers sont incommensurables. Je suis interrompu par le téléphone intérieur. C'est Omer.

- Monsieur le Directeur veut vous voir.

Sans attendre de réponse, il raccroche. J'arrive au secrétariat. Omer, sans lever la tête me fait signe d'entrer. Je frappe à la porte et entre sans attendre de réponse.

- Asseyez-vous cher ami. Tout d'abord, Ronan m'a dit vous avoir prévenu de notre situation familiale. Vous avez remarqué que jamais je n'ai fait de différence de quelque ordre que ce soit. Je compte sur vous pour que cela reste entre nous. Je viens de raccrocher avec le ministre, lequel était en conférence téléphonique avec ses collègues italiens et néerlandais. Le Docteur Sach a lancé un ultimatum : soit on libère Magda et Hugo, soit il s'en prend aux ministres et aux différents patrons concernés. Il a d'ailleurs annoncé, un peu vite, mon décès comme preuve de sa détermination. Je pense qu'il est absolument nécessaire de museler définitivement cet individu. Qui mieux que vous et Ronan le connaît ? Je propose qu'une nouvelle conférence, telle la précédente, soit programmée en urgence. Qu'en pensez-vous ?

- Devant cette grave menace, une réaction urgente s'impose. Certes nous connaissons Sach mieux que nos collègues, sauf, ne l'oublions pas , Mitchel. Lui, il l'a fréquenté, quasi intimement, durant de nombreux mois.

En outre, nous ne possédons, actuellement, aucun élément nous permettant de le situer.

- Oui, d'accord. Mais vous êtes des enquêteurs et parmi les meilleurs. Je pourrais demander à ma charmante collègue, Roberta Copman, directrice des affaires spéciales du FBI, de vous adjoindre Mitchel.

Il a réponse à tout. Je pense à ma chère Esor-Mary que nous devons rejoindre, Ronan et moi, à Belgrade. J'espérais bien profiter de moments intimes en sa délicieuse compagnie. Il lit dans mes pensées, ce n'est pas possible.

- La conférence peut avoir lieu sans vous. Malgré les appréhensions, bien légitimes, de Ronan, il vous accompagnera à Belgrade. A votre retour, je vous avisera de la suite, qui aura été décidée collégialement lors de la conférence vidéo.

Je regarde Ronan. Il n'exprime aucune surprise devant la décision du boss. Son beau-père l'avait déjà averti. Le patron est inflexible.

- Je pense avoir tout dit. Je m'occupe, à présent, de la finalisation des mesures de protection que j'ai immédiatement activées depuis mon bureau et ensuite la conférence. Bonne chance à Belgrade. Ah ! Oui ! Jérémy, remettez mes salutations à Madame Éddot.

Il sourit, le malicieux. Nous regagnons notre bureau. Ronan est, semble-t-il, détendu.

- Finalement, le patron m'a convaincu. Je pars avec toi.

- Je suis persuadé que les mesures de protection seront optimales. Je t'avoue qu'il m'en aurait coûté de ne pas t'accompagner. Je passe à la maison et je te rejoints à l'aéroport.

- Ok, bises chez toi mon ami et ne te fatigue pas trop.

Il sourit. Moi aussi je sais me montrer parfois malicieux. C'est mon ami, mon pote. Omer entre dans mon bureau. Surprise, il s'assied. Il a l'air inquiet.

- Commissaire, vous croyez réellement aux menaces proférées par Sach ? En fait, ce n'est pas exactement ce que je voulais vous demander. L'attentat de ce matin démontre cruellement sa détermination. Pensez-vous que les mesures seront suffisantes pour éviter une nouvelle attaque à l'encontre de Monsieur Cellottes ?

Ce cher secrétaire, toujours froid et sectaire, alors qu'en fait c'est un type bien. À le voir comme cela, aussi dépité et humble à la fois, je serais tenté de développer de l'empathie à son égard. Son patron, c'est toute sa vie. Ce n'est pas que son secrétaire, c'est son serviteur, son majordome. Il est d'un dévouement sans bornes. Toujours très tôt au bureau et toujours aussi très tard. Dommage de son attitude si souvent hautaine.

- Sincèrement, la situation est grave. Mais j'ai entière confiance dans les compétences du patron. C'est un chef et il ne laisse rien au hasard. Vous le savez autant, si pas mieux, que moi.

- Certainement, mais vous l'entendre dire me rassure. Je vous remercie sincèrement de votre élan de commisération à mon égard. Je vous prie de m'excuser d'avoir pris de votre temps en ces moments de pleine préparation pour la Serbie. Encore une chose, Jérôme a terminé son expertise. L'explosif, c'était du syntex et, apparemment, le système de mise à feu est russe. Encore merci et bonne chance à Belgrade.

Décidément ! Voilà un aspect de sa personnalité qui m'était totalement inconnu.

- Bonjour Esor-Mary. Tu es déjà à Belgrade ?

- Bonjour Jérémy. Je suis actuellement dans les bureaux de la Police serbe. J'attends un des patrons pour les modalités de l'opération. Et toi, tu arrives quand ?

- Ce soir, on décolle, Ronan et moi à 19 heures 20. Je te retrouverai à l'hôtel vers 22 heures au plus tôt. Je gagnerai la caserne après.

- Oui, bien entendu. Je te sonne dès après ma rencontre avec le patron d'ici. Je t'embrasse.

- Moi aussi, je me réjouis. Tu ne peux pas savoir.

- C'est comme moi. Je raccroche.

Je reste quelques moments pensifs. Aucun bruit ne me parvient. Je rêve à Esor-Mary. Elle m'aime, enfin je crois. Le fixe sonne, c'est Ronan.

- Tu prends des vêtements chauds toi ?

Il m'étonnera toujours. Il me pose une question alors qu'il suffit de regarder la météo à Belgrade. Pour lui faire comprendre, je lui réponds :

- Attends, je regarde sur internet. Voilà : actuellement 16° vent 23km/h, à notre arrivée on peut s'attendre à 13 ou 14°.Demain et après, 10 à 20° et ciel nuageux. Par conséquent, oui, je prends mes précautions. Ça va ? Tu as tes apaisements ? Et pour rassurer ta charmante épouse, prends une petite laine, des gants et une écharpe, sans oublier ton ridicule bonnet.

Je me lance et j'ose :

- Encore une chose, tu ne te laisses pas influencer par ton épouse. Pas de valise ! Tu m'as déjà bien en me faisant faire la file pour récupérer ton bagage, ça suffit ! Oo alors, cette fois, je te laisse sur place.

- Tu sais ce qu'il te dit, mon bonnet ? Tu es fin prêt ?

- Non, du tout, je suis toujours au bureau. Ne t'en fais pas, je serai à l'heure à l'aéroport.

Et je raccroche, sans attendre la suite qui ne pourrait qu'être empreinte de récriminations.

Belgrade

Le voyage a été quelque peu chaotique. Des orages particulièrement violents ont secoué l'avion. Je hais l'avion. Plus je me déplace en avion et plus je perds confiance. J'ai peur en avion ! Enfin l'atterrissage sans encombres. Vivement les pieds au sol, sur notre bonne vieille Terre. Sur le tarmac, une banalisée nous attend. Le chauffeur nous invite à nous installer à l'arrière, s'empare de nos bagages et les range dans le coffre. Un homme occupe le siège passager. On démarre et on quitte le tarmac. Il se retourne et nous salue tout en se présentant dans un français correct que son accent prononcé ne dénature pas trop.

- Bonjour Messieurs, je me présente. Je suis le directeur général d'Eurofaux Serbie. Mon nom est Georgi Hristov.

On se présente à notre tour. Il semble qu'il connaissait nos noms sans pouvoir y mettre un visage.

- Enchanté Monsieur le Directeur. Je profite de l'occasion pour vous remettre le meilleur bonjour de notre directeur Monsieur Cellottes.

- Ce cher Juan, comment va-t-il ?

Je lui narre les derniers événements et nos sentiments quant au commanditaire de l'attentat.

- Sapristi ! C'est très grave ce qui se passe. Votre collègue, Madame Éddot, qui est arrivée avant vous, ne m'en a rien dit.

- Je pensais le lui annoncer dès notre rencontre. Permettez-moi également de vous adresser le meilleur bonjour de Monsieur le directeur général Josef-Claus Linnecrau. Il m'a d'ailleurs signalé que vous nous recommanderiez un endroit sympathique pour le dîner de demain.

- Sacré JC, il sait recevoir et il connaît bien mes défauts cachés. Non seulement je vous recommanderai un super endroit, mais encore je vous inviterais tous les trois. Aucune contestation, je vous prie. Je ne reviendrai pas sur ma décision.

Secrètement j'avais espéré qu'il nous accompagnerait. Par contre, pas qu'il nous invite. On verra plus tard.

- Une chose encore. Je vous ai réservé une chambre au même hôtel que madame Éddot. Il n'est pas question que vous vous enterriez dans notre maudite caserne. C'est sans appel.

- Monsieur le Directeur, nous n'avons pas, cette fois, obtenu le budget, pour de simples raisons administratives. Vous êtes très prévenant, mais nous ne pouvons accepter.

- Vous ne devez vous soucier de rien. J'ai réservé. Ne me faites pas l'affront de décliner mon invitation. Moi, je possède le budget. Alors, ça suffit. Parlons de notre affaire.

Les quelques kilomètres qui séparent l'aéroport Nikola Tesla de notre destination, en ville, nous permettent d'échanger quelques renseignements et considérations quant au trafic international qui nous occupe. Le directeur, très familièrement, nous appelle par notre prénom. Nous sommes devant l'hôtel et, nous apprêtons à quitter le véhicule. C'est le moment que choisit notre compagnon de route pour nous inviter à l'appeler Georgi et pour nous inviter à boire le verre de l'amitié au bar de l'hôtel. Nous ne pouvons, décemment pas refuser.

- Excusez-moi, je monte les bagages et j'invite Madame Éddot à nous rejoindre.

- Bien évidemment Jérémy. À tout de suite.

J'emporte nos deux valises de cabine. Mon cœur bat la chamade, mon souffle est saccadé. C'est toujours les mêmes symptômes lorsque je sais que je vais rencontrer Esor-Mary. Je frappe à la porte de sa chambre. Elle est là, devant moi, resplendissante dans sa robe fuchsia qui valorise encore son teint lumineux. Je jette mes valises dans la chambre. Je ferme la porte derrière moi et je l'embrasse fougueusement, amoureusement, sensuellement. L'un et l'autre nous nous désirons intensément. Je noterais un 10 de magnitude dans le tremblement de terre qui résonne en nous. STOP ! On doit rejoindre Ronan et Georgi. Vite se rafraîchir et nous descendons.

Nos deux compères sont installés au bar. Esor-Mary embrasse Ronan et vient prendre place, à mes côtés, sur un tabouret. Un nouveau flux de désir m'envahit. Ses jambes, ses cuisses, son maintien, son sourire, ses yeux, tout m'excite. Je dois me reprendre. Georgi propose que nous nous installions dans le salon. Excellente idée, le confort me sied. Quatre fauteuils en vis-à-vis nous attendent. Un peu gênant, il me sera impossible de caresser subrepticement ma charmante compagne. Par contre, j'y gagne une vue imprenable sur Esor-Mary. Je me force à dévisager Georgi. Il est grand, ventripotent et large d'épaules. Les cheveux sont marrons et frisés, ses yeux sont noirs comme du charbon et son nez légèrement bilobé est tordu vers la gauche. Son regard est remarquablement gai et brave. Un brave type en quelque sorte. Nous ne consommons que des boissons non alcoolisées. Le débat est essentiellement centré sur l'arrivée éventuelle des conteneurs avec, ce que nous supposons être, les armes et les munitions.

- Madame, Jérémy, Ronan, je vous laisse et vous donne rendez-vous demain à 10 heures à mon bureau. Madame Éddot, connait l'endroit. Bonne nuit.

Notre Georgi est déjà dehors tandis que nous sommes toujours assis. On se décide, on se lève.

- Regagne toujours la chambre Ronan, moi je raccompagne Esor-Mary.

Aucune réaction particulière de Ronan. Il connaît la musique. Je pense qu'il profitera de mon absence pour converser plus longuement avec son épouse.

La sonnerie du téléphone de la chambre me fait sursauter. Esor-Mary se redresse précipitamment. C'est tout simplement le service réveil de l'hôtel.

- Il est déjà 07 heures 30 ?
- Je le crains, mon amour, d'Anglaise. Voyons, disons au resto pour le petit-déjeuner à 08 heures 30. On aura tout le temps de profiter du buffet. Ça te va ?
- Oui, aucun souci, je ne dois pas me laver les cheveux. Allez file maintenant !

Je la serre dans mes bras, l'embrasse tendrement et me lève. Je regagne ma chambre, me doucher, me raser, m'habiller. J'entends des ronflements. Ronan dort toujours. C'est étonnant, lui toujours le premier à être prêt. Je referme la porte avec douceur. Il se redresse, tout ébouriffé.

- Bon c'est toi ! Quelle heure est-il ?
- Il est, attends, 07 heures 40 précises.
- Bon sang, déjà. On va être en retard.

Il saute littéralement du lit et se précipite dans la salle de bains. L'instant d'après, j'entends la douche. J'en profite pour ranger mes vêtements de la veille et pour préparer ceux du jour. J'entre dans la salle de bains. Ronan est déjà sorti de la douche et il se brosse les dents à l'évier. Vite sous la douche, à mon tour. Nous sommes tous les deux fins prêts à 08 heures 10.

- On descend au resto ou on attend ici ?
- Allons-y Jérémy, tu me raconteras ta nuit.
- Et toi, la tienne car tu as un air de déterré.
- Bien moins que le tien, Don Juan.

Le resto est digne de l'établissement et très cosy. Nous gagnons une table de quatre et au passage un coup d'œil au buffet nous rassure quant à sa variété. Pas le temps de parler car ma chère et tendre Esor-Mary nous rejoint. Elle embrasse Ronan, se penche pour m'embrasser tendrement sur la bouche. Je ne peux m'empêcher de lancer un regard pervers dans son décolleté plongeant. Que j'estime plongeant, il ne ressemble en rien à ce genre de décolleté à la mode qu'affichent les stars. Nonobstant, je suis émoustillé. Ce qui n'échappe pas à mon Anglaise.

- Vous avez remarqué le splendide buffet, les amis ? On y va ? J'ai faim et une tasse de thé m'est indispensable.

Esor-Mary joint le geste à la parole. Direction buffet. Lors du petit-déjeuner nous discutons, bien évidemment, de l'enquête Avant tout du Docteur Sach, de l'attentat, de ses menaces et des résultats obtenus jusqu'à présent. Il est temps que nous nous rendions au rendez-vous fixé par le Directeur Général, le jovial Georgi Hristov.

- Bienvenue à vous mes amis. Ne prenez pas garde au désordre, nous sommes en plein déménagement pour la nouvelle aile du bâtiment. Un café, un thé, autre chose ?

Nous déclinons en arguant du copieux petit-déjeuner que nous venons de quitter.

- Depuis l’affaire du parking du Mondian Hôtel à Londres, mes services se sont penchés sur les antécédents et les relations des deux Serbes décédés lors de l’attaque. C’est ainsi qu’il a été découvert que Georgjie Prohor et Nikolaj Zdravko étaient des criminels de guerre recherchés sous un autre alias. Ce qui a permis de faire un lien direct avec un de leurs anciens chefs, le nommé Konstantin Yadrinka. Ce dernier, dont on a perdu la trace, était un des dirigeants de la Nasa Stvar, en fait la mafia serbe. Ces criminels serbes sont surtout actifs dans l'Union européenne et parfois aux États-Unis d'Amérique. La mafia serbe est principalement impliquée dans les contrats d'assassinat, vols de voiture, la contrebande, le trucage de rencontres sportives, le racket et l'extorsion de fonds auprès des commerçants ou des entreprises, l'infiltration de l'économie légale, le trafic d'armes et de drogue. La mafia serbe est composée de trois groupes mafieux tous basés à Belgrade. Remarques qui nous amènent à la conclusion que les armes et les munitions éventuellement débarquées seront destinées à la mafia serbe. C’est pas mal travaillé, vous êtes d’accord avec moi. Je me permets d’ajouter que le lien entre Sach et la mafia serbe est à présent certain. En effet, Konstantin Yadrinka n’est autre que le père de Dana Yadrinka, la petite amie d’Hugo Sach. CQFD.

Nous marquons tous un temps d’arrêt. On assimile ce que vient de synthétiser remarquablement Georgi. Il attend nos réactions.

Je le soupçonne de savourer tout particulièrement l'instant. Tandis que le silence s'est installé, c'est certain, il se gargarise de ses excellents résultats. Ronan brise ce moment d'autosatisfaction :

- Quelle avancée pour l'affaire. Hugo Sach va devoir s'expliquer sur pas mal de choses. Je téléphone immédiatement à Hans-Pieters pour l'informer de ce que nous venons d'apprendre grâce à Georgi. Ce petit malin a balancé le trafic d'armes pour ensuite jouer à la « victime innocente ». Je sens qu'à Amsterdam, ça va chauffer pour lui d'ici peu.

Esor-Mary et moi nous réfléchissons à la vitesse V-V'.

- Bien, je préviens immédiatement tous mes collègues. Je suppose que vous préféreriez prévenir vous-mêmes vos compagnons d'enquête.

- Je n'ai pas joint Hans-Pieters à Amsterdam. J'ai relaté les faits à Sylvia, sa secrétaire. Elle m'a signalé qu'il voudrait certainement me contacter. J'ai précisé ; pas avant ce soir. Je continue. Il reste Marco et Mitchel, lequel se trouve vraisemblablement à Hambourg à l'heure qu'il est.

- Georgi, je pense qu'un café serait le bienvenu. Merci pour tes précieux renseignements et bravo pour ton esprit de synthèse. Je propose que nous discutions des modalités de l'intervention au port, après tes contacts. Il me semble que cela va demander énormément d'investissement. Je viens de le chuchoter à l'oreille d'Esor-Mary qui est de mon avis.

- Bien évidemment Jérémy, la suite est prévue. Un de mes collaborateurs viendra nous décrire la situation des lieux avec carte et photographies. Nous discuterons ensemble du dispositif à mettre en place. Face à nous ce ne sont pas des amateurs, loin de là, c'est la mafia serbe ! Ils seront au port pour prendre livraison de leur marchandise.

- Parfait Georgi, on compte sur toi. Avons-nous un élément quant aux conteneurs suspects ?

- Aucun élément, bien malheureusement. Retenons que c'est Michaël Dalcqow, lors de la conférence audio-video qui a suggéré Belgrade. Il ne possédait que des renseignements informels et il l'a bien spécifié. Par contre c'est Magda en personne qui a dévoilé les faits, on est dans le bon. Voici mon collaborateur.

Un homme mystérieux entre dans la pièce. Il porte des rouleaux et un ordinateur portable. En passant, il nous jette un coup d'œil égaré. Être indéfinissable. Un bonjour à peine perceptible nous parvient. Il semble chuchoter à notre oreille. Si son discours est pareil à son bonjour, ça va être assommant.

- Je vous présente Berny Gashi , mon plus précieux collaborateur. Berny, je vous en prie, on attend vos considérations avec impatience. Mon collaborateur, ici présent, a été affecté durant trois ans à Eurofaux Lyon. Il parle correctement le français.

Berny, puisqu'il s'agit de Berny, déroule un plan sur la table et branche son ordinateur.

Il se racle la gorge et expose la tactique qui sera adoptée. Nous avons du mal à suivre. Son raclement de gorge n'a pas suffi à renforcer sa voix. Les photos me tiennent éveillé mais pour la suite, je décroche. Tout le monde se lève, par réflexe, je suis le mouvement. Il s'agit de se pencher sur le plan. Ce mouvement de foule m'a rappelé à la réalité. Un sacré dispositif sera mis en place. Georgi sera avisé du déchargement de tout conteneur suspect : marchandise transportée en fonction de sa provenance, sa destination… ainsi que de l'endroit de stockage. Il est de notoriété publique que la corruption fait loi dans tous les secteurs. Dès lors Georgi a confié cette mission au seul homme des douanes en qui il a entière confiance. Espérons qu'il ne se trompe pas. Berny ajoute qu'en connaissant l'endroit et les références du ou des conteneurs nous devrons nous faire accompagner d'un homme de terrain. Il précise que le port dispose de 300.000 m^2 d'entrepôts ainsi que d'une surface de stockage en plein air de 650.000 m^2. Finalement, que de bonnes nouvelles.

- Mes amis, je crois que nous avons fait le tour complet en fonction de ce que nous connaissons. Une inconnue subsiste : quid du cargo ? On risque de devoir examiner le contenu de plusieurs conteneurs suspects débarqués de différents cargos. C'est bon pour le moral, mais nous sommes là pour organiser tout cela. Je reste à l'écoute permanente de mon ami des services spéciaux des douanes. Je vous invite au resto, car il fait faim.

Enfin, un des meilleurs moments depuis notre arrivée chez Goergi. Soudainement, comme par magie, ma léthargie s'estompe. Je me sens en pleine forme. L'ami Berny et non « Mon Ami Ben » enroule sa carte, ferme son ordi et nous quitte. Je crois avoir entendu qu'il nous disait au revoir. Nous suivons Georgi.

Au dehors une voiture avec chauffeur nous attend. Tours et détours dans la ville. Une rue étroite, une maison à l'enseigne Kapka Groppa. Le véhicule s'arrête, on débarque. Georgi nous précède et, dès son entrée, il est accueilli par une charmante personne qui l'embrasse affectueusement. Nous avons droit aux mêmes attentions. Nous nous retrouvons dans une salle particulière réservée aux non-fumeurs. Georgi nous signale que ce n'est pas facile à trouver en Serbie. On regagne la voiture. Je garderai un souvenir impérissable de ce restaurant. Il rejoindra les autres dans les archives de ma mémoire. C'est un endroit merveilleux, on est plongé directement dans une atmosphère traditionnelle. La nourriture est excellente et la cave à vin n'a rien à envier à celles que je connais. Tout est simplement incroyable. Tous partagent mon avis. Le Smartphone vibre.

- Jérémy, on les a. On a les deux ogives..

- Arrête, attends, je branche le haut parleur car je suis avec le patron d'Eurofaux Serbie, de Ronan et d'Esor-Mary. Tu peux y aller.

- Jérémy, on a réussi. Je disais qu'on avait les deux ogives, mais en plus on a découvert deux caisses de grenades, quatre missiles antichars Eryx et un système léger pour tirer les missiles.
Nos cris et nos applaudissements interrompent notre ami Marco. Il peut reprendre :
- J'arrête là mon enthousiasme. Malheureusement, JC a deux gars sur le carreau. On a rencontré une sacrée résistance de la part des destinataires. Ils étaient lourdement armés, des kalachnikovs, des colts 45 et aussi des grenades. Un carnage, je ne te dis pas. Outre les deux hommes sur le carreau, JC déplore également sept blessés dont deux gravement atteints aux jambes par les éclats de grenade. Ils sont tous hospitalisés. Mitchel était en observation et cependant on lui a tiré dessus. Je me demande comment il a pu être repéré. Il est indemne, c'est bien. Chez nos agresseurs, quatre morts, trois blessés et deux en fuite. En fait, quatre conteneurs suspects ont été signalés. Trois ne nous intéressaient pas, par contre le quatrième et le dernier signalé étaient les bons. On est arrivé trop tard sur le lieu de stockage. Il avait déjà été chargé sur la remorque d'un camion. JC a averti immédiatement le poste de sortie de l'aire de stockage. C'est très grand ici, je ne m'imaginais pas. Note que ce port est tout de même noté troisième au classement européen. Immédiatement un barrage a été mis en place. C'est à cet endroit que tout a basculé.

- Outre le chauffeur et son passager avant, dix types sont sortis de la remorque. Ils ont commencé directement à tirer et à lancer des grenades. Ce sont les premiers arrivés qui en ont pris le plus avec les hommes du barrage, toute la première ligne en quelque sorte. D'après les premiers constats le chauffeur du camion a été tué alors qu'il forçait le barrage en fonçant sur les nôtres. Une hécatombe, une véritable hécatombe. Parmi les assaillants toujours en vie, deux ont été rapidement identifiés, il s'agit des nommés Konstantin Yadrinka et de Vladimir Prohor. Il s'agit de deux ressortissants serbes. Je suppose que le Yadinka a un lien de parenté avec la copine de Hugo Sach, de même que le nommé Prohor avec un des Serbes décédés dans l'affaire du parking à Londres. Nous sommes en plein conflit avec la mafia serbe. Soyez doublement prudents, vous, vous êtes en Serbie. Notre JC est à la fois furieux, dépité et satisfait en mesurant le danger que représentaient deux ogives dans la nature. Les identifications des agresseurs se poursuivent.

- C'est, en effet, foncièrement dramatique et très grave ce qui vient de se passer à Hambourg. Je te confirme que c'est la mafia serbe. Konstantin Yadrinka est le père de Dana. L'intéressé est un des chefs mafieux serbes. Tous les éléments recueillis jusqu'à présent démontrent que Sach commerce avec ces criminels. De plus, il les emploierait pour exécuter, c'est le cas de le dire, certaines missions.

- Suite à votre enlèvement à Milan, on avait identifié un des sbires comme étant le nommé Baccio Catone. Lui aussi, il fait partie d'une mafia et plus précisément de la « Nasa Stvar ». En ce qui concerne le second, Ippazio Telemaco, nous n'avons rien jusqu'à présent. Pour ton information, au commencement, les membres de cette mafia étaient tous des transfuges de la Cosa Nostra. De ce que nous savons, les activités de la « Nasa Stvar » sont essentiellement criminelles. Elle infiltre également les pouvoirs économiques et politiques. Comme tu dis mon ami : tout se rejoint. Sach commerce avec le milieu mafieux. Il est d'autant plus dangereux. Notre pauvre JC est en route pour Berlin où il sera reçu par la Chancelière en présence des ministres de la Défense, de la Justice et de l'Intérieur. Il fera ensuite un communiqué de presse. Il devra calmer le jeu. J'espère qu'il ne jouera pas sa tête.

- Courage mon ami. Ici, notre stratégie ne demande plus qu'une mise en place. Lors de nos discussions préparatoires, nous avons également envisagé être en présence de la mafia. Les effectifs prévus sont conséquents. Mais ce que tu viens de nous apprendre ne nous rassure pas du tout. Te connaissant, connaissant JC et sachant ce que tu viens de m'expliquer, je n'ai aucun doute quant aux mesures qui ont été prises. Or, malgré ça, de sérieux dégâts sont à déplorer. Je plains JC, je ne voudrais pas être à sa place, mais qu'est-ce que je désirerais être à ses côtés.

- Mitchel l'accompagne et espère bien être reçu. Apparemment Roberta Copman, la directrice des affaires spéciales au FBI, a contacté la Maison Blanche. Je ne sais rien de plus.

- On ne sait jamais. Je doute cependant que le président US intervienne en personne. Je te laisse. Je te contacte dès la fin des opérations. Croisons les doigts.

Je raccroche, mes compagnons de route sont silencieux. Ils assimilent les informations et leurs mines ne cachent pas leur sentiment de dépit. Je le définirais plutôt comme une sorte d'hallucination collective et une incapacité à s'en rendre compte. Réaction normale, dans ces circonstances gravement anxiogènes. Georgi brise ce silence pesant :

- On est arrivé depuis un moment. Il est grand temps de se remuer.

Depuis le bureau du service de recherche des douanes, nous surplombons le site entier. Nous découvrons cet endroit qui grouille telle une fourmilière. Des montagnes de conteneurs, des grues qui touchent les nuages, des tracteurs, des élévateurs, des camions, des semi-remorques, des hommes et des femmes casqués et vêtus de survêtements jaunes. L'employé de l'accueil nous quitte. Nous sommes seuls dans notre « mirador ». Je suis fasciné par l'activité qui règne en dessous de nous.

J'imagine l'organisation rigoureuse qui doit être nécessaire pour arriver à placer, déplacer, charger, décharger ces monstrueux conteneurs et, *in fine*, de retrouver leur emplacement.

Un homme entre. Je lui donne 50 ans. Malgré sa corpulence, il semble regorger de vitalité et ses yeux bleu vif reflètent la sincérité. Par contre, je ris sous cape en scrutant son visage lisse et joufflu. C'est plus fort que moi, son visage me fait penser à une « belle paire de fesses lisses et molles ». Je me souviens avoir lu cette expression dans un roman d'Amélie Nothomb. Du coup, je suis incapable de retenir son nom. En fait, je n'ai rien compris. Il s'adresse à Georgi en ce que je suppose être du serbe.

- Monsieur l'Inspecteur Général des Douanes me signale qu'un cargo, en mouillage et actuellement en attente de déchargement, transporte notamment deux conteneurs suspects. En effet, d'après les documents, ils contiendraient des pièces pour automobiles et pour tracteurs agricoles, dont la provenance et la destination sont pour le moins suspectes : respectivement l'Inde et la France. De fait, les pièces sont renseignées comme étant fabriquées par PSA. Or, le groupe PSA étudie seulement la possibilité de se réimplanter en Inde. Seuls des contacts son engagés. On est encore loin d'un aboutissement. Notons que des conteneurs suspects, il y en a des centaines sur une année et les soupçons ne se révèlent pas nécessairement fondés.

- Nous adopterons la stratégie habituelle. C'est ainsi qu'ils seront acheminés dans le site fermé des douanes, pour examen. Si le contenu est bien celui qu'on pense, on déchargera le tout. Quelques caisses vides seront alors rangées à l'intérieur pour faire illusion. Ils seront ensuite placés tel que prévu et balisés. On attend qu'ils soient pris en charge et on suit l'évolution. On se rend sur le site fermé avec l'Inspecteur Général des Douanes. Je vous adresse une note avec les références des documents de transport.

Vibreur : un message de Georgi bizarre ! *« Je n'ai aucune confiance en ce Monsieur que je ne connais pas. Il m'a déclaré qu'il ne parlait pas français. Méfiance mes amis !!! ».* J'invite Ronan à lire le message. Aucun de nous ne laisse paraître son étonnement. Nous descendons les escaliers en silence et, sous la conduite de l'inspecteur général, nous nous rendons sur le site fermé. Sur place, il règne une certaine activité. Des cartons sont éventrés, des sacs ouverts dont le contenu jonche le sol, des boîtes de viagra par centaines sont rangées sur des étagères. Nous sommes dans notre élément. Tout n'est que contrefaçon !

- Nous n'en finirons jamais Jérémy.

- Esor-Mary, c'est une activité criminelle. Le crime ne s'arrête jamais :

Bona fides non contraria est fraudi et dolo (La bonne foi ne s'oppose pas à la fraude et au dol.).

- Tiens ! Cher Jérémy, vous connaissez le latin, à ce que j'entends.

- Mon cher Georgi, en des temps lointains. Seuls me restent quelques minables citations. J'avoue que parfois j'en abuse. Mon patron ne manque d'ailleurs pas de me le faire remarquer.

- Ce cher Juan, cependant lui-aussi est de formation classique. Nous en avons déjà discuté et ne manquons pas d'échanger nos souvenirs en la matière.

- Très chère Esor-Mary, ne prendriez-vous pas quelque repos en profitant de ce magnifique fauteuil directoire ? Solliciterais-je mon personnel afin qu'il vous apporte une tasse de thé en provenance directe de Chine ? En attendant souffrez que je vous interprète le magnifique « Réminiscences de Don Juan » de ce prodigieux pianiste et fabuleux compositeur qu'était Franz Liszt.

Ronan, mon ami Ronan. Il ne changera, lui non plus, jamais. Loin d'être contrariés Georgi et moi nous sourions tout en hochant la tête.

- Très cher Ronan, souffririez-vous que nous nous installions également au salon, Jérémy et moi, durant votre interprétation ? Un thé de Chine nous agréerait également, cher ami.

Ces pseudo-mondanités échappent à l'inspecteur général des Douanes, quand bien même il comprendrait la langue française.

- Les colis sont annoncés. L'inspecteur ici présent me signale que les conteneurs seront déposés dans le hall 3, où aucune activité ne se déroule pour le moment. Nous serons seuls.

Le hall 3 est vide. La température ambiante est, à mon avis, pas loin des 4 à 5 degrés, on se croirait dans un frigo ! Georgi fait appel à un peloton qui arrive sur place concomitamment aux deux conteneurs. C'est l'instant de vérité, les scellés sont coupés. Des caisses en bois à l'effigie PSA sont entassées à l'intérieur. Certains policiers serbes s'affairent à les décharger tandis que d'autres les ouvrent au pied de biche. La première caisse ouverte est sous nos yeux. Banco ! Des fusils d'assaut. La série continue : armes de guerre, munitions calibre OTAN, fusils mitrailleurs, grenades et, autres explosifs, pistolets 9mm et autant de munitions… Le temps presse, deux semis viennent de se présenter à l'entrée pour emporter les conteneurs. Ils sont en attente car l'employé ne peut leur communiquer la référence de l'allée de dépôt. On gagne du temps. Deux conteneurs à vider et à remplir des caisses qui se trouvent encore en bon état. Ça s'éternise. Enfin, c'est le placement de l'espion, la fermeture et l'apposition de nouveaux scellés. Georgi fait appel aux opérateurs et à leurs exceptionnelles machines pour amener les conteneurs dans leur allée.

- Tout le monde en place. Sur le site, aucune intervention d'initiative ne sera tolérée. Je donnerai le signal du « stop-car ».

- Sachez que j'ai pleine confiance en vous tous et nous vaincrons. *'Eritis sicut dii ! C*ela veut dire : Vous serez comme des dieux. J'attends vos accusés de réception.

Georgi a été clair et précis. Je ne connaissais pas cette expression. C'est parti ! Il prend le volant, je m'installe à ses côtés. Notre véhicule est blindé et les vitres arrières sont teintées. Il branche l'oreillette de sa radio de service. Ronan et Esor-Mary nous précèdent. On quitte l'enceinte du port. Georgi me signale qu'il s'agit de deux tracteurs de marque DAF avec des remorques tôlées bleues portant des plaques serbes BG 123 AB et BG 456 AB. Nous démarrons en cortège, Ronan devant nous qui précédons le premier camion. La vitesse est raisonnable : 80km/h maximum. Un véhicule avec, à son bord, du personnel de l'équipe de Georgi nous dépasse sans le moindre regard de ses occupants en notre direction. Le véhicule dépasse celui de Ronan. Suivi d'un autre qui s'intercale entre notre voiture et celle de Ronan. C'est maintenant, selon la stratégie définie, que cela va se jouer. La voiture devant la nôtre feint une perte de contrôle. Georgi donne le signal : - STOP-CAR.
Georgi freine violemment tout en feignant de vouloir éviter le véhicule devant nous qui fait du gauche droite. Je me crispe, un camion de ce tonnage dans le cul, bonjour les dégâts. J'entends les pneus des mastodontes qui crissent sur la chaussée et des coups de klaxon qui résonneront encore longtemps, enfin je l'espère, dans ma tête.

Soudain, le silence, rapidement rompu par des cris et des coups de feu. Nous sommes dehors, chacun de notre côté sur le ventre et arme à la main. Plus un seul coup de feu. Le chauffeur du DAF est au sol et menotté. Les quatre policiers serbes nous font signe « ok ». Nous nous redressons et allons nous rendre compte, *de visu,* de la situation. Comme prévu, un camion blindé des services spéciaux s'est intercalé entre les deux tracteurs et est venu mourir contre les portières de la remorque. Il s'agissait d'empêcher quiconque de sortir. Le second chauffeur est également au sol et menotté. Le second camion blindé est contre les portières de la remorque. Tout s'est déroulé tel que prévu. Je compte environ douze policiers sur les lieux. Le trafic a été interrompu dans les deux sens dès l'annonce du chargement des conteneurs. Il s'agit, à présent, d'ouvrir les remorques. Par une ouverture une grenade lacrymogène et une « flashbang » sont lancées dans la première remorque. Les portes sont immédiatement refermées. Même opération dans la seconde remorque. C'est à ce moment précis que j'accepte enfin l'idée. Je suis sadique. Je me surprends même à en rajouter, avec une citation qui, soudain me revient : « Qu'il est doux, sans péril, d'observer et de jouir en secret des malheurs qu'on évite ». Le moment délicat de l'ouverture : *noboby, nada*, rien ni, personne. Mon plaisir est gâché, c'eut été la cerise sur le gâteau. On rentre tous et les camions et les semis bien pollués aussi, mais sans Félicie.

Si les chauffeurs avaient osé communiquer leur destination, nous aurions avancé. Ne gâchons pas notre plaisir, les saisies sont énormes, l'opération est un succès. Chacun d'entre nous prévient sa hiérarchie du succès de la mission.

- Parfait, magnifique et sans aucune effusion de sang. C'est un succès grandiose. Félicitez Ronan et ne manquez pas de féliciter Georgi de ma part. Ajoutez que s'il n'a pas fait redresser son nez de brigand, que je le redresserai moi-même lors de notre prochaine rencontre. Je préviens le ministre.

Il termine par la même ritournelle, sans dire au revoir. Par contre il se montre de plus en plus coquin. Serait-il plus détendu depuis que je suis au courant de la situation familiale ou serait-ce l'installation d'une certaine sénilité ? A suivre.

- Marco, c'est Jérémy.
- Je connais ta voix, cesse de te présenter.
- Comment ça va ?
- Pas très fort, tous ces cadavres et ces pertes dans les rangs de JC. Je ne cesse d'y penser. Tiens je te lis le compte rendu pour la presse :

Faisant suite à une longue période d'investigations, la police portuaire de Hambourg a mené une vaste opération, hier dans le courant de la journée. Il s'agissait de mettre fin à une affaire de trafic international.

Cette opération a nécessité le renfort des services spéciaux d'intervention sous les ordres de Josef-Claus Linnecrau : directeur de la police fédérale allemande. Le fait que la direction des opérations soit confiée au Directeur en personne confirme l'importance de l'affaire. Des saisies importantes d'armes et de munitions ont eu lieu. Une véritable guerre a éclaté lors de l'interception des trafiquants qui comptent trois tués et quatre blessés. Malheureusement on déplore des victimes parmi les forces de l'ordre, deux tués et quatre blessés dont un grave. Dans notre prochaine édition nous espérons pouvoir apporter de plus amples informations ».

- Interdiction formelle de divulguer la saisie d'ogives. JC assume l'entière responsabilité. Son cas sera examiné prochainement. En attendant il sera en congé, sans autre sanction. Ce soir, Mitchel et moi nous l'invitons pour une bouffe. Je crois que nous devrions programmer de nous retrouver tous autour de lui. Après, où rentres-tu et quand?

- Impossible de le savoir tant qu'à présent. Je suis quelque peu gêné de te faire le compte rendu de notre opération ici à Belgrade.

- T'inquiète, moi ça va. Vas-y, raconte.

- Grosse, énorme saisie de deux conteneurs pleins à ras bord d'armes et de munitions et aucune résistance. Et pour cause seuls : deux chauffeurs ont été appréhendés.

- Ils restent muets. On ne connaît donc pas la destination réservée aux armes. Ne raccroche pas, Ronan me sonne.

- Ok, bien d'accord. C'est ça oui. Je suis en communication avec Marco. Je t'expliquerais. Marco t'es toujours là ?

- Oui, continue.

- J'en étais où ? Oui, voilà. Opération menée de main de maître par Georgi Hristov, le patron d'ici. Je suis désolé cela m'a échappé. Bien, Ronan me signalait que les conteneurs étaient destinés à la France. Les chauffeurs devaient être attendus après la frontière française, entre Metz et Nancy. Sur place deux autres chauffeurs prenaient en charge les tracteurs et leur remorque tandis qu'eux devaient s'envoler pour Belgrade le lendemain. Tu possèdes les dernières nouvelles. Je te laisse, on me demande au débriefing. Courage à toi et remets toutes nos amitiés à JC.

- Salut Jérémy, bonjour aux amis.

- Mesdames, Messieurs nous avançons significativement dans notre enquête post-saisies.

Il parle en serbe. Nous sommes équipés d'écouteurs et une agréable voix féminine nous traduit dans un français plus que correct :

Tous les services concernés se sont mouillés la chemise. Trafic vers la France, or une partie des fusils d'assaut utilisés par les auteurs des attentats du 13 novembre à Paris provenaient d'ex-Yougoslavie.

Nous sommes par conséquent dans un trafic d'armes vraisemblablement destinées à l'action terroriste. Les autorités françaises ont été avisées de la situation. Pour le moment nous interrogeons, encore et encore, les deux chauffeurs. Ils prétendent avoir tout dit. L'inventaire se poursuit et pour votre édification, je vous lis le compte-rendu, avalisé par les autorités, qui sera communiqué à la presse demain aux premières heures.

Un silence. Georgi sort son papier, chausse ses lunettes et lit :

La police serbe a opéré un coup de filet dans un « grand réseau de trafic d'armes vers la France » et arrêté deux ressortissants serbes. Dans le cadre de l'opération menée hier au port de Belgrade, les services spéciaux qui travaillent sur ce réseau depuis « plusieurs mois », ont saisi dans les véhicules des deux suspects : des fusils-mitrailleurs, un peu plus de trois kilos d'explosif, des fusils automatiques et une importante quantité de munitions, plusieurs kilos d'explosif plastique, des détonateurs, des grenades à main, des fusils automatiques, des fusils-mitrailleurs et des balles - notamment de calibre 7,62 mm.

Notre ami range son papier-presse et continue. La charmante voix s'empresse de traduire :

Je tiens à féliciter vivement tous mes collaborateurs. Et vous, Mesdames et Messieurs les chefs de section, je vous invite à congratuler vivement les membres de votre personnel.

Ils se sont comportés comme de véritables professionnels, disciplinés et armés d'un courage exemplaire. Merci à vous, merci à eux.

Il reprend, en français cette fois :

- Madame, traduisez, je vous prie, pour ceux d'entre nous qui ne comprennent pas le français. Merci à vous, mes amis Jérémy et Ronan, merci à toi Esor-Mary. Je tiens à que vous tous ici présents vous le sachiez : sans vous, Madame la directrice adjointe, Monsieur le commissaire spécial, Monsieur l'inspecteur spécial, oui sans vous, rien n'eut été possible. Je tiens à ce que vous adressiez toutes mes félicitations à Monsieur l'agent spécial du FBI Manney ainsi qu à Monsieur le Premier Capitaine Magisce. Je contacterai personnellement Monsieur le directeur de la police fédérale allemande qui, vraisemblablement, éprouve quelques difficultés.. Merci, grand merci à vous mes amis.

Exceptionnellement, l'assemblée applaudit avec enthousiasme. Habituellement, les remerciements lors d'un débriefing ne s'accompagnent pas de ce genre de manifestation. Tout comme le pouvoir du rire a un effet miraculeux pour se sentir mieux, il s'agit ici d'une façon de se libérer de la tension nerveuse inhérente à l'opération. Georgi quitte le pupitre de conférence et invite l'auditoire à se retirer. Je suis soulagé, je ne prendrai pas la parole pour faire suite aux félicitations et aux remerciements.

- Mes amis, accompagnez-moi jusqu'à mon bureau, si je puis encore le qualifier de bureau.

On s'installe tandis que Georgi commande qui du café qui du thé, qui de l'eau. Nous sommes rapidement servis. Notre hôte apporte quelques précisions quant aux saisies, affirme, notamment, avoir la certitude qu'elles ont été fabriquées en ex-Yougoslavie. Le cheminement de la livraison n'a pas pu encore être déterminé. On frappe à la porte, une dame se présente à Georgi. Il nous précise qu'il s'agit d'un membre de la B.I.A. qui est le service de renseignements serbes. Il enchaîne avec quelques explications. C'est ainsi que nous apprenons que c'est un service qui recueille et analyse les renseignements sur les activités susceptibles de nuire à la souveraineté et la sécurité de la Serbie : terrorisme international, crime organisé, sabotage. De même que le contre-espionnage fait également partie de ses prérogatives. Enfin que, pour la première fois dans l'histoire moderne, l'activité de renseignement a été séparée de celle du ministère de l'Intérieur serbe. Nous sommes édifiés, nous savons ce que nous désirions savoir. Georgi invite la jeune « espionne » à prendre place. Cette jeune dame, dont j'estime qu'elle n'a pas trente ans, est grande et mince. Son visage est très arrondi et ses lèvres sont particulièrement pulpeuses. Ses grands yeux de manga, et ses sourcils bien dessinés sont remarquablement mis en évidence par son large front.

D’autant plus large que ses longs cheveux ondulés sont tirés au maximum car coiffés en queue de cheval. Elle a l'air douce, mais semble aussi avoir du caractère. Georgi lui donne la parole, tout en précisant qu’elle parle français :

- Mon nom est Tanja Ilic, je suis de la B.I.A. Un de nos informateurs a signalé le Docteur Sach à Subotica qui est la ville la plus au Nord de la Serbie et, par conséquent, proche de la frontière hongroise. Depuis 2014, avec l’arrivée au pouvoir de Viktor Orban, la Hongrie devient « un état liberticide ». Il déclare qu'il souhaite voir son pays fonctionner à l'instar de pays comme la Russie, la Turquie ou la Chine. Cela laisserait la place à une potentielle forme d'autoritarisme. Ces précisions sont importantes dans le cas qui nous occupe. Le Docteur Sach prépare très certainement son départ vers la Hongrie. Mes patrons supposent qu’il possède sur place l’une ou l’autre usine de fabrication. Parmi les principales industries du pays, certaines sont particulièrement intéressantes pour son organisation. Je ne citerai que la métallurgie, les matériaux de construction et les produits chimiques et pharmaceutiques. Malheureusement, à ce jour, nos contacts en Hongrie sont peu nombreux et peu fiables.

- Excellent Madame Ilic. Je tiens à te féliciter, mon cher Georgi. Je constate avec grand plaisir que la Serbie bénéficie d’éléments remarquables.

- Merci à vous Madame et permettez-moi de vous dire que vous avez été claire, que votre français est parfait et que vous êtes très jolie.

Je prends un coup de pied dans le tibia. Je sursaute et regarde Esor-Mary dont le regard noir me traverse l'échine. La charmante Serbe avait le teint très pâle en entrant. Soudainement ses pommettes rougissent, ce qui lui donne, en plus, une bonne mine et il me semble que son regard bleu devient plus intense.

- Après ces échanges mondains, je me vois contraint de vous quitter. Je dois assister à une réunion au cabinet du Ministre de l'Intérieur.

- Aucun souci Georgi, nous regagnons notre hôtel. Demain nous rentrons tous chez nous.

- Oh ! Pas si vite les amis. J'ai dit une réunion pas un débat au *finish*. Dès que je rentre, je vous sonne et on se dit au revoir, pas adieu, après la curée sauvage au resto Kapka Groppa.

Epuisé, je suis épuisé, mais Esor-Mary s'impose à moi et je glisse jusqu'à sa couche, sans le vouloir. Et d'un coup la fatigue s'estompe, je prends l'initiative. Son entre cuisses trempe mes doigts, la pointe de ses seins durcit. Nos langues se mêlent.

- Je suis à toi, tu fais ce que tu veux de moi. Je t'aime Jérémy.

Nous sommes heureux, satisfaits, détendus. Ce fut bon, divin, on continue nos caresses, on s'embrasse.

Toujours cette même rue étroite et l'enseigne Kapka Groppa apparaît. L'accueil est plus chaud que la première fois. Embrassades puis la salle particulière. On est bien, on oublie tout. On se croirait même en vacances. Tout, absolument tout est génial. C'est encore mieux que dans mon souvenir, cependant récent. Georgi est tout aussi génial que JC. Je n'aurais pas dû penser à JC. Du coup, j'ai le cafard. Je me rappelle un passage du *Mythe de Sisyphe* de Camus : « La pensée d'un homme est avant tout sa nostalgie ». Trop tard, c'est le coup de spleen.

- Jérémy, t'es où ?

- Désolé Ronan, une absence. La fatigue, le relâchement après le stress et la digestion.

- Tu as suivi ce qu'Esor-Mary proposait ?

- Mille excuses, j'étais ailleurs. Pardonne-moi, Esor-Mary.

- T'es pas le seul Jérémy. Moi aussi j'ai décroché. Je suis sincèrement désolé Esor-Mary.

- Finalement, il n'y a que moi qui suis sérieux. Reconnais-le, Esor-Mary.

- Toute contestation serait irrecevable. Jérémy et Georgi, je vous condamne à un baisemain. Jérémy à droite et Georgi à gauche.

- Ma chère, une telle sanction nous incitera, immanquablement, à récidiver.

- Point d'opposition. Exécutez immédiatement la sanction.

Cet intermède nous réveille, Georgi et moi. Nous sommes revenus aux affaires et nos sens sont de nouveau en alerte.

- Je reprends. Le Docteur Sach est au nord du pays. On peut raisonnablement supposer qu'il passera ou a déjà passé la frontière. La B.I.A. est, quelque peu, sur ses traces. En l'absence d'informations complémentaires, nous devons reprendre l'enquête quant à l'éventuel trafic de stupéfiants et/ou de médicaments. Jusqu'à ce jour, nous n'avons aucun renseignement à ce sujet. Enfin, je proposais que nous contactions nos amis Marco, Mitchel et Hans-Pieters afin d'organiser tous ensemble avec JC une réunion festive. Reste à déterminer l'endroit, le jour et l'heure. Qu'en pensez-vous ?

Nous nous rallions aux propositions de notre charmante collègue. Je suis persuadé que nous ne sommes pas les seuls à avoir pensé à JC.

Omer

Mon appartement me paraît plus lumineux, plus cosy, corollaire certain de l'agitation et du stress de ces derniers jours. Ronan n'a pas sonné. Je suis persuadé qu'il récupère de ses retrouvailles, sans aucun doute, tumultueuses. Un taxi et bureau, j'ai du travail.

- Bonjour Commissaire. Très heureux de vous savoir revenu parmi nous, sain et sauf. J'espère qu'il en va de même de votre collaborateur Monsieur Sgrob.

- Je vous remercie monsieur le secrétaire. Je suis en pleine forme, de même que mon collègue. Et vous-même ?

- Je vais mieux. Je suppose que vous n'avez pas appris que maman est décédée peu après votre départ pour la Serbie. Les derniers moments ont été pénibles car elle s'est montrée parfois odieuse à mon égard. Notez que son décès est un véritable soulagement, elle n'a pas trop souffert.

Il m'étonne de plus en plus. Il se livre à moi comme jamais. Je vais finir par réellement l'apprécier.

- Acceptez toutes mes condoléances, certes tardives mais, croyez-moi, sincères.

- Je n’ai pas tardé à requérir un vide-meubles et tout est parti, la maison est complètement vide. J’ai même fait embarquer ma chambre et je loge à présent chez mon amie. Nous envisageons d’ailleurs de transformer et de meubler la maison afin de l’occuper dès la fin des travaux. Mon amie est heureuse. Elle a toujours rêvé de cultiver un jardin. Elle réside dans un appartement dont elle est propriétaire et envisage de le mettre en location. C’est une jolie femme, elle est veuve et sans enfant. Une nouvelle vie s’ouvre à moi.

Que lui prend-t-il ? En quelques minutes il vient de me dévoiler sa vie privée, lui, Monsieur Omer Sior, secrétaire du boss, Dieu après Dieu !

- Que d’agréables perspectives se présentent désormais à vous. Je suis très content pour vous.

- Oui, j’allais oublier. Monsieur le directeur est en réunion au cabinet du ministre. Il demande que vous attendiez son retour qui est prévu avant midi.

Il s’est franchement bonifié. Il y a quelque temps, il m’aurait immédiatement aboyé l’information. Il regagne son bureau en chantonnant. Surprenant, très surprenant. Concomitamment, arrive Ronan.

- Tu es déjà au travail ?

- On ne peut rien te cacher, tu es d’une perspicacité hors du commun.

- D’accord. Ça me fait une drôle de sensation de me retrouver ici dans notre bureau. Toi pas ?

- Tu ne peux t'imaginer. Durant un moment, je me serais cru dans un rêve.
Je lui narre, avec force détails, la conversation avec Omer.

- Pas possible ? J'aurais voulu être là.

- Tu peux t'en rendre compte par toi-même. Va le saluer, il est seul. Le boss est en réunion au ministère.

- Jérémy, hormis toi, personne ne me croirait. Il m'a même montré une photo de sa bonne amie. Du reste, pas mal du tout. Il m'a dit qu'elle était veuve, sans enfant et qu'elle fêterait ses 42 ans prochainement. Elle est beaucoup plus jeune que lui. Au fait, il a quel âge Omer ? Tu sais toi ?

- Je crois qu'il n'a pas 50 ans. Je te concède qu'il paraît facilement 10 ans de plus. Note que si sa situation actuelle le rend plus sociable, j'adhère.

- Et comment. Finalement, on pourrait peut-être même copiner. Cela nous rendrait la vie, ici, plus facile.

- N'exagérons rien. Entente cordiale oui ! Copain-copain, non ! Il est psychorigide et chassez le naturel, il revient au galop.

- Jérémy, le patron veut te voir.
La voix d'Omer !!! Il m'a hélé depuis son bureau par mon prénom et en me tutoyant. Je prends cela comme une avancée vers la paix. Je lui réponds de mon bureau afin de le tester.

- J'arrive dans un instant, Omer.

Je me présente à ce cher secrétaire. Contre toute attente, il ne me fait aucun signe de la tête, comme à son habitude pour m'inviter à entrer chez le boss.

- Attends, viens que je te montre la photo de mon amie. Tu sais, ça fait 8 ans que nous nous fréquentons. Je crois que je lui demanderai de m'épouser dès que les travaux de la maison seront terminés. Qu'est-ce que tu en penses ?

J'ai du mal à répondre immédiatement à sa question. Ma surprise est à son paroxysme. Je me racle délicatement la gorge.

- Tu es le seul à posséder la réponse. Le plus important c'est que vous vous aimiez, que vous soyez bien ensemble. Et à ce propos, vous vivez ensemble ?

- Tout à fait, depuis le décès de maman. Tout est pour le mieux entre nous. Tu sais Jérémy, jamais je n'agirais sans longuement réfléchir.

- Je suis d'accord. Cependant, comme tu sollicites mon avis, je te conseille d'attendre que vous soyez installés dans ta maison avant de prendre une décision.

- Tu as raison. Un autre environnement peut amener d'autres considérations. Merci à toi. Je suis heureux de t'avoir posé la question. Je savais que tu serais de bon conseil. Bon, le boss t'attend.

- Mon cher Jérémy, je suis heureux de vous savoir rentré et, apparemment, en forme. Je me trompe ?

- Bonjour Monsieur le Directeur Général. Votre perspicacité ne sera pas prise en défaut. En effet, je suis particulièrement en forme.

- On ne pourrait être mieux après les fabuleux résultats obtenus, grâce à vous. Les participants de la réunion à laquelle je viens d'assister n'ont pas tari d'éloges au sujet de votre performance. N'oublions que vos investigations ont initié l'entièreté de l'enquête. D'ailleurs, je me questionne encore et toujours quant au rôle que joue Mitchel. Qu'attendaient les autorités américaines pour intervenir à Cologne, dès lors que leur infiltré connaissait pas mal de choses ? Je pense que seules les ogives à tête nucléaire les préoccupaient. Bref, les éloges nous reviennent à présent et mon budget a été revu à la hausse. Tous les membres du service disposeront dorénavant d'un équipement de pointe et de liaisons plus que sécurisées. Je le répète, grâce à vous, sans oublier Ronan bien évidemment.

- Permettez Monsieur le directeur que…

- Jérémy, je souhaite que tu me tutoies et que tu m'appelles par mon prénom. Afin que tu comprennes, C'EST UN ORDRE !

- Monsieur…

- Je conçois que cela t'est difficile, mais j'exige que tu fasses l'effort. Plus vite tu te lanceras et moins ce sera compliqué pour toi. Je te fais remarquer que tu t'es très rapidement mis à tutoyer JC et aussi Georgi. Alors, ne me fâche pas. Lance-toi !

- Monsieur, pardon Juan, tu me gênes énormément. Cette familiarité risque d'être pénible. Je vous…je t'assure que je prendrai garde à respecter vos…tes souhaits.

- Ce sera d'autant plus facile pour toi que Ronan me tutoie et m'appelle Juan depuis un certain temps. Lui, c'est me vouvoyer et me donner des Monsieur le Directeur qui lui coûte un effort. Je l'ai averti de ma décision, il est ravi. Enfin, j'ai effectué la même démarche auprès d'Omer et l'ai avisé de ma décision et de ma situation familiale. Il m'a dit que ce serait un honneur pour lui et qu'il est désormais votre ami et aussi de Ronan.

- Juan, j'avoue que le changement d'attitude radical d'Omer m'a surpris. Il a réellement changé. Je crois que le décès de sa maman a été un réel soulagement pour lui, étant donné les circonstances, j'entends.

- Je pense aussi comme toi Jérémy. Il a aussi compris qu'être sérieux revient souvent à se prendre au sérieux. Il a pris conscience qu'il attachait beaucoup d'importance à sa personne, à ses opinions et à ses actes.

Ronan entre sans s'annoncer. Je n'ai pas entendu la moindre désapprobation de la part d'Omer. Décidément, tout va trop vite.

- Je vais vous surprendre tous les deux. Dana Yadrinka s'est présentée à la police de Cologne. C'est JC qui m'a prévenu. Elle prétend pouvoir révéler certains éléments concernant le Docteur Sach, sous certaines conditions.

- JC signale qu'elle veut rencontrer Hugo. En revanche, désidérata surprenant, elle ne veut parler à personne d'autre qu'au commissaire qui prétendait s'appeler Monsieur Wérys. Je me demande comment elle a appris cela. Jamais on ne l'a rencontrée, n'est-ce-pas Jérémy ?

- Un élément de plus qui me conforte dans mes supputations. Nous avons été rapidement dévoilés. Comment ? C'est la question !

- Tous les deux, vous faites vos valises et vous repartez pour Cologne le plus rapidement possible. Je vous loue une voiture. Allez ne perdez pas de temps !

Dana Yadrinka

Il pleut lorsque nous quittons notre BMW série 6 - le patron n'a, décidément, pas fait dans le détail. Un policier en uniforme se charge de la ranger dans le garage privé du bâtiment occupé par JC. On se réjouit de le voir.

- Mes amis, que je suis heureux de vous revoir.

Il se montre tellement chaleureux qu'il nous donne une accolade fraternelle. Je perçois une rare senteur, ça y est : je connais ce parfum cuiré-boisé. C'est la gomme de labdanum, d'utilisation extrêmement rare aujourd'hui, qui donne cette profondeur riche à ce parfum. Impossible de me souvenir de la marque, ça m'énerve ! Alors que j'avais ces pensées frivoles, Ronan entamait la conversation, de laquelle je suis complètement sorti.

- Pas du tout Ronan. À mon grand étonnement d'ailleurs, je conserve mes grades, titres et direction. De plus ils ont augmenté mon budget. Comme…

Yes ! J'ai retrouvé la marque c'est : Bottega Veneta pour homme. Je demanderai à JC où il l'a déniché.

- …les ogives seules comptaient.

- Cher JC, je suis envoûté par ton Bottega Veneta pour homme. Je pensais que la fabrication avait été arrêtée. Où en trouve-t-on encore ?

Je me rends compte, un peu tard, de mon intervention intempestive. Décidément, je suis insortable. La conversation entre Ronan et JC est des plus sérieuse et empreinte d'une intensité dramatique. Et moi, grossier personnage, je viens avec une question totalement inopportune. JC fronce les sourcils et me lance des regards interrogateurs. Après une courte pause, il s'esclaffe, son visage devient pourpre, il étouffe, toussote, pleure. Ronan me lance un regard assassin. Je plisse les lèvres, je sens que ce sourire benêt ne fait qu'attiser le feu de son regard.

- Sacré Jérémy, grâce à toi, je viens de me détendre comme je ne l'avais plus fait depuis Hambourg. Et j'apprends le nom de mon eau de toilette. J'avoue que c'est mon épouse qui me l'a offerte et que je n'ai porté attention qu'au caractère envoûtant, comme tu dis, de ce parfum.

- Je suis sincèrement désolé. J'ai interrompu tes explications. Je suis confus.

- Tranquillise-toi, tu as limité les dégâts. Tu m'as même aidé. Vous êtes ici pour Dana et vous connaissez tous mes déboires. Il faut avancer maintenant. Bien ! Marco s'est envolé de Milan, dans un avion militaire spécialement affrété. Il a rejoint Hans-Pieters à Maastricht. Un véhicule blindé avec quatre de mes hommes les chargera et d'ici une bonne heure maximum ils seront dans mes locaux. Je suppose que tu entreras en contact avec Dana dès qu'elle aura vu Hugo.

- Il n'est pas question qu'ils se parlent, Hugo et Dana seront réduits au silence par un bâillon. Je vous écoute.

- C'est parfait. Je suis curieux de connaître les motivations de Dana, qui ne veut parler qu'à Jérémy, et surtout de savoir si elle possède réellement des informations fiables.

- Mon cher Ronan, réfléchis. Elle veut Jérémy parce qu'il est le plus beau d'entre nous. Et chez vous, comme ça va ?

La conversation s'étend sur des sujets personnels, les affaires sont momentanément mises « au placard ».

- On me signale qu'Hugo est arrivé. Venez, je vous accompagne.

Troisième sous-sol, JC nous apprend que nous sommes sous les garages. Sécurité optimale, nous traversons trois sas à ouverture digitale avant d'être en présence du petit-fils Sach. Il est déjà muselé. Un signe de tête à ma destination auquel je réponds, également, par un signe. Il est vêtu d'un simple cache-poussière ; dissimulant, d'ailleurs fort mal, sa nudité.

Nos deux compères paraissent épuisés. Plus particulièrement Marco, quant à Hans-Pieters, il ne peut cacher ses profonds cernes. Tous deux réclament notre indulgence afin de gagner la salle de conférence pour prendre quelque repos. JC donne les instructions nécessaires à assurer leur tranquillité. Il s'adresse à nous.

- Par mesure de précaution, ils seront tous deux nus sous un cache poussière.

- Il ne sera toléré aucun attouchement, hormis celui des mains. Dans la salle d'audition, deux inspectrices et deux inspecteurs seront continuellement présents. Quinze minutes de tête à tête sont concédées, pas une de plus. Ensuite ce sera à vous de jouer, du moins si elle accepte la présence de Ronan.

Nous les observons à travers la vitre sans tain. Ils se dévorent des yeux et ne cessent de se caresser les mains. Leurs joues se couvrent de larmes diaphanes. Je rejoins Léonard de Vinci : « Les larmes viennent du cœur et non pas du cerveau ». Ils s'aiment, cela ne fait aucun doute.

- Lors de mon entretien, je désirerais être habilité à promettre à Dana un nouveau contact privé avec Hugo. Une fois ses informations vérifiées, car je suppose qu'elle est là pour nous en donner. Mon cher JC, la décision t'appartient, bien évidemment.

- Dans ces conditions expresses, c'est d'accord. Jusqu'à plus, ils seront tous deux maintenus au secret. Allez mes amis, c'est à vous.

Nous entrons dans la salle d'audition et nous croisons Hugo. Il écarquille les yeux et, ne peut cacher son étonnement. On s'installe tandis qu'une inspectrice retire le bâillon de Dana. Elle s'essuie la bouche avec un mouchoir en papier provenant de la boîte déposée sur la table par l'inspectrice. Les policiers quittent les lieux. Elle ne montre aucune surprise en voyant Ronan. Le bouton supérieur de son cache-poussière vient de se détacher.

Je ne peux m'empêcher de mirer la naissance de ses seins. Elle rattache aussitôt ce bouton, dommage. J'attends qu'elle ouvre la joute. Dana s'exprime dans un anglais aussi scolaire que le mien : nous allons nous comprendre. L'échange se montre relativement intéressant. C'est ainsi qu'elle croit nous apprendre, ce que nous savons déjà. - Des armes et munitions seront très prochainement débarquées au port de Belgrade dans deux conteneurs. Je sais que les conteneurs seront transportés par camion-remorque en France. C'est mon papa, un des chefs de la mafia serbe, qui a été chargé de l'organisation de l'opération par le Docteur Sach.

Nous ne l'avons pas interrompue et feignons la surprise

- Sach avec la mafia serbe ? Tu étais au courant toi Ronan ?

- Certainement pas, je t'en aurais averti. C'est trop grave.

- Le Docteur Sach travaille régulièrement non seulement avec la mafia serbe mais aussi avec la mafia italienne, celle de Naples.

Méfiance tout de même, elle a peut-être appris les interpellations de Belgrade par la presse. Je l'invite à poursuivre, tout en précisant que nous avons eu vent d'autres actions à venir. C'est le moment qu'elle attendait pour négocier :

- Je me suis, spontanément, constituée prisonnière et je ne voulais rien révéler avant de vous avoir rencontré Commissaire.

- Je tiens à vous préciser que j'ai reconnu le Monsieur qui vous accompagne comme étant celui qui m'a suivie à Milan. J'ai pensé immédiatement que j'étais suivie par la police italienne. Vous avez été filmé et photographié. J'en ai fait part à Hugo qui a organisé une surveillance. Vous, Monsieur, vous n'avez plus été repéré, tandis que vous Commissaire, vous avez été repéré lorsque vous êtes sorti d'un taxi à proximité de mon immeuble. Vous avez également été pris en photo. J'ai appris qu'un homme avait sollicité des renseignements via l'interphone. Hugo n'a cependant pas pu vous identifier ni l'un ni l'autre. Par contre, à Cologne, tout le monde s'est méfié de vous en votre qualité d'acheteurs potentiels. Vous avez été mis en confiance par le Docteur Sach qui n'a pas hésité à vous faire découvrir son stock et la diversité de la marchandise. Il a été décidé de vous supprimer à deux reprises, Milan et Londres. Le Docteur Sach, d'après Hugo, vous a mésestimés vous et vos accompagnants. Il le regrette amèrement car vous lui avez fait perdre beaucoup d'argent, les saisies dans son bunker à Cologne et à Naples, l'arrestation de sa petite fille et de son petit-fils, sans oublier celles de Mitchel, de Vanhuizenout et de l'inspecteur des douanes de Gênes. Enfin quatre tués dans les rangs de la mafia, deux italiens et deux serbes. Ça fait beaucoup à vous seuls Messieurs.

- C'est bien tout cela, mais que voulez-vous et que nous donnerez-vous en contrepartie ?

- Je vous donne la possibilité d'arrêter le Docteur Sach contre la libération de Hugo. Il sera relaxé si mes renseignements sont exacts.

- Pourquoi m'avoir choisi pour cette transaction ?

- Tout simplement parce que je suis persuadée que c'est vous qui avez initié toute cette affaire et que par conséquent vous êtes un pion important dans l'organisation.

Mademoiselle Yadrinka a particulièrement soigné la préparation de l'entrevue. Elle sait que je ne suis qu'un pion mais que je pourrais mener cette négociation auprès des décideurs.

- Vous n'êtes pas sans ignorer que je ne possède aucun pouvoir de décision. Je ne peux que communiquer vos désidérata aux autorités supérieures. Cela risque de prendre un certain temps.

- Malheureusement le temps presse, la retraite actuelle du Docteur Sach est éphémère. Je crois pouvoir dire deux jours au maximum.

- Dans ce cas, pourquoi ne vous êtes-vous pas présentée plus tôt pour négocier ?

- C'est simple, je possède ces informations depuis hier soir.

Ouais ! D'accord elle a réponse à tout. Ronan intervient.

- C'est encore plus simple Mademoiselle, pour le moment vous êtes en état d'arrestation et vous serez placée au secret.

- Ensuite vous serez, sans aucun doute, condamnée au même titre que Magda, Hugo et tous les autres. Croyez-moi, la sentence sera sans appel. Je tiens à vous signaler que vous êtes impliquée dans une affaire d'ampleur internationale avec des cadavres à la clé. Dès lors, épargnez-nous vos exigences. Ce que vous venez d'expliquer, nous le savions déjà. Quant à l'arrestation du Docteur Sach, tout vient à point à qui sait attendre. Soit vous nous communiquez, maintenant, ce que vous savez et nous vous donnons la garantie que votre cas sera présenté devant les instances supérieures avec un avis favorable de notre part. Soit, vous continuez à jouer au Monopoly et vous allez directement en prison.

Bravo à ce cher Ronan, son attitude « pure et dure » m'a laissé le rôle du conciliateur.

- Commissaire, je me répète afin de souligner que suis venue me présenter spontanément. Je ne joue pas. Je suis là pour négocier notre liberté à moi et à Hugo. Puis-je espérer obtenir une faveur de vos instances supérieures ?

- Sincèrement, je me répète également, mais je ne peux préjuger d'une décision de quelque ordre que ce soit. Je vous assure que j'y mettrai toute ma volonté et tous mes arguments en cas d'issue positive. En revanche, une autre issue sera sans appel.

- Mademoiselle, ça suffit. Vous « garantissez » deux jours. Nous sommes à Cologne et le temps nous manque si Sach est ailleurs en Europe ou dans le monde. C'est maintenant ou jamais. Je serai inflexible.

Ronan vient de remettre le couvert. Il est indigeste. Dana Yadrinka s'affale sur la table, la tête entre les mains. Ronan et moi fixons intensément sa nuque. Perçoit-elle, la pression ?

- Je suis décidée à tout tenter pour que Hugo soit libéré. Cependant, si je vous donne le Docteur Sach, je le perds ! Comment agirez-vous pour ne pas me compromettre ?

L'inébranlable Ronan répond, d'un ton ferme :

- Il nous est impossible de vous le garantir. Tout au plus, soyez assurée que tout sera fait pour éviter une fuite. En définitive, vous jouez à un jeu de hasard avec la seule certitude d'être libérée en cas de succès de l'opération. La balle est dans votre camp.

- Encore une petite faveur, je désire intensément le serrer dans mes bras. Après, je vous avoue tout.

JC entre dans la salle d'audition. Il a évidemment suivi l'entièreté de la discussion. Notons qu'il est le seul habilité à pouvoir souscrire à cette demande.

- Mademoiselle Yadrinka, le *deal* vous a été, clairement exposé. Vous parlez ou vous allez sans plus attendre au secret. Vous serez seule dans une cellule capitonnée, vous serez seule à la douche, vous serez seule dans le couloir de marche et vous serez surveillée 24/24 heures et 7/7 jours. Ces mesures exceptionnelles sont réservées à des personnes, ou à leurs complices, qui portent, auraient porté ou auraient eu l'intention de porter atteinte à la sûreté des états. Enfin, aucune visite n'est accordée durant les dix premières années de détention.

- J'ai très bien compris Monsieur, mais je vous en prie, acceptez que je puisse serrer Hugo dans mes bras.

- Je suis d'accord et ce sera dans les mêmes conditions que tout à l'heure. Je vous demande de bien réfléchir car c'est votre dernière chance de pouvoir échapper à un long et pénible emprisonnement.

JC quitte la salle. Ronan et moi n'ajoutons rien, mais Mademoiselle Yadrinka nous demande qui est ce Monsieur. Nous nous enfermons dans un mutisme profond. Le silence pèse à la jeune dame. Son débit s'accentue et elle passe au serbe. Une manière de se rassurer peut-être ?

- Messieurs, dites-moi quelque chose au moins.

Une inspectrice, enfin je suppose, entre dans la salle. Elle bâillonne de nouveau la jeune Serbe. À cet instant précis, revoici Hugo, affublé tel que précédemment avec, cependant, une petite touche supplémentaire. Des menottes charnières sont appliquées derrière son dos, avec les paumes des mains tournées vers l'extérieur. Je suis persuadé que c'est JC, maître de la haute couture, qui a exigé cette dernière touche. La perte de ses hommes l'inspire.

- Vous avez trois minutes.

Dana Yadrinka se dresse et se précipite sur Hugo qu'elle enlace fougueusement. Tous les deux pleurent à chaudes larmes, ils hoquettent. Bâillonnés de la sorte, j'espère qu'ils ne vont pas s'étouffer. La jeune dame a des choses à nous apprendre.

Ça se calme. JC donne le signal et ils sont tous deux séparés par des membres du personnel accompagnant.

- On vous écoute à présent et soyez claire et précise, le temps Mademoiselle, le temps, le temps nous manque.

D'un regard hébété, elle fixe JC. La boîte à mouchoirs est quasi vide. Ronan lui confie son paquet de mouchoirs en papier. Elle s'essuie le visage, puis se mouche. Les yeux rougis, elle se tourne vers moi et, dans un ultime hoquet, commence à parler :

- La Docteur Sach est en Belgique dans la région liégeoise. Il coordonne l'arrivage par avion d'un conteneur contenant des faux « Viagra » provenant de Chine et d'Inde. L'avion décollera de l'aéroport de Pula, en Croatie pour atterrir à celui de Liège-Bierset en Belgique. La cargaison voyage sous le couvert de « riz en gros » avec labels chinois et indiens. J'ignore la destination finale du conteneur. Vous aurez ainsi l'opportunité d'effectuer une saisie record et d'appréhender le Docteur Sach.

Aéroport Liège - Bierset

Une réunion plénière de coordination d'Eurofaux a été convoquée d'urgence.Le problème a été résolu en un temps record. L'immunité de Dana Yadrinka et de Hugo Sach a été avalisée, sous les conditions déjà énoncées. En outre, le volet Liège-Bierset devra nécessairement être traité par tous les membres des services spéciaux impliqués jusqu'à présent dans l'affaire. Il est, en effet, trop tard pour organiser un briefing suffisamment efficace pour des membres du personnel non impliqués. En substance l'opération sera menée par la joyeuse équipe au complet : JC, Goergi, Marco, Mitchel, Hans-Pieters, Esor-Mary, Ronan et moi. À toutes fins utiles, un appui opérationnel sera en *stand by* dans un immense hall du zoning industriel proche de l'aéroport de Liège-Bierset. La difficulté de l'opération réside manifestement dans le fait que le déchargement et le chargement s'effectueront de nuit. Sauf imprévu, il n'y aura aucune interception mais une filature jusqu'au point de livraison et, de là, une surveillance qui, nous l'espérons, nous permettra d'intercepter Sach. Nous avons collégialement défini le rôle de chacun.

- Ok, c'est comme on l'a décidé. Mitchel tu seras en observation depuis la chambre 205 de l'hôtel surplombant l'aéroport. Marco, JC, Ronan et moi on sera sur le tarmac en tenue de pompier. Nous communiquerons les renseignements quant au véhicule qui sera utilisé pour le transport. Esor-Mary et Hans-Pieters vous assurerez la filature dans le VW Caddy Van, jusqu'à ce que nous, les pompiers, rejoignions le cortège. Georgi sera seul au volant de la camionnette de livraison de la firme BLP, jusqu'à ce qu'il charge Mitchel et Marco. Ronan, JC et moi nous suivrons en taxi navette-aéroport. Le maître mot est : une extrême prudence, car ce sont de dangereux criminels. Le but est de saisir la marchandise mais aussi d'interpeller Sach. Nous irons aussi loin que nécessaire car Sach est dans le coin. J'ai bien résumé, je n'ai rien oublié ?

Des signes de tête marquent l'assentiment de tous.

- J'estimais nécessaire de synthétiser ce que, tous, nous avons décidé. J'espère que vous me pardonnerez ce jugement.

Il fait froid sur le tarmac de l'aéroport. Je suis en contact avec la tour de contrôle et avec le service des douanes. Des avions cargo ont déjà atterris et sont en attente d'un déchargement, tandis que d'autres sont en plein chargement. Il règne autour des pistes une activité phénoménale : chariots élévateurs, camionnettes, fourgonnettes, camions.

Tout ce charroi circule telle une troupe de danseurs, avec précision et avec art en quelque sorte. Un douanier expert en analyse du fret m'apprend que deux conteneurs, et non un seul, chargés de riz chinois et idien seront finalement débarqués. Deux camions de marque Scania, avec remorque, sont déjà en attente pour le chargement, destination annoncée : Zoning Industriel à Hasselt. Ce précieux analyste précise que l'endroit dispose de plateformes et d'entrepôts logistiques à louer et enfin que ce parc est situé près de l'autoroute E313, Liège-Anvers. Notre avion est annoncé. Je répercute les précieuses informations, tout en précisant que les camions ne s'engageront pas nécessairement dans la même direction. Dans ce cas, je n'omets pas de rappeler qu'il sera impératif d'appliquer l'universel article 15 « Tire ton plan ». Le rappel de cet article que nous connaissons tous, ne manque pas, j'en suis certain, de détendre quelque peu l'atmosphère.

Les Scania démarrent, c'est le signal de départ pour tous les participants de l'opération. Les lourds véhicules se suivent et ne prennent pas la direction de l'autoroute. En fait, ils se dirigent vers le parc industriel proche de l'aéroport. La filature n'est pas stressante. Il est impossible que nous soyons repérés. Mitchel, Marco et Georgi, dans la camionnette de la firme BLP, prennent les devants. Ils signalent qu'ils s'installent à l'entrée du Zoning, endroit où sont supposés se rendre les camions. Nous confirmons et JC, Ronan et moi décrochons.

C'est à l'équipage Esor-Mary et Hans-Pieters de poursuivre jusqu'à ce qu'ils soient relayés par la camionnette BLP. Quant à nous, nous filons à vitesse VV' vers un autre accès au zoning. Par radio, Esor-Mary rapporte, à notre intention, les changements de direction. Je l'avise que ces précisions sont inutiles car nous sommes perdus dans les dédales du parc industriel. Je l'invite à plutôt me décrire les bâtiments et enseignes éventuels. Trop tard, ils sont apparemment arrivés à destination. Georgi précise qu'ils surveillent le bâtiment où sont entrés les « Scania ». Il n'existe aucune enseigne à l'endroit. Ce hall est le dernier après Hydraquez SPRL, Fiducta SCRL et J.P.W. Express SA. Hans-Pieters précise qu'il a quitté le véhicule et qu'Esor-Mary se dirige, au volant du VW Caddy, vers l'entrée de l'artère qui conduit au bâtiment afin que nous repérions l'endroit. Hans-Pieters prévient qu'il est rejoint par Marco, tous deux tentent de s'approcher, pédestrement, du bâtiment qui est complètement éclairé.

- JC, on tourne en rond.
- Tu es admirable de perspicacité, mon cher Ronan.
- Je propose qu'on s'arrête devant un bâtiment à l'enseigne suffisamment visible. Je téléphone à la police locale pour qu'on vienne nous guider. On ne va pas continuer à être largué.
- D'accord avec toi Jérémy. Ce ne sera pas glorieux mais il est indispensable de retrouver les autres. Et, de plus, je ne mordrai plus le volant.

Soudain, Ronan me tire violemment la manche

- Regardez, là à gauche des appels de phares !

Nous ne serons pas déshonorés : c'est le VW Caddy d'Esor-Mary. Il était moins une.

Enfin sur place. Une rapide relation de la situation. On attend le compte rendu de Hans-Pieters et de Marco, cependant que Mitchel et Georgi progressent du côté opposé à celui de nos « éclaireurs ». Esor Mary s'occupe de ranger les véhicules à l'abri des regards et prêts au démarrage. Ronan, JC et moi, on reste en observation au niveau de l'entrée. Nous ne soufflons mot, tous nos sens sont en éveil. Marco me murmure dans l'oreillette :

- Nous venons d'être rejoints à l'arrière du bâtiment par Mitchel et Georgi. Il n'existe aucun autre accès que celui de l'entrée. Les pignons présentent chacun trois fenêtres dont les verres sont opaques. De plus, chaque fenêtre bénéficie d'une grille de protection dont les barreaux sont scellés dans le mur.

Nous sommes de nouveau avec Esor-Mary, qui est visiblement contrariée.

- À l'arrière du hall J.P.W. Express, j'ai relevé la présence de cinq camionnettes Mercedes Sprinter grises, apparemment neuves, immatriculées en Angleterre, en Serbie, aux Pays-Bas, en Allemagne et ici en Belgique. J'ai également aperçu une Mercedes modèle GLC 250, je crois, dont je n'ai pu relever la plaque.

- Je vais avec toi, je veux voir ce véhicule.

- Oui, si tu veux Jérémy, mais je ne me suis pas approchée car je n'ai pu m'assurer qu'il n'y avait personne à bord.

- J'ai mes jumelles à visée nocturne. On n'ira pas trop près.

Aucun doute, cette Mercedes est identique à celle qui nous a véhiculés à Cologne, Ronan et moi. Sach serait-il dans le hall que nous surveillons ? Aurait-il commis cette lamentable erreur ? Je ne peux contrôler l'énorme excitation qui m'envahit. J'apprécie être dans cet état extrême mais cette émotion ne doit pas devenir excessive. Je respire, pas d'exaltation, pas de frénésie, je sais parfaitement bien que cela ralentira mes cellules grises. Or, j'ai un grand besoin de revenir à une certaine sérénité. Nous retrouvons Ronan et JC.

- Mes amis, je pense qu'il s'agit du Mercedes de Cologne. J'avise les « éclaireurs » et les invite à reprendre position avec nous. On envisagera la tactique à adopter face aux nouveaux éléments qui viennent de s'offrir à nous.

- Vous avez perçu les bruits provenant de l'intérieur du hall ?

- Bien évidemment, comme vous. On suppose que les conteneurs sont examinés et déchargés.

Esor-Mary, Ronan, JC et moi, on assiste à cet échange entre les deux équipes.

- J'ai des mouchards dans ma camionnette. Je vais les chercher.

Après quelques instants, JC nous revient avec 4 mouchards.

- Je pensais en avoir plus, mais c'est toujours mieux que rien. On balise quels véhicules ?

D'un commun accord il est décidé que nous piégeons la Mercedes 250GLC et les camions anglais, serbe et allemand. Nous supposons que le camion néerlandais passera la frontière à moins de 20 km d'ici. Il sera filé par Mitchel et Hans-Pieters dans le VW. Quant au Mercedes belge, il sera pris en charge par Ronan et Georgi. Le reste de l'équipe filera la Mercedes de Sach. Dans l'attente d'un mouvement, chacun de nous avise ses propres services spéciaux d'Eurofaux des mesures que nous avons prises. On ne manque pas de communiquer les renseignements permettant de géo localiser les véhicules balisés. Je reprends mon poste d'observation tandis que nos amis maquillent les véhicules. Le capot et le toit du VW Caddy sont recouverts d'un autocollant noir. L'autocollant BLP de la camionnette est retiré et de larges bandes vertes sont collées sur les flancs. Les signes « taxi aéroport » de notre Mercedes Vito sont enlevés. L'attente est longue, trop longue, il fait froid. Enfin, la double porte du hall s'ouvre. Repli général jusqu'au début de la route. C'est le seul passage obligé en quittant le hall pour rejoindre une route principale du site. Je prends, seul, un poste d'observation. Mes jumelles permettent un excellent visuel sur l'entrée du hall.

Les camions quittent les lieux, ils sont déchargés de leur conteneur. Je préviens Ronan qui avise l'équipe d'appui opérationnel en *stand by* dans le hall du zoning. Leur mission est claire : intercepter les Scania et arrêter les chauffeurs. Afin de conserver une absolue discrétion, les camions seront acheminés dans l'immense hall occupé par l'équipe d'appui et les chauffeurs placés immédiatement au secret. Ils seront brièvement interrogés dès que possible. Cinq hommes et une femme quittent le hall et se dirigent vers les camionnettes. J'entends la mise en marche des véhicules, des phares éclairent l'endroit. La femme est au volant de la Mercedes qui précède les camions. Ce train de véhicules pénètre à l'intérieur du hall. Les portes se ferment, il m'a été impossible de voir l'intérieur. Je préviens les amis de ces mouvements. C'est la phase finale, les camionnettes vont être chargées. L'attente sera certainement encore longue. C'est l'aurore, j'ai de plus en plus froid. Les portes s'ouvrent enfin. Je regagne précipitamment le groupe. Nous sommes fins prêts pour la suite et, espérons-le, pour le final.

Les Mercedes Sprinter quittent les lieux en file indienne. Mitchel, au volant du VW, temporise. Le bruit des moteurs s'estompe. Mitchel démarre, il a pris soin de s'enfoncer un bonnet de laine jusqu'aux yeux. Hans-Pieters, quant à lui, est coiffé d'une casquette Ekin bleue et a chaussé des lunettes. Ronan au volant de la camionnette démarre également.

En passant devant nous Georgi lève le pouce, il est confiant notre ami serbe. Ce sont des pros, mais je crains qu'ils ne ratent leur cible lorsque le cortège va éclater. Marco, JC, Esor-Mary et moi sommes à bord du Vito, Marco est au volant. Nous attendons la sortie de la Mercedes 250GLC. Je perçois des bruits indéfinissables. Mes compagnons ne semblent pas y prêter attention. Je les interpelle, ils se concentrent.

- Tu as raison Jérémy, ce sont des bruits bizarres.

- Regardez vers le hall, il n'y a plus d'éclairage. Soyons prêts, ça va partir.

Un énorme bruit retentit. C'est impossible qu'il provienne de la Mercedes. L'étonnement fait rapidement place à la stupéfaction. C'est un hélicoptère qui décolle. Son phare balaye l'asphalte et l'engin s'éloigne. Je suis pratiquement sûr que nous n'avons pas été repérés, dissimulés, que nous étions, par les arbres longeant la route. JC et moi on se précipite vers le hall. Nous sommes soufflés par une explosion. Je me redresse péniblement et aide JC à se lever. Je lui parle, il me parle : peine perdue, nous sommes sourds, momentanément je l'espère. Nous sommes rejoints par Marco et Esor-Mary. Ça y est ! Je perçois des sons.

- Oui, je vais bien, ça va, ça va bien merci. Déguerpissons vite fait. Dans peu de temps, il va y avoir du monde. Allons dans le hall du groupe d'appui. Attendez ! Un appel de Hans-Pieters. Ok, parfait d'accord, je te sonne d'ici dix minutes.

- Alors quoi, rien de spécial ?

- Rassurez-vous les amis. Je vous expliquerai quand nous serons dans un endroit plus calme.

On est tenu en joue par une douzaine d'hommes lourdement armés. Un lieutenant du groupe d'appui s'adresse à nous.

- Présentez-vous Madame, Messieurs et remettez-moi vos pièces d'identité.

Le lieutenant s'éloigne et s'installe dans un véhicule blindé. Excellent, les ordres sont respectés à la lettre. On est dehors, on se les gèle mais c'est rassurant. Il revient après quelques instants.

- C'est en ordre. Nous ne vous attendions pas de sitôt. En outre ce ne sont pas les véhicules prévus.

Il nous accompagne et nous pénétrons à l'intérieur du hall, encore plus vaste qu'imaginé. À l'intérieur les deux Scania, je n'avais pas remarqué qu'ils étaient quasi neufs. Les véhicules sont entourés par plusieurs hommes en salopette.

- Nos services techniques examinent les camions et leur remorque, à toutes fins utiles. Venez suivez-moi.

Il fait encore plus froid que dehors. Je remarque que je ne suis pas le seul à grelotter. Le lieutenant nous introduit dans un local qui ressemble à un bureau. Quel soulagement, ce local est chauffé et même surchauffé. Deux militaires, tout aussi lourdement armés, se dressent dès notre entrée et nous gratifient d'un salut militaire. Suis-je idiot, quel autre salut nous adresseraient-ils ?

- Merci de nous amener les deux chauffeurs !
Deux types, un grand costaud et un grand mince avancent péniblement. Et pour cause, ils sont cagoulés, menottés dans le dos et leurs pieds sont entravés. L'homme est un éternel insatisfait, j'avais froid et maintenant j'ai trop chaud. Mon nez de parfumeur perçoit des odeurs d'urine. À mon avis, l'interception a dû les terroriser. De plus, le chauffage, la chaleur humaine et la transpiration ne s'opposent pas, que du contraire : ca mijote.
« Omnia mutantur, nihil interit » : tout change, rien ne meurt.
- Permettez que j'ouvre la porte. Il fait très chaud dans ce local exigu.
- Judicieuse idée ma chère. J'ai moi-même un coup de chaleur.
Ce cher et déférent JC n'exagère pas. Il ne peut cacher ni sa transpiration abondante ni sa respiration rapide. D'ici à ce qu'il présente des signes d'une perte de connaissance, il n'y a qu'un pas.
- Le frigo derrière vous est garni de rafraîchissements non alcoolisés. Servez-vous. Nous allons vous laisser avec ces messieurs. Je vous confie la clé des menottes.
Ce lieutenant est perspicace et finalement très sympathique. Marco retire les cagoules de nos « invités » et détache leurs menottes. Toujours les mêmes réactions dans ce genre de situation : clignement des yeux, frottements vigoureux des mains et des poignets, regards hagards et interrogatifs en notre direction.

JC dépose des petites bouteilles d'eau et des canettes sur la table. Marco invite les chauffeurs à se servir. Tout comme nous, ils se précipitent sur les boissons qu'ils terminent d'un trait. Chez chacun, quelques toussotements ponctuent la dernière déglutition. Le mince s'essuie le nez et la bouche d'un revers de la manche de son pull. Je les observe tour à tour. Chez le costaud, je suis obnubilé par sa bouche. Il n'a plus de dents, ses lèvres mauves ne sont plus soutenues que par ses dures gencives, ça lui dessine un rictus menaçant et fier. Son menton paraît faire des efforts pour rejoindre son nez d'aigle. Le visage du grand élancé me semble être coupé en deux par son long nez mince. JC ouvre la joute. Cependant qu'Esor-Mary, depuis l'extérieur du bureau s'occupe de l'identification.

- D'où venez-vous, que transportiez-vous, qui vous a confié ce transport ?

Le costaud prend la parole. Je m'attendais à ce qu'il présente un certain défaut de prononciation, voire à ce qu'il ne puisse pas s'exprimer. Contre toute attente et au-delà de tout préjugé, il s'exprime correctement.

- Comme vous l'avez relevé sur ma carte d'identité, je suis domicilié à Liège, Boulevard Kleyer, 1074/B. Nous transportions des conteneurs chargés à l'aéroport de Bierset et déchargés dans un hall proche d'ici. C'est notre patron qui nous a commandé le transport.

- En plus de notre travail habituel, il nous demande parfois d'effectuer ce genre de transport de l'aéroport à une destination qui varie.

- Ok, que contenaient les conteneurs ?

- D'après les documents, ils contenaient du riz.

- Deux énormes conteneurs transportant du riz, ça ne vous a pas interpellés ?

- Monsieur, nous, nous sommes chauffeurs. On répond à ce qu'on nous dit de faire. D'ailleurs, on ne comprend pas pourquoi on est ici, pourquoi on nous a arrêtés sans nous dire un mot et en nous traitant comme de grands criminels. Je me demande si tout cela est bien légal ?

- Et vous là, Monsieur, d'où venez-vous ?

- Monsieur c'est inutile, il est pratiquement sourd et totalement muet.

J'interviens :

- Traduisez, je vous prie.

- Monsieur c'est difficile pour moi, je ne connais que quelques signes.

- Quoi qu'il en soit, tirez votre plan. Vous êtes tous les deux privés de liberté et vous serez mis au secret. Ça veut dire que personne ne saura où vous êtes ni où se trouvent les camions. Cette détention durera jusqu'à la fin de l'enquête. Fin dont je ne peux vous préciser la durée.

- Mais, Monsieur, c'est fou tout cela. On n'a rien commis de répréhensible. Et ma femme, mes enfants et sa maman et sa fille ? Ce n'est pas possible tout cela. Je veux voir un avocat.

- Vous faites partie d'une enquête spéciale durant laquelle vous n'existez même pas. Vous avez disparu de la circulation, vous êtes, tous deux, devenus personne !
Il se dresse sur la chaise et fait mine de m'asséner un coup de poing. Je repousse violemment la table contre lui. Il perd l'équilibre, percute la chaise et chute lourdement sur le dos. Il avait oublié ses entraves aux pieds. JC et Marco l'empoignent, l'asseyent sur la chaise, lui passent les menottes dans le dos. C'est tout ce qu'il a gagné. Il verse quelques larmes en gémissant entre ses lèvres que ce n'est pas possible, qu'il n'a rien fait, qu'il travaille honnêtement et d'autres fadaises qui nous laissent totalement indifférents.
- Voila, j'ai tout. Qu'est-ce qui se passe ici ?
- Tu vois Esor-Mary, ce Monsieur s'est montré méchant et il a chuté sur le sol, il a mal et il ne comprend pas ce qu'il fait ici.
Marco a résumé froidement la situation d'un ton sarcastique. Elle est comme nous tous ici. Ce genre de cinéma on l'a trop vu, elle aussi est blasée.
- Ce Monsieur est le nommé Constant Limaren qui est domicilié à Liège. Il est connu pour coups et blessures volontaires, armes et munitions et trafic de stupéfiants. Il a été incarcéré à deux reprises et a tiré, jusqu'à présent, 4 ans de prison. L'autre c'est le nommé René Limaren qui a été condamné en qualité de complice dans le trafic de stupéfiants de son cousin Constant. Il a tiré 2 ans.

Marco s'assied sur le coin de la table et fixe intensément le René qui baisse les yeux.

- Mon gars, ton cousin t'a entraîné, jusqu'à présent, dans des pacotilles. Ici, t'es mouillé grave dans une affaire qui a déjà coûté la vie à de nombreux flics et à des gens comme toi. Il est temps que tu te rendes compte que, comme l'a dit Monsieur ici présent, vous n'existez pas, vous n'existez plus. Pas de prison, pas de jugement, rien ! Vous disparaîtrez définitivement dans des camps de « non retour ». Tu as un joker, un seul. Tu nous racontes bien tout et vous rentrez chez vous dès la clôture de l'enquête ou alors…

Une voix nasillarde sort de la bouche de notre « muet ». J'ai dû être particulièrement attentif pour me persuader que cette voix sortait bien de sa bouche et non de son nez aux narines pincées. Concentration maximum afin de saisir ses paroles.

- C'est un homme qui a téléphoné à…

- Tais-toi René, bon sang, tais-toi !

Sans un mot, JC passe la cagoule à Constant Limaren, l'empoigne par le bras gauche, invite Esor-Mary à ce qu'elle empoigne le bras droit et ils quittent le bureau.

- On va le refroidir un peu.

Des patrons, mais quels patrons !

- On recommence après ce malheureux intermède. Tu continues René et dépêche.

- C'est un homme, toujours le même, qui a téléphoné à Constant, avant-hier. Il savait qu'on effectuait des petits transports, pour notre propre compte, avec les camions de la société. On a déjà fait ça quelques fois, de l'aéroport ou du port de Liège vers un zoning industriel dans un rayon de 30 km maximum. Jamais on n'a su ce qu'on transportait. On se doutait que ce n'était pas trop légal car on était bien payé pour ne quasi rien faire.

- Ok, d'accord ! Sur place, dans les sites industriels vous rencontriez tout de même des gens ?

- Absolument pas. Les portes ou le volet s'ouvraient. On entrait en marche arrière et on devait rester au volant jusqu'à ce que quelqu'un nous lance une enveloppe. Ce n'était jamais la même personne. Des ouvriers déchargeaient. Mon cousin et moi on tentait de voir ce qui se passait, via les rétroviseurs extérieurs, mais on n'a jamais rien aperçu. Et puis, comme j'ai dit : on était bien payés.

Je menotte notre homme, cagoule et basta. JC entre et nous invite à rejoindre Esor-Mary qui possède de nouvelles informations, tandis que JC assurera la garde de René-nez.

- La camionnette Mercedes belge est à l'intérieur du hall d'un parc industriel aux Cahottes. Ronan et Georgi sont en compagnie d'un service d'appui qui vient d'arriver. Ils vont bientôt investir. Mitchel et Hans-Pieters sont en surveillance devant un hall des zones industrielles du port de Rotterdam.

- Ils n'ont pas eu peine à suivre le Mercedes. Il leur a suffi de 02H30 pour parcourir les plus de 220km qui nous séparent de Rotterdam. Ils attendent la troupe pour intervenir. Le trafic aérien n'a signalé aucun hélicoptère en survol de la région. Autre chose : la camionnette anglaise vient d'être chargée sur le Ferry à Ostende, la camionnette allemande vient d'atteindre Bonn et nous supposons que sa destination est le parc industriel de Höchst, situé dans la banlieue de Francfort. Le véhicule serait à mi-chemin. Les Mercedes allemand et serbe sont ensemble. Les directions pour Francfort et pour la Serbie sont communes jusqu'à l'échangeur. On attend la suite. Je cherche JC et Georgi pour qu'ils ramènent le camionneur et on avisera ensemble de la suite.

Elle est concise et d'une efficacité que j'avais certes, déjà constatée, mais qui me surprend de plus en plus. Femme remarquable que cette chère et tendre Esor-Mary.

- Tu ne la mérites pas cette bonne femme. Elle est vraiment trop !

- Tu as sans doute raison, mon bon vieux Marco, mais pour l'instant nous sommes, elle et moi, bien ensemble et tout est pour le mieux. Tu es jaloux ?

- Certainement pas, mon bon vieux Jérémy, je constate, point !

On se tape sur l'épaule, un sourire aux lèvres et va pour une analyse stratégique tel qu'on dit dans les milieux qui ne font que penser.

Interpellations.

Bientôt 10 heures, manger quelque chose ou périr, sans oublier le besoin d'un café. La faim est plus pressante que le sommeil. Ronan me sonne. Sa voix est rauque. Je le connais, c'est la fatigue : nous sommes tous fatigués. Mais : « La Garde meurt mais ne se rend pas ». Cette phrase est attribuée à ce cher Cambronne, il n'aurait donc pas prononcé que des merdes !

- Jérémy, on a terminé. Le Sprinter était rempli de caisses contenant des médicaments et notamment du Viagra. Je t'en ramène ?

- Que t'es con. Raconte ou je raccroche.

- Des membres du service de recherche des douanes sont arrivés. Ils effectueront l'inventaire avec le service d'appui. Nous n'avons rencontré aucune résistance. Ici à l'intérieur, il n'y avait que des petites mains. Ils vont être pris en charge et placés au secret. Pour la suite on verra. Georgi et moi on revient avec le chauffeur du Mercedes. Il est entravé de partout et cagoulé. Il semble cependant serein. À mon avis c'est un dur et il prétend ne parler que le serbe. Georgi n'a pas relevé, il va certainement s'amuser avec ce gus. Bon, à plus. On arrive. Bises à Esor-Mary.

Et il raccroche. Il est fatigué c'est certain mais son esprit « canaille » est lui, bien éveillé. Je communique l'info. L'air rassuré des compagnons en dit long sur l'inquiétude qu'ils dissimulaient depuis le début de l'opération. C'est au tour d'Esor-Mary de communiquer des nouvelles de l'équipe Mitchel Hans-Pieters.

- À Rotterdam, ça ne s'est pas passé sans casses. Lors de l'investissement, il y a eu de sacrés échanges de coups de feu. Nos amis sont indemnes, par contre deux membres de l'appui sont sérieusement blessés par balle. Le chauffeur du Mercedes a été abattu, une des personnes se trouvant à l'intérieur du hall est entre la vie et la mort et deux autres sont légèrement blessées. Parmi ces deux personnes, Mitchel a reconnu un sujet américain faisant l'objet d'un mandat d'arrêt international. Raison pour laquelle, lui et Hans-Pieters restent sur place pour les interrogatoires. Cargaison idem qu'aux Cahottes, médicaments divers et Viagra. Nous pouvons raisonnablement supposer que les camionnettes pour l'Angleterre, la Serbie, et l'Allemagne contiennent la même marchandise. Je préviens mes services de la situation et de l'affrontement aux Pays-Bas.

J'entends que JC a terminé sa communication téléphonique. Il prévient, lui aussi, ses services. Finalement nous sommes les privilégiés. Nous qui avions décidé de prendre en charge ce qui semblait représenter le caractère de dangerosité le plus important, du moins l'opération qui nous amènerait au Docteur Sach.

- Ce n'est pas facile d'entrer dans votre repaire mes chers amis.
Devant nous se trouve un trio. Ronan, Georgi et un individu quasi plié en deux, sur le point de tomber à genoux. Georgi continue sur un ton badin.
- Il me semble avoir quelque peu trop tiré sur le cordon de fermeture de la cagoule de notre invité. Ou alors, il ne supporte pas les pas de souris.

Les choses ont avancé depuis la prise en charge de la filature des Scania à 23 heures 15, il est dix heures. Nous sommes au taquet. Tous on a faim. À mon initiative, on décide de déjeuner chez Manuello. Un arrêt à la boulangerie, petits pains, croissants, pains au chocolat - notre copain fournira, avec grand plaisir, le beurre, le fromage, la charcuterie le café et autres…
- Vous êtes fous ! Je n'ai rien, j'étais sur le point d'aller chercher mon pain.
- T'as pas déjeuné encore ? Parfait, nous on a tout, enfin presque.
- Ok, allons-y, mais on ne me laisse pas le travail et la vaisselle après.
Assiette de fromages, jambon, œufs à la coque, jus d'orange, café, la totale, c'est chez Manuello, c'est normal. On dévore, on s'amuse, on rit beaucoup. La détente est parfaite après les moments de stress intense que nous venons de subir. Notre hôte fait une judicieuse remarque :

- Il est midi moins cinq. C'est l'heure de l'apéro et afin de ne pas surcharger nos estomacs après ce plantureux petit-déjeuner, je vous propose un petit champagne.

- Vous êtes gentil Monsieur Manuello, mais ce n'est pas raisonnable ; nous avons encore beaucoup de travail qui nous attend.

- Mademoiselle, vous prendrez bien le temps de vous détendre. On vient chez Manuello et on reste chez Manuello quand c'est Manuello qui invite.

Le bruit d'une clé que l'on introduit dans la serrure de la porte. Apparaît Charlena, la fille de notre cher copain.

- Et bien alors ! Si je m'attendais à ça ! Quelle belle assemblée que voilà ! Bien évidemment c'est Jérémy et Ronan qui ont tout arrangé. Bonjour papa.

Après avoir tendrement embrassé son papa, la charmante et jolie Charlena fait le tour. Elle embrasse tout le monde. Chaque mâle présent, moi y compris, ne peut s'empêcher de la flatter. Georgi demande à Manuello son secret pour avoir engendré une aussi ravissante fille.

- C'est simple, je suis beau, sa maman est belle, il n'y a pas de secret, c'est naturel. Charlena, pendant que je débarrasse, tu peux amener des verres à champagne et préparer le seau et les glaçons s'il te plaît.

- Je chipe un pain au chocolat et je m'exécute, chef ! Je me trompe ou vous avez tous passé une nuit blanche ? Vous avez des mines de déterrés.

Elle sourit, croque dans son pain et s'éloigne vers les cuisines.

Nous aidons Manuello à ranger et voici Charlena avec le champagne. Manuello se fait attendre. On l'exhorte à nous rejoindre rapidement.

- J'arrive, j'arrive de suite.

Il arrive, en effet, un plateau chargé de toasts à la main.

- Ne me regardez pas comme cela. C'est l'heure de l'apéritif ou non ?

Contre toute attente, la bouteille est vidée en un temps record.

- Charlena, il reste des toasts, apporte une bouteille, s'il te plaît.

Nos compagnons sont subtils, ils ont compris. Ils n'émettent aucune protestation et on s'amuse. On raconte des blagues, des anecdotes. Manuello possède un répertoire digne d'un festival du rire. Un coup de fil à Georgi nous ramène à la dure réalité du moment. Il nous relate un résumé de sa conversation. Manuello quitte la table et s'isole avec Charlena. C'est un mec super, c'est pour cela aussi qu'on l'aime.

- J'ai des nouvelles du Sprinter Mercedes serbe. Dès qu'il passera la frontière, il sera suivi par nos détecteurs et aussi par cinq véhicules et deux motos. En tout, il y aura 19 membres de mon personnel sur les dents.

- Tu as mis le paquet Georgi.

- Attends Marco, ce n'est pas tout. Dès qu'ils seront arrivés à destination, ils bénéficieront d'un appui aérien avec détection infrarouge.

- Parmi les cinq véhicules il y en a deux qui sont blindés. L'un de ces deux véhicules est équipé d'une mitrailleuse sur vérin hydraulique, la mitrailleuse passe par le toit ouvrant ce qui permet d'être en position de tir en 12 secondes.

Un ange passe. Plus personne ne parle. On repasse le film de la journée. Et : Sach court toujours !

- Manuello, tu fais le compte s'il te plaît ?

- Vous me quittez déjà ?

- Déjà dis-tu. Seulement oui ! Nous avons encore un tas de choses à régler.

- Ça va être beau, dans l'état où vous vous trouvez tous. Ce n'est pas des valises que vous avez sous les yeux, ce sont des malles. Soyez raisonnables : allez vous coucher.

Il a raison, mais par solidarité avec nos amis Mitchel et Hans-Pieters qui sont toujours au travail, on ne peut décemment pas ne pas s'inquiéter de la suite de leur mission. Aller se coucher serait un sacrilège. Une bonne douche et on sera tous d'attaque, enfin je l'espère.

Un premier bilan des saisies effectuées à Rotterdam et au Zoning Industriel des Cahottes, proche de l'aéroport de Liège-Bierset, fait état de plus de six millions de médicaments et de Viagra découverts dans les deux Mercedes Sprinter. Nous attendons des nouvelles d'Allemagne, ce qui ne va pas tarder, d'Angleterre et de Serbie, non sans une certaine angoisse. Ronan débute l'interrogatoire du chauffeur du Mercedes immatriculé en Belgique.

L'individu maintenant décagoulé me fait penser à un ancien détenu. D'ailleurs, lorsqu'il m'a croisé, il n'a pu s'empêcher de me toiser. Sa mine patibulaire ne m'est pas inconnue. En plus la sclérotique de l'œil gauche est enflammée. Cet œil rouge me rappelle aussi quelque chose mais j'ai beau me creuser la tête, *nada* ! J'en fais part à Georgi avant qu'il ne rejoigne Ronan pour l'audition. Georgi prend l'initiative :

- Je suis persuadé que vos documents sont faux. De même, je doute que vous ne compreniez que le serbe.

Notre homme reste impavide, il tourne la tête vers Ronan et semble le dévisager ou bien il le toise tout comme, à l'instant, il m'a toisé. Il vient de commettre une erreur fatale. Ronan sourit, pose le menton entre ses mains jointes et incline la tête à plusieurs reprises. Ronan l'a reconnu !

- Comment allez-vous Monsieur Stanislas, depuis le temps ? Ça fait bien huit ans qu'on ne s'est plus vu ?

Cher Ronan, merci à toi. Je me souviens du gars.

- JC, c'est bien lui. Je me souviens de lui. C'est Stanislas Jacek, que nous avons arrêté il y a sept ans. Nous étions, Ronan et moi, toujours au grand banditisme. En fait, Stanislas est son nom de famille, ce qui nous avait étonnés car nous avions toujours imaginé que Stanislas était un prénom. En Pologne, c'est aussi bien un nom qu'un prénom.

JC sollicite une identification qui nous revient en retour.

L'intéressé est connu pour vols à l'aide de violences et de menaces, dont avec armes, des hold-up en quelque sorte. Il est sorti de prison il y a deux mois où il tirait une peine de cinq ans pour trafic de stupéfiants et tentative de meurtre. Notre Jacek a abandonné sa mine patibulaire pour une tête d'ahuri.

- Sacré Jacek, toujours dans les mauvais coups. Je peux te dire que celui-ci est réellement le plus moche. Tu ne peux t'imaginer à quel point tu es dans la mouise. Tu t'es assis sur une bombe atomique, mon ami. T'as cinquante berges ? Si je ne me trompe ? Et bien tu sortiras peut-être pour fêter tes quatre-vingts ans. À moins que…

Jacek Stanislas est un dur et cependant il se liquéfie. Après quelques minutes d'un silence pesant, il prononce enfin quelques mots.

- Qu'est-ce qui faut faire ? Je n'connais presque rien, presque personne. Je n' sais même pas encore ce que je transportais, ni pour qui.

Il s'est repris. Il va jouer les ingénus, l'imbécile. Georgi, manifestement s'impatiente :

- On arrête là. L'opération que nous menons dépasse bien des frontières. Tu ne parles pas, dommage pour toi. Je suis un flic serbe. Je rentre chez moi ce soir. Tu rentres avec moi et tu seras mis au secret en Serbie. Tu te rendras rapidement compte de ton bonheur. Je parle aussi polonais : « Więzienia są tureccy Waldorf Astoria obok jednego, gdzie będzie można » (Les prisons turques sont le Waldorf Astoria à côté de celle où tu seras).

J'ai rien compris, par contre, Stanislas, lui, a parfaitement reçu le message. Finalement, ce n'est qu'un demi-dur. Il blêmit, transpire abondamment, il est à point. Georgi a prononcé les mots fatals. Je lui demanderai ce qu'il a dit de si terrible pour que Jacek se retrouve dans un pareil état. Mieux encore, il s'évanouit et tombe de sa chaise. Un malaise vagal vraisemblablement. Ni Georgi, ni Ronan ne se portent à son secours. Ils sont impassibles. Craignant une méchante chute de tension, Esor-Mary préconise que les jambes de Stanislas soient surélevées. Georgi s'exécute. On attend. Notre homme reprend conscience petit à petit. On lui donne un verre d'eau, il se redresse et s'asseoit. Esor-Mary lui sert une tasse de café avec quatre sucres car c'est possible qu'il soit en hypoglycémie. Bref, il semble passablement rétabli. Georgi n'attend pas, il insiste pesamment:

- Tu navigues dans une affaire qui t'échappe. Ici, tu n'es plus personne, tu n'existes pas, tu n'existes plus. Tu comprends ?

Un vague signe de tête. Il a compris. Il s'adresse à moi en français, naturellement.

- Monsieur le Commissaire vous me connaissez, vous m'avez interpellé en son temps. Lorsque je suis pris, j'avoue. Cependant ici, je vous assure que je ne sais rien. J'ai été bien payé pour ce court transport. C'est tout.

Georgi ne lâche pas prise :

- Ecoute-moi bien, Monsieur Stanislas. Tu es entré dans le hall, des camions avec remorque sont entrés, les conteneurs ont été déchargés et tu as chargé ton Sprinter. Hormis les chauffeurs, il y avait d'autres personnes à l'intérieur. Tu as vu ou entendu, comme moi, une explosion. Alors arrête et déballe !

- Il y avait deux hommes à l'intérieur, un Monsieur d'un certain âge bien de sa personne et un jeune type d'une trentaine d'année en salopette. Le Monsieur bien m'a donné une enveloppe. J'ai été invité à charger des caisses dans ma camionnette Mercedes, avec un élévateur. C'est tout. Les autres chauffeurs ont fait de même. J'ignore encore toujours ce que j'ai transporté. Oui, j'ai entendu un bruit sourd mais sans plus.

Ronan lui montre le portrait robot de Sach. Jacek reconnaît formellement le Docteur Sach comme étant le Monsieur âgé, bien de sa personne, qu'il vient de décrire. On a raté Sach ! Il avait tout prévu. Il n'a pris aucun risque, c'est un dangereux criminel mais force m'est de reconnaître, une fois de plus, son intelligence supérieure L'accompagnant était sans doute le pilote de l'hélicoptère. Le jeune lieutenant et deux hommes accompagnent Stanislas Jacek, menotté et cagoulé, jusqu'au « secret ». *Caramba, encore raté !*

JC signale que le Mercedes allemand est arrivé dans un hall du parc industriel de Francfort. Décidément ces camionnettes sont de véritables engins de course.

Il a parcouru les quelques 420 kilomètres en même pas cinq heures. Sacrée performance.

- Je vais vous étonner les amis. La camionnette transportait des médicaments et du Viagra. Le chauffeur est, apparemment, aussi ignorant que les autres. Ce serait un ressortissant allemand. Il est, pour le moment, inconnu de mes services. On approfondit et l'inventaire est en cours. Dans le hall, pour le déchargement, seulement deux types, tous deux bien connus pour des faits de stupéfiants. L'interrogatoire sera serré. Il ne manque plus que l'Angleterre et la Serbie.

- Je propose que nous regagnions nos chambres à l'hôtel. Une douche et nous serons tous frais, enfin je suppose, pour envisager la suite.

- Je suis d'accord avec toi Georgi, et je ne m'avance pas en supposant que ta proposition fait l'unanimité.

De fait, tous se rallient à cette excellente initiative. C'est ainsi qu'on se donne rendez-vous deux heures plus tard dans la salle de conférence de notre siège Eurofaux.

Comme toujours, vexation universelle, je suis sous la douche et le téléphone sonne. Et comme toujours, j'arrive alors que mon interlocuteur a raccroché. Je regagne l'endroit le plus apprécié de mon appartement, après mon immense lit, ma douche, mon havre de paix où je me sens bien. Un pied dans la douche suffit à réactiver la sonnerie. Cette fois, j'arriverai à temps mais contrarié.

- Salut Jérémy, c'est Mitchel.

- Mitchel, mon ami, quelle bonne nouvelle. T'es où ?

- J'arrive à Liège et je rentre à l'hôtel.

- C'est bien. Les autres sont aussi rentrés à l'hôtel. On se revoit dans…attends je regarde l'heure…dans moins d'une heure dans notre salle de conférence.

- Ok, merci. J'ai grand besoin de me doucher, je pue. À tout de suite.

Il a raccroché. Moi, je décroche le combiné car dans ces moments agités je n'imagine pas de plus grande béatitude que l'eau qui ruisselle sur mon visage et sur mon corps et dans une tranquillité absolue, s'entend.

Les recherches tous azimuts sont en cours. Des sociétés de location de jets privés, il y en a des tonnes. Sach a réservé sous un faux nom, c'est certain, et n'a pas nécessairement décollé du Bourget, ni de France d'ailleurs. L'hélicoptère, son moyen de fuite favori, n'a pas été repéré par les radars du territoire. On ignore toujours ce qu'il en est advenu. Sach avait tout préparé avec une minutie qui fait partie intégrante de son personnage. Notre réunion de concertation vient d'accoucher de cette conclusion digne de La Palice : « Le vainqueur a remporté la victoire ». Mitchel intervient :

- Comme chaque année, les États-Unis viennent de publier leur liste des pays à surveiller, s'agissant de la contrefaçon. Le rapport établit un classement de 13 pays présentant le plus de risques pour la santé financière des États-Unis.

Sont ainsi concernés la Chine, la Russie, le Canada, l'Argentine, l'Algérie, le Chili, l'Inde, Israël, la Thaïlande, l'Indonésie, le Venezuela, le Pakistan et l'Ukraine. Je parierais que le Docteur Sach est en route pour l'Inde. N'oublions pas qu'il y a vécu de nombreuses années et qu'il connaît parfaitement le »'milieu ».
Enfin une réflexion judicieuse, à défaut d'une information concrète, il faudrait suivre cette piste. Georgi et Esor-Mary quittent la salle de conférence. Ils viennent d'être contactés téléphoniquement par leurs services. Nous espérons qu'il s'agit de bonnes nouvelles quant à l'issue des interceptions anglaises et serbes. Nous sommes soudainement silencieux, l'attente nous paraît plutôt longue. Esor-Mary est la première à revenir parmi nous.

- Le véhicule Mercedes Sprinter a débarqué sa marchandise dans un hall de Birmingham inoccupé depuis peu. L'entrepôt est proche de l'usine Land Rover, pour ceux qui connaissent. Le chauffeur et quatre personnes qui se trouvaient sur place ont été arrêtés et mis au secret. Mon supérieur Michaël Dalcqow est le chef des opérations sur les lieux. Étonnamment, les saisies se composent de viagra et de médicaments divers. Plus étonnant encore, jusqu'à présent, tous prétendent ignorer et la provenance délictueuse et la destination des produits. Patience et tout se décantera lorsqu'ils comprendront leur implication dans ce dangereux réseau et ses inévitables conséquences.

- Nous pouvons compter sur la puissance de persuasion de Michaël. Aucun incident n'est à déplorer. Permettez, mon chef au bout du fil. Oui, bien, parfait. Evidemment, non, on continue. Déjà un élément important. Finalement, le chauffeur a reconnu le Docteur Sach sur présentation d'une photographie. Les propos qui lui ont été tenus l'ont rendu comme fou. Il s'est rapidement confié. En fait, nul n'est jamais assez prudent. Sach a conversé avec le pilote de l'hélicoptère. Ils se sont exprimés en hindi, or notre chauffeur a travaillé plus de trente ans en Inde. Il a entendu une partie de la conversation et, bien évidement, il a tout compris. C'est ainsi que l'hélicoptère devait atterrir non loin de l'aéroport du Bourget d'où Sach s'envolerait, en jet privé, pour la Thaïlande. On cherche à identifier le vol et le plan de vol du Jet. Connaissant Sach, tout a été truqué ! À la limite, il a annoncé au pilote sa destination et l'a modifiée en cours de vol. Tout nous laisse à penser qu'il rebondira rapidement et qu'il se prépare, déjà, à renouveler son stock.
Soulagement de l'assemblée, quelque peu mitigé dans l'attente du compte rendu de Georgi, lequel nous rejoint à l'instant même.

- C'est terminé chez nous. La camionnette Mercedes a déchargé les caisses à Linz, dans un magasin fermé depuis des mois. Dépôt d'autant plus inquiétant qu'il se trouve à côté d'une pharmacie. Lors de l'intervention on déplore un peu de grabuge chez les réceptionnaires, rien chez nous.

- Le chauffeur connaissait l'origine du chargement et son contenu. Ce n'est pas la première fois qu'il effectue ce genre de transport pour lequel il perçoit l'équivalent de trois mois de salaire. Il prétend qu'il ne connaît pas la destination finale des produits. J'oubliais : saisie de Viagra et de médicaments, cela devient d'une banalité désarmante dans cette affaire. Il ajoute qu'il quitte les lieux dès que son véhicule est déchargé. Il reçoit ses instructions par courrier postal. Les réceptionnaires étaient au nombre de sept. En effet, étaient, car deux sont décédés lors d'un échange de coups de feu. Il ne fait aucun doute qu'il s'agit tous de membres de notre mafia. Nous attendrons la suite, attente qui risque, malheureusement, d'être longue avec ce genre de personnages.

Sacré Georgi, je retiendrai son « Un peu de grabuge chez les réceptionnaires ». Deux morts, tout de même ! Ronan, le roi de la synthèse « synthétisée », ne peut s'empêcher d'ajouter :

- Nous ne connaissons pas la retraite de Sach, certes. Mais nous lui avons infligé une sacrée défaite. Outre le démantèlement de son fabuleux entrepôt de Cologne, nous avons sévèrement endigué son trafic d'armes et de munitions. N'oublions pas les ogives nucléaires débarquées de Hambourg. De plus son trafic de faux a du plomb dans l'aile. Je n'en veux pour exemple que les saisies des copies de vêtements de marque, de fausse huile d'olive, de faux médicaments et de viagra.

- Et, pour couronner le tout, les nombreuses arrestations dont celles de son petit-fils et de sa petite-fille. Il doit véritablement fulminer.
Il s'interrompt, s'assure que nous sommes attentifs à son « discours » et poursuit :

- On vient de me remettre le communiqué d'Eurofaux dont la presse fera état dans l'édition de demain. Je vous lis l'article qui fera l'effet d'une bombe.

Les polices anglaise, belge, allemande, serbe et néerlandaise ont participé à une opération qui visait un trafic de faux médicaments, «principalement des pilules contre les troubles de l'érection», a indiqué l'Office Eurofaux dans un communiqué. C'est ainsi que les polices de plusieurs pays européens ont arrêté 32 personnes lundi et ont saisi des millions d'euros au cours d'une rafle contre des vendeurs de fausses pilules Viagra. L'opération a permis la saisie de plusieurs millions de pilules, d'une valeur estimée à plus de 28 millions d'euros ainsi que d'une grande somme d'argent. Plus de 104,5 millions d'euros, gardés sur des comptes en banque notamment, ont été gelés. Les faux médicaments étaient importés de Chine et d'Inde dans l'Union européenne et contenaient souvent des dosages ou des ingrédients incorrects.

A ce sujet, le Centre de défense pour la médecine dans l'intérêt public, une ONG de recherche médicale américaine, estime que le trafic de faux médicaments a représenté 155 milliards d'euros dans le monde en 2014, un chiffre en hausse de 90 % depuis 2005.

Enfin, une étude réalisée par, le géant pharmaceutique américain Brunzer en 2013 a démontré que le marché européen des médicaments de contrefaçon atteignait environ 61,5 milliards d'euros.

- Fameux, n'est-ce-pas ? Notez que le communiqué fait, sciemment, état d'une rafle contre des vendeurs et ne dévoile, évidemment pas, les dessous de l'opération.

Mutisme absolu de l'assemblée. Nous sommes tous scotchés par les évaluations de ce seul marché du faux médicament. Qu'en est-il du reste ? Ronan a raison, c'est un sacré coup d'arrêt dans l'activité de Sach, même si nous ne doutons pas qu'il se relève rapidement. Dans notre activité la recommandation de Boileau : « Cent fois sur le métier remettez votre ouvrage » est régulièrement interprétée en ces termes : Travail, travail, travail ! Il n'y a pas de miracles.

JC propose que nous rapportions, dès à présent, les derniers événements à notre hiérarchie. Lui et Georgi rendront compte à leur ministre, après nos communications. Il s'agit, en effet, d'éviter de provoquer une quelconque contrariété chez nos boss. Et, dernière et réjouissante parole :

- Mes amis, mes chers amis. On oublie tout, on oublie Sach et on se retrouve tous pour une soirée de décompression.
On s'exécute bien volontiers. Ronan et moi, nous regagnons notre bureau. Le boss est absent. Omer nous hèle.
- Mes amis, venez. Je suis là.
Omer se trouve dans le bureau du boss. Il trie quelques dossiers.
- Je suis heureux de vous voir. Vous cherchez Juan, je suppose ? Il est en chemin pour le ministère. Je peux vous être utile ?
- Je ne pense pas. Nous désirions lui relater les derniers événements de l'affaire.
- Parfait Jérémy, tu lui sonnes dans la voiture. Il sera ravi d'autant plus qu'il lui sera loisible de faire le point avec le ministre. Vous allez bien ? Je vous trouve tous deux particulièrement épuisés.
Décidément, il a changé notre Omer. Ronan et moi nous commençons sincèrement à l'apprécier. Il a changé. Tout le monde change.
- Nous allons suivre ton conseil et si tu permets, nous lui téléphonerons depuis son bureau. Tu prendras, du coup, toi aussi connaissance des derniers rebondissements.
- C'est une attention qui vous honore mes amis. J'arrête momentanément mon tri. Je suis tout ouïe.

- Cher Jérémy, tu me sonnes à point. Je suis en route, je me rends au cabinet du ministre pour régler diverses contrariétés administratives. Soyez rassuré tous deux, il ne s'agit nullement de votre opération. Pour votre information, un service a saisi en douane un conteneur au port d'Anvers. Il s'agissait de fausses montres de la marque Cartier. En effet, il manque la frappe du sigle de la marque. Le service des douanes qui a procédé, sur nos instructions, à la saisie est redevable envers le commanditaire. En effet, comme vous le savez, cette saisie est illégale. On doit restituer et de plus rembourser ce qui a été endommagé. Bref, je vais en discuter. Comment allez-vous ? Bien j'espère.

- On ne peut mieux Monsieur le…Juan. Sach est toujours introuvable mais par contre 100% de réussite pour les opérations. Je te relate depuis le début du déchargement de l'aéroport de Liège-Bierset…

- Excellent, parfait, beau travail et quelle coopération extraordinaire. Félicitation mon très cher Jérémy. Ne manque pas de féliciter tout le monde de ma part et assure JC et Georgi que je les inviterai très prochainement. Bien, je dois te quitter à présent.

Comme d'habitude, il raccroche.

- Cher Jérémy, cher Ronan, je vous remercie du fond du cœur de la confiance que vous me témoignez. J'en profite pour vous inviter de vive voix à mon mariage. L'invitation officielle n'est pas encore imprimée, vous la recevrez à temps.

- Ce serait un énorme honneur et un immense plaisir de vous compter parmi les invités, que vous connaissez presque tous.

- Avec grand plaisir Omer. Jérémy et moi, nous ne manquerions pour rien au monde de partager ton bonheur.

Fichtre ! Ronan possède des tournures bien aristocratiques. Il a manifestement lu Nietzsche et retenu une de ses pensées : « L'âme aristocratique a le respect de soi ».

- Bien Ronan, on nous attend. Salut à toi cher Omer, bien vivant parmi nous, contrairement à Homère, dont les historiens ne savent pas si l'individu a réellement existé ou s'il ne s'agit pas d'une identité inventée de toutes pièces.

Soirée d'agapes mémorables, une de plus, pleine de convivialité, de rires, de plaisanteries souvent grivoises et de larmes lors des séparations bien plus douloureuses encore que les précédentes. Demain, tous regagnent leurs bases de beau matin. J'accompagne Esor-Mary à son hôtel pour la nuit et pas la dernière. Je veux l'épouser et je l'épouserai !

Sach au Vénézuela

Cher Omer, ce furent des noces dignes de figurer dans les annales. Je me suis rarement, très rarement même, autant amusé lors d'une cérémonie de mariage. Je t'avoue que Ronan et moi nous appréhendions, quelque peu, ton approche. Tu as été parfait en tout. Je te remercie vivement d'avoir insisté. Une merveille d'organisation dans une simplicité qui, te connaissant, fut certainement longuement étudiée. Ma chère Esor-Mary a été enchantée de bout en bout. Merci, merci et encore merci. Je désirerai, cependant, te demander une faveur.

- Tout ce que tu veux Jérémy, en fonction de mes moyens et aptitudes.

- Je serais réellement comblé si tu consentais à organiser notre mariage à Esor-Mary et moi.

- Ce n'est pas vrai ! Les amis, vite c'est un scoop ! Jérémy et Esor-Mary vont bientôt convoler en justes noces.

Des applaudissements, des cris. La soirée étant terminée, tous les convives restant se préparent à dégager. Et voilà ! Omer hurle :

- Champagne pour tout le monde ! Et que la fête recommence !

J'ai oublié de couper mon Smartphone. Je m'éveille péniblement, je suis épuisé. Nous n'avons dormi que deux heures. Heureux que nous n'ayons pas abusé d'alcool. Esor-Mary est debout et me passe la communication. C'est encore cet emmerdeur de Ronan. Il ne peut s'empêcher de me réveiller alors qu'il sait que, moi, je peux dormir. Je n'ai pas d'enfants, moi !

- Qu'y a-t-il donc encore de si urgent pour me réveiller aux aurores ?

- Ça va Jérémy ? Il est midi. À entendre votre voix, vous avez prolongé. Mon épouse et moi avons quitté les noces vers 02 heures et à 07H45, j'étais au bureau. Je sais que vous êtes en congé pour trois semaines, mais c'est urgent. C'est le boss. C'est grave, il m'a sonné deux fois chez moi et il y avait le feu au lac. Je vous transmets par mail un lien que je vous invite à consulter. Je viens de le recevoir de Roberta Copman qui l'a transmis aux autres patrons soit à JC, Georgi, Duce Guido, Bernt Derschroe et Michaël Dalcquow. J'attends vos commentaires, prenez le temps nécessaire.

Clic ! Il a raccroché, étonnant n'est-il pas ?

Esor-Mary m'interroge du regard. Je lui relate le but de l'appel du boss à Ronan. Elle prépare un jus d'orange, l'odeur d'un Nespresso titille mes narines. Je me lève, enfile mon peignoir, allume mon ordinateur et le dépose sur la table de la salle à manger. Esor-Mary s'installe à mes côtés tout en déposant le plateau petit-déjeuner.

J'avale d'un trait mon jus d'orange, mords dans ma tartine et ouvre ma boîte à messages. Le texte est en anglais, normal, puisque ça vient du FBI. Ma chère compagne traduit et j'ouvre le lien. C'est un reportage CNN, en anglais évidemment. Il s'agit d'un reportage sur le Venezuela. Tiens donc ! Le Venezuela, un des 13 pays cités dans la liste des USA comme étant à surveiller en matière de contrefaçon. Je mesure l'indicible bonheur d'avoir ma traductrice personnelle. Le reportage débute par des manifestations contre le président. Le commentaire explique que le pays est empêtré dans une triple crise : économique, politique et institutionnelle. Cette situation trouve son origine notamment dans la chute du cours du pétrole en début d'année. Des images commentées passent du président aux dirigeants de la coalition d'opposition au régime « la Table pour l'unité démocratique » (centre droit).

STOOOOP ! Marche arrière, arrêt sur image. Le Docteur Sach est aux côtés de l'un des dirigeants d'opposition et précisément de celui qui a pris la parole ! C'est lui, c'est bien lui. On revoit le président vénézuélien qui déclare que la situation est provoquée par les entreprises privées qui « pulvérisent » tout le système en spéculant. Fin de reportage.

- C'est hallucinant Esor-Mary ! Il est là, il sait qu'il est susceptible d'être filmé et il sait qu'il n'a rien à craindre. Il est en sécurité et dans son élément ou plutôt dans ses éléments.

- En effet, souviens-toi, que le Venezuela fait partie du top mondial des pays impliqués dans la contrefaçon. En outre, Dov Bachstein, juif allemand, devenu Snawad Leahcim, Priam Sach est membre de La Fraternité de la Mort (le crâne et les os), une société secrète qui nourrit les théories du complot les plus folles. À Cologne, on a retrouvé sur plusieurs documents des éléments compromettants. Encore mieux, on a également retrouvé des éléments de son appartenance au Nouvel Ordre Séculier qui reprend des signes tels que ceux des Illuminati. Les membres se donnaient des noms grecs. Ce qui expliquerait son prénom Priam. Obtenir le pouvoir absolu, il cherche ce pouvoir au Venezuela et, pourquoi pas, en y fomentant une révolution. Il est capable de tout, il est capable de lever une armée de mercenaires et possède de quoi les armer et les équiper. La situation est grave. Je sonne au patron.

- C'est déjà toi Jérémy. Bien et alors ?

- Inquiétant cette tournure des événements au Venezuela. Sach n'est pas sur place pour jouer les figurants. Qu'envisagent les Américains ?

- Nous verrons. Vidéoconférence à 14 heures. Tu es en congé, Esor-Mary également. Je sais que vous serez présents. Ronan également, je l'ai prévenu. À tout à l'heure. Mes amitiés à ta charmante compagne.

Il ne raccroche pas ????

- À tout à l'heure patron. Je me réjouis déjà qu'il soit 14 heures.

Là, il raccroche. Esor-Mary n'a rien perdu de la conversation.

- Il est grand temps que nous nous préparions. Tu sonnes à Ronan pendant que je me douche ?

- Ok, je te rejoins de suite.

- Pour un bisou, rien de plus. On n'a pas le temps de jouer.

- Ronan, c'est moi.

- Qui ?

- Arrête de faire l'idiot. Qu'est-ce que t'en penses ?

- Inquiétant et énervant, tu te rends compte qu'il n'a pas tenté une seule fois à prendre des nouvelles de Magda et de Hugo, ses petits-enfants. Il n'a rien tenté, c'est incroyable. Et là, au Venezuela, il va lever une armée. Il en a les moyens.

- Tu penses exactement comme moi. Enfin, attendons la vidéoconférence. À tout.

Esor-Mary se coiffe. Elle ruisselle sous son drap de bain noué autour de la taille. Elle est belle, elle est classe. Je l'aime.

Le boss, Omer, Ronan, Esor-Mary et moi sommes devant l'écran. Il est 13 heures 55. Notre discussion est purement stérile. Il nous manque des éléments qui, nous l'espérons, serons dévoilés par Mitchel. Top 14 heures, on est en liaison. Ils sont là, Roberta Copman et Mitchel, Michaël Dalcquow, JC, Georgi, Guido Duce et Marco, Bernt Derschroe et Hans-Pieters Codquieer.

Mitchel évite de rappeler les événements que nous connaissons tous.

- Un contact CIA confirme que Sach est le bras droit du principal instigateur d'opposition au Président. Un infiltré commente sa collaboration comme essentielle. Sach écrit les discours, organise les manifestations et finance le 'parti centre droit'. La protection rapprochée du chef de l'opposition est assurée par ses sbires venus directement de Serbie. La résidence de Sach se trouve dans les faubourgs de Caracas. L'immeuble est ultra protégé et surveillé par caméras et détecteurs. Notre contact signale qu'environ quinze hommes occupent la villa, dont quatre maîtres chiens. Les garages abritent deux Hummer et deux Land Roover. Dehors, il y a quatre Mercedes Vito. L'évaluation du nombre de personnes pouvant être véhiculées, y compris les chauffeurs, se monte à 44 soit un peu plus qu'un peloton. Actuellement, nous ne possédons aucun moyen légal d'intervenir. Une action, quelle qu'elle soit, compromettrait gravement les relations diplomatiques. Nos instances aviseront le président, en insistant sur le danger potentiel que représente le Docteur Sach dans la situation précaire que vit le pays. Je ne possède aucune autre information pour l'instant. Merci de ne pas m'avoir interrompu. C'est à vous maintenant.

Notre boss, d'habitude souvent circonspect, intervient :

- Merci à vous Mitchel, votre exposé était très précis. Je m'adresse à l'assemblée. Existe-t-il chez vous des analystes qui se sont penchés sur la situation économique du Venezuela ? Plus précisément encore, une estimation des chances de reprise du cours de l'or noir, principale ressource du Venezuela, a-t-elle été envisagée ? Reprise qui tuerait, à mon avis, dans l'œuf toute manifestation anti gouvernementale. Je crois que la préoccupation essentielle du peuple est la désastreuse situation économique qu'il subit. Sach est un être supérieurement intelligent et le peuple a faim ! Il est au Venezuela pour profiter des revendications populaires contre un gouvernement affaibli en espérant, imposer un régime dont il sera, évidemment, un des décideurs. Sa stratégie consistera en une intégration verticale, mouvement typique d'une société, laquelle consistera en son expansion grâce à l'acquisition ou au développement d'activités économiques d'une autre nature que les activités traditionnelles du pays. Il s'agira, bien évidemment, de mettre en place des fabriques d'armes, de munitions et diverses usines fabriquant des contrefaçons « étatisées ». Il modifiera l'économie, donnera du travail et distribuera « des brioches » au peuple. J'espère que cette conclusion se fera retourner Marie-Antoinette dans sa tombe.
Il prend rarement la parole, mais il vient d'exposer un point de vue d'une rare qualité « scientifico-politico-économico-crimino-sociale ».

- Mon cher Juan, je n'ai qu'un mot : bravo ! Tu viens de réussir ta thèse avec la plus grande distinction et avec les félicitations du jury. Mais à part cela, qu'est-ce qu'on fait ?

- JC mon ami, je tenais à mettre en exergue tous les dangers de laisser agir Sach. Il pourra tout faire et y compris, acheter et vendre des ogives nucléaires. Ce type est atteint d'une mégalomanie rarement atteinte chez les mégalomanes plus fous que l'histoire a connus. Il est mille fois plus dangereux qu'Hitler. Nous devons intervenir et intervenir vite, très vite.

- Tu as raison Juan, mais ce serait dans la plus profonde illégalité. Tu nous vois mettre en place un commando, le débarquer au Venezuela et instrumenter une attaque ou un attentat contre Sach aux risques de causer des dommages collatéraux et/ou des incidents diplomatiques pour ingérence ?

- Oui, et pourquoi pas ? Michaël. Et aussi, pourquoi ne pas intriguer auprès du Président pour qu'il mette, lui-même, un terme aux activités de Sach ? Je suis persuadé que le peuple ne connaît pas Sach, si ce n'est d'avoir aperçu cet étranger, aux côtés de leur leader.

Le patron tient tête, il veut l'élimination de Sach. Par contre, il veut absolument l'approbation de tous. Mitchel intervient.

- Je reçois, à l'instant, un message crypté de notre infiltré.

« *Sach a quitté la villa avec tout son petit monde pour une destination inconnue pour le moment. Ce départ semble être précipité. Fin de message.* »
Nous n'en avons pas terminé avec cet individu. Vos réflexions ?

- Je propose que nous reprenions la conférence demain à 19 heures. Nous posséderons peut-être d'autres informations.

Nous nous rallions tous à la proposition de Guido Duce, le chef de Marco, resté silencieux durant la conférence.
Rideau, on se lève et on quitte la salle. Il est bientôt 18 heures.

- Mes amis, permettez que je vous invite pour un petit resto. Ronan tu sonnes à ton épouse pour qu'elle nous accompagne ? J'ai entendu dire que les enfants étaient chez tes parents. Omer, mon cher Omer, tu ne vas pas refuser de vous joindre à nous, toi et ton épouse ? Pour autant que tu ne craignes pas que l'on séduise ta femme. Personnellement, je sonne à ma chère et tendre pour qu'elle se prépare. Rendez-vous chez moi pour l'apéritif. Venez Esor-Mary, prenez mon bras et laissez ce pâle individu conduire la limousine.

Il est joyeux le patron. C'est la première fois qu'il m'invite.

Quatre couples prennent place chez le boss, le salon est spacieux et les sièges sont confortables. Nous nous connaissons tous et c'est d'autant plus facile de trouver des sujets de conversation.

- J'ai réservé le salon privé du Vieux Cellier. Nous aurons suffisamment d'espace et serons à l'aise pour discuter. L'endroit est prévu pour 12 personnes. On démarre quand vous le désirez. Omer ne boit pas d'alcool et il sera notre chauffeur. J'ai loué un Mercedes Vito, je ne suis pas moins que Sach.
Succulent repas, deux entrées, sorbet, plat, dessert et fromage, arrosé, pas trop, de vins fins de la cave personnelle du patron. Ambiance chaude, familiale presque, qui soulage nos nerfs mis à vifs depuis tellement longtemps. Le café et le pousse-café scindent en deux l'assemblée. D'une part les hommes et d'autre part les dames. Notre conversation dévie immanquablement sur le déroulement de l'affaire depuis ses débuts. Finalement, il s'agit d'une masturbation intellectuelle teintée d'autosatisfaction, dont Omer se délecte. Ronan et moi ne manquons pas d'ajouter des détails qui ne figurent dans aucun rapport, notamment l'épisode de Milan où nos avions transporté le chauffeur du camion dans notre coffre. Le Smartphone du boss retentit.
- Oui, comment ? Étonnant, tu en connais la raison ? Non, bien.
Pause, le boss est concentré.
- Oui. On est au resto. Toi également. Tu as terminé, tu es au pousse ! Nous aussi. Demain, je te sonne ou tu me sonnes ? Ok, d'accord, bisous chez toi. Oui, merci.
Nouvelle pause. Il boit une gorgée de son café à présent froid.

- C'était JC. Il vient d'apprendre par Mitchel que l'équipée de Sach a embarqué, avec véhicules et bagages, dans un bateau au port de La Guaira, qui dessert Caracas. L'infiltré ignore la destination et le membre de la CIA n'a obtenu aucune information auprès des autorités portuaires. Elles-mêmes ignoraient jusqu'à la présence d'un bateau ayant chargé des hommes et des véhicules. Il n'y a rien d'étonnant, il s'agit vraisemblablement d'un bateau « pirate ». La vidéoconférence de demain est annulée jusqu'à de plus amples informations. Je vais honteusement plagier Jérémy et par la même occasion le capitaine Haddock : *Caramba, encore raté !*

Nous sommes tous trop fatigués et la somnolence de la digestion nous gagne dangereusement. Il serait temps de lever le camp. Le boss a anticipé.

- Un bon lit nous sera salutaire. Qu'en pensez-vous ?

L'unanimité ne fait pas défaut. Nous rentrons, malgré tout assez sereins.

Épilogue

Esor-Mary est rentrée à Londres pour deux semaines. En fait, elle négocie son affectation à l'ambassade toute proche de mon bureau. Elle est confiante car Michaël, son chef, ne s'y oppose pas et n'a pas manqué de souligner son rôle dans le dossier que nous venons de traiter. Nous avons arrêté la date de notre mariage, de même que nous avons acheté un appartement 3 chambres, bien plus spacieux que le mien. Les travaux d'aménagement et de décoration sont en cours. Tout est pour le mieux.

Ronan et moi, nous travaillons actuellement sur une affaire de faux dans l'équipement de l'aviation civile et de voitures. Jusqu'à présent, nous déblayons le terrain.

Esor-Mary est chargée de la réservation d'un hôtel et d'un restaurant pour la rencontre entre copains à Londres, le week-end prochain. Nous serons tous présents : JC, Georgi, Marco, Hans-Pieters, Ronan, Esor-Mary – déjà sur place - et moi. Ça va déménager grave, dès lors Esor-Mary a intérêt à ne pas réserver dans un endroit sélect. Dans les critères, seules comptent la convivialité des tenanciers, la tranquillité du lieu et la bonne chère.

Magda, Hugo et Dana sont transférés dans un lieu fermé et surveillé 24/24 et 7/7. Grâce à leur substantielle collaboration, ils ont obtenu de pouvoir vivre ensemble dans ce lieu secret. Leur libération est tributaire de l'arrestation de Sach, rien de moins, rien de plus.

Les complices du trafic attendent, dans un lieu de haute sécurité, leur condamnation qui ne saurait tarder.

Les retombées médiatiques de l'affaire sont tout bénéfice pour les instances supérieures qui n'ont pas manqué de mettre en évidence leurs capacités à diriger les enquêtes. Les services officiellement connus ont été remerciés et félicités pour leurs actions.

Le Docteur Sach reste introuvable, depuis son départ de Caracas, mais nous gardons confiance. Nos chemins finiront par se croiser un jour. Aucun d'entre nous ne l'oublie, il est et restera notre cible. L'un d'entre nous traitera, c'est certain, une affaire de faux qui le conduira jusqu'à Sach. La soif du pouvoir et l'appât du gain le perdront.

Bien que médiatiquement nous n'existions pas, le boss suppose qu'à l'avenir, nos demandes de subside rencontreront peut-être moins de réticences. Être et rester dans l'ombre est notre destinée et, avant tout, notre désir. Le sentiment du devoir accompli suffit à notre ego. Une citation d'Alto Jabari Boldon me revient :

Mes performances ont finalement rattrapé mon ego.

Table des matières

Table des matières

= = = = = = = = = = = = = =